中國歷代思想家【七】

主編者：中華文化復興運動總會
王壽南

陶弘景・智顗
吉藏・杜順

臺灣商務印書館 發行

陶弘景

沈謙 著

目次

陶弘景

一、傳略

1 生平事蹟

陶弘景，字通明，丹陽秣陵人（河南江寧縣），生於南朝宋文帝元嘉二十九年（西元四五二年），卒於梁武帝大同二年（五三六年），享年八十五。

陶弘景的誕生，有這麼一段故事：弘景的母親郝氏有一夜夢見兩位天人，手捧著香鑪來至她的房間，不久便有了身孕，於是產下弘景。據說，陶弘景幼年時，便與一般小孩大不相同，四五歲時，便成天以荻桿爲筆，在地上學寫字。十歲時，得到一部葛洪的《神仙傳》，即晝夜研讀尋思，頗有養生成仙之志。弘景常常對人說：「仰觀青雲，目睹白日，並不感到遙遠。」這似乎意味著仙鄉並不難至，無怪乎弘景要說自己「身有仙相」了。

或許是因爲陶弘景的父親爲妾害死，因此對女人產生反感心理，也可能是他先天性格中學道求仙的傾向，弘景終其一生，並沒婚娶。據史傳所載：弘景身長七尺七寸，神儀明秀，朗目疏眉，聳耳，耳孔各有十餘根二寸多長的毛外露，而右膝更有數十個黑子，成七星排列。這些不同於常人的特徵，更增加了他身世的神秘色彩。

弘景讀書萬餘卷，又善琴棋，工草隸，因此年未弱冠，齊高帝便徵引他爲諸王侍讀，又給他一個奉朝請的官。弘景雖然躋身宦門，仍深居簡出，並不熱中交遊，唯日日以讀書爲務。由於博學多聞，舉凡朝廷的儀節掌故，大都取決於他的意見。弘景因爲家貧，不得不有在仕途上發展的念頭，後來因求不到宰縣，先天隱逸出塵的性格終又擡頭了，乃於永明十年（四九二年）上表辭祿，掛冠而去。他有一篇〈解官表〉，即是辭官時所作的，大意是說他嚮往的，乃是「席月澗門，橫琴雲際」的生活，他雖然認真向學，但「學非待祿」，只有「孤耕壟下」，才是他志趣所在。弘景離開朝廷時，公卿紛紛爲他設帳餞別，場面之盛，宋齊以來，罕有匹敵，由此亦可見他爲官之日雖短，但學問之閎富，人格之輝潔，確爲當時公卿大夫所景仰。

辭官後，弘景便隱居於句容之句曲山（江蘇句容縣東南），據他的自述，句曲山下是第八洞宮，名爲金陵華陽之天，漢朝時，咸陽三茅君得道來掌理此山，故又名茅山，是修道的好處所。弘景在山中設館，自號華陽陶隱居，從此隱去真名，凡人間書札，均以隱居代替。

弘景曾跟從東陽孫游嶽學符圖經法，又嘗遍遊名山，尋訪仙藥。山中的生活是極爲清苦的，可是他甘之如飴，奇偉的山水，幽深的澗谷，都給他無限的安慰，他每每徘徊其間，吟詠盤桓，不忍離去。依他看來，朱門廣廈還不及高山大澤給人的快樂多呢！隱居後的陶弘景，與人間真是絕遊了，彼時大名赫赫的沈約爲東陽郡守，頗賞識弘景的高超志節，屢屢修書邀約，可是他終不赴約。

永元初年（四九九年），陶弘景更在隱居之地築三層的樓館，他居於最上層，弟子居中層，有賓客來，便居最下層。除了一個服侍的家僮可以登上他的住所外，旁人皆不許。弘景天性原好讀書著述，從不廢卷，顧惜光陰，老而彌篤。據說弘景曾有《學苑百卷》、《孝經論語集注》、《帝代年歷》、《本草集注》、《效驗方》、《肘後百一方》、《古今州郡記》、《圖象集要》、《玉匱記》、《合丹法式》等著作，又未完稿的還有十部，今並不傳，這對我們研究陶弘景思想的，可說是極爲惋惜之事。

弘景除了愛好著述外，還精通百技，凡陰陽五行、風角、星算、山川地理、方圓、產物、醫術、本草、帝代年歷等無不精通。他還發明了「渾天象」，悟出了「地居中央，天轉而地不動」的道理，但這恐怕只是要配合方術的理論，對於科學的發展，貢獻似乎是甚微的。弘景還長於援引圖讖，預卜未來。梁武帝禪代之前，他便先以圖讖數次測出「梁」字。更妙的是在他死後，弟子在篋匣中發現了一首預制詩，是預測梁祚覆沒的，原詩如下：

夷甫任散誕，平叔坐論空；
豈悟昭陽殿，遂作單于宮。

後來梁果然因人人競談玄理，空虛不實而亡國；而侯景篡梁，竟然就在昭陽殿，真是句句落實了。

道教方士，極重鍊丹，因爲丹丸是長生不死、成仙的靈藥，弘景自不例外，他已獲得了鍊丹的神符秘訣，所缺的只是名貴藥材。梁武帝一向敬重他，便賜予黃金、朱砂、曾青、雄黃等，弘景於是鍊成一種「飛丹」，色如霜雪，服後身體可變輕。梁武帝食後，果然奏效，從此對他更加禮遇尊敬，屢次要聘他出山，終不爲弘景所受。

雖則如此，武帝並不放棄他卓越的才華，每遇國家吉凶，征討大事，無不前往諮詢，月中往返書信，經常數封，時人便給弘景一個「山中宰相」的雅號。由此可見，弘景也並不是全心耽迷仙鄉，不問人間俗事的，他只是不願當「曳尾之龜」，掙扎於泥濘中而已。

梁武帝天監四年（五〇五年），弘景移居積金東澗，繼續在該處隱居。由於精通「辟穀」「導引」之法，雖然年過八十，仍有壯容。梁武帝大同二年（五三六年），弘景自知無疾空逝，便寫下一首〈告逝〉詩，昭告弟子「即化非冥滅」的道理，「尸解」而去了。死時年八十五，顏色如故，屈伸自如，香氣累日，氤氳滿山，這在道教而言，就是所謂得道之象了。朝廷追贈弘景爲太中大夫，諡號貞白先生。

2 時代背景

兩漢雖然有董仲舒大倡「罷黜百家，獨尊孔子」，儒學因而擡頭，在思想界戴上了桂冠；但獨尊儒術的學者們，因秦火的焚毀，在學術上的努力也只是章句訓詁一類的工作。所以偌大的一個大漢帝國，在四百年間，思想上的成就也只有淮南子的駁雜，王充的奇才而已。如此大的學術間架，卻有著極空虛的內部，因此一到魏晉時期，這學術的間架也隨著大漢帝國的滅亡而四分五碎了，原本空虛的內部，更加空虛，一般士人心中，呈現無限的苦悶。

而在這時，正是英雄逐鹿，軍閥割據的大好時機，戰爭與政變使得百姓家破人亡，妻離子散，生命的價值已如狂風中的飄絮，無所附依，在這樣的環境下，學者如何能安心讀書，專力著述呢？加上軍閥們猜忌成性，任意濫殺，使得讀書人更無以安身立命了。就以曹操爲例，他雖然也延攬人才，一時門下大盛，但卻滿懷妒忌，爲他所激賞提拔的孔融、許攸、楊修、崔琰等，均逃不了被殺的命運，繼位的曹丕亦復如此，而篡位的司馬懿，誅殺更甚了。社會的亂離，政治的殘酷，加上兩漢遺留的學術空虛，形成一個極端苦悶的時代。士子既無人生積極追求的目標，又沒負荷道統的尊嚴使命，精神自然流於消沉頹廢，因此變爲一種思潮的逆流，這就是所謂魏晉的清談了。充滿玄理的清談，使得一般讀書人均掛上名士的面具，躲在神秘的彩色濃霧中。綜合他們的性格，或曠達任誕，或隱逸虛無。這股清談的風氣，就從魏明帝太和初年，一直延續到隋朝滅陳爲止（二二七—五八九年），真是一次無比漫長的清談。

正當這些清談的名士們以道家思想爲中心，大展其玄妙時，在民間，許多方士們也打著道術的旗子，到處招收門徒，散播神秘的教義，這個組織發展起來，於是成爲中國人自己的宗教——道教。因爲道術的流行，乃使原本神秘的隱逸風尚，更添加一層鍊丹、求仙的神秘色彩，陶弘景便是這股風尚中的典型人物。

道教的教義，既不是哲學，也談不上思想，只是流行於民間的一種模糊信仰而已。可是他們一披上「道」的神秘外衣，便也躋身於道家的行列，使此後的純正道家，無端端地染上了一層宗教的色彩。

道教雖然借道家以自重，但它的內容卻是極端的混雜，它的組成分子包括道士、巫醫、燒香求神的、畫符捉鬼的、修鍊丹道的、打坐養性的、占卜星象的、觀測風水的，以及各種方技和高士。而它教理的內容包括有：陰陽讖緯的學說、神仙出世的理想、導氣鍊丹的功夫、祈禱符咒的醫療法、採補的房中術、甚至民間的各種迷信和傳說，連佛教的三世因果論，也被移花接木過來，真是集一切奇談異說的大成。

由於道教的內容是如此駁雜，因此它的起源，可追溯到戰國時代的神仙之談和陰陽學說，甚至各種占卜和祭祀；但真正組成宗教形式，向民間積極傳布的，卻始於東漢的張道陵。張道陵相傳是張良的九世孫，曾學長生不老的法術，著書二十四篇，用以博取人民的信仰，凡入教的，都必須繳納五斗米，故又稱「五斗米道」，他死了以後，傳給兒子張衡，再傳給孫子張魯，祖孫三人，就是道教史上所謂的「三張」。

「五斗米道」的組織，雖已略具宗教的雛形，但只是以符咒等方術欺騙愚民，所以有「米賊」之稱。當時另有一位張角，也模仿「三張」的作法，組織「太平道」，以黃巾爲旗幟，四處流竄，這就是歷史上所謂的黃巾賊。可見「五斗米道」和「太平道」，只不過是當時社會上的非法組織，稱得上「教匪」而已，而他們也只能藉著迷信和不可測知的符術，在下層社會活動。

真正爲道教奠定理論基礎的，是魏伯陽和葛洪，魏伯陽的《參同契》和葛洪的《抱朴子》兩書，使得道教有了教義上的依歸。他們兩人，實可奉爲道教教理上的祖師。而南北朝的寇謙之和陶弘景，卻抹去了教匪的色彩，規定儀式戒律，創設道院神像，組成宗教的體制，因此贏得中上層社會的信仰，甚至曾一度壓倒佛教，變成國教。自此以後，道教才真正具有宗教的規模，走上正統宗教的道路。

當道教逐漸萌生成形的時候，佛道亦慢慢的傳入，相傳漢明帝時，求佛教於西域，輸入佛經佛像，而佛教輸入時，則沿襲道稱，稱爲「浮屠道」，與道教並重。於是在信仰上產生兩種現象，一種是道佛相排，一種是道佛並包，甚至儒釋道三教並重。陶弘景即是屬於後者，他雖是宏揚道教的功臣，但信道亦兼信佛，更嚴格地說，他是三教並崇的，這是彼時一種常見的現象，也是研究陶弘景思想不可忽略的一點。

二、學術思想

凡是道家，多少總帶有幾分神秘的色彩，身世如謎者比比皆是，就連他們的作品也大都散佚不可得，這對後世研究的人便困難倍增了。據《南史》的記載，陶弘景有多種著作，均散失不傳。我們今天所能看到的《陶隱居集》，雖然收有賦、表、啓、書、論、頌、詩、文等多篇，但簡短駁雜中，頗難盡窺弘景思想的全貌。

大抵說來，陶弘景的最偉大處，在於他高潔的人格、得道的修鍊、宏揚道教的努力，在思想上，他似乎沒有什麼獨特的樹立。導引、辟穀、鍊丹、符讖等道家的方術，在學術上是頗難解釋的，本文只能點到為止，事實上，似乎也沒必要作深入的探討。以下，試從隱逸與道佛合一兩方面來探討陶弘景的思想。

1 隱逸

隱逸的高士各個朝代均有，但其性質則互不相同，唐朝人把隱逸視為博取俸祿的手段，而有「終南捷徑」一說。魏晉六朝人的隱逸則大都是出於人生短促的失望，與思想上苦悶的消極，當然，彼時老莊虛無思想的流行與道教成仙一說的誘惑也是一個重要的因素。

在一個苦悶、戰亂頻仍的時代，山水園林確實是心靈上最好的慰藉，留連於其中，往往可讓人視塵務如粃糠，忘卻一切痛苦，進入寂然恬淡自足的境界。陶淵明說得好：「登東皋以舒嘯，臨清流而賦詩，聊乘化以歸盡，樂乎天命復奚疑？」事實上，能擺脫一切而歸隱山林，又何嘗不是個人生命的幸福呢？無怪乎《南史．隱逸列傳》的後論要說「掛冕東都，夫何難之有」了。《南史．隱逸列傳》計列有陶淵明等三十一人，陶弘景亦在其中，由此可見彼時風尚之盛了。

綜觀陶弘景之所以掛冠隱逸，除了時代風尚使然外，天性的愛好山水，祿途的不順遂也是其中原因，最主要的，還是他修鍊成仙的渴望。於道家而言，隱逸山林便於修鍊，無非是攀登仙鄉的一個準備工作。

弘景天性喜愛山水之情，時時流露於文字間，在〈答謝中書書〉一文中，他認爲「高峯入雲，清流見底，兩岸石壁，五色交輝」的山川之美，不啻是「欲界之仙都」。而在〈詔問山中何所有賦詩以答〉一詩中，更表明他怡悅於山林中不可言告的樂趣。原詩如下：

> 山中何所有，嶺上多白雲；
> 只可自怡悅，不堪持贈君。

我們從〈尋山誌〉一文，最能看出陶弘景隱逸的動機、樂趣與目的。他開頭即說：「倦世情之易撓，乃杖策而尋山。」世事的滄桑，人情的多變，真是令人難受生厭，只要在俗世一天，便得一天受現實的壓迫，陶淵明的〈歸去來辭〉也同樣的有「既自以心爲形役，奚惆悵而獨悲」的感嘆。那麼，要免除靈臺之心爲形體奴役的辦法，便只有杖策尋山，歸隱田園，與塵網來個一刀兩斷，互無關係了。

山林中的生活是清苦的，必須拋棄朱門廣廈，錦繡酒肉的形體享受；但弘景卻認爲「得志者忘形，遺形者神存」，「志」與「神」無論如何，總是比形體來得可貴，且可永遠存在。臭皮囊的世俗享受實在算不得什麼，所以他也就欣欣然於「散髮解帶，盤旋巖上」的生活了。

執意如此，山中的風景便是取之不盡的寶藏，造物者的無限恩賜了。陶弘景筆下的山林之美，像是首首圓滑晶瑩的小詩，我們且看：「宮迷夏草，徑惑春苔，庭虛月映，琴響風哀」，是何等幽麗的境界啊！還有「日負嶂以共隱，月披雲而出山，風下松而倉曲，泉瀠石而生文，草藿藿以拂露，鹿颷颷而來羣」，誰說這不是「欲界之仙都」呢？

愈是迷戀山林的瑰麗，欣喜心志的舒暢，便愈會對生命短暫的悲劇興起無限的感傷。弘景也不例外，他沉湎流連之餘，也不免「意斯齡之不長」，而致力於挽救生命的短促了。王子喬、赤松子、彭祖，這些均是傳說中長生不死的仙人，乃一一成爲陶弘景力追的偶像。他深信「仰彭涓兮弗遠，必長年兮可期」，於是便「及榆光之未暮，將尋山而採芝」了。終究，採集長生不死的靈芝仙藥，才是弘景尋山隱居的最後目的啊！這與陶淵明「聊乘化以歸盡，樂乎天命復奚疑」的隱居是大異其趣的。

雖然陶弘景隱居山中不斷地修鍊，使他看來像是仙人，而他「尸解」的種種徵兆也顯示他是得道成仙去了；但我們曾提到，他有個「山中宰相」的雅號，這不僅是對他才華的讚美，同時也說明了弘景隱居期間，並不是全然不理會人間俗事的，他依然在梁武帝諮詢時，貢獻各方面的意見，他的隱逸，真是自具一格了。

2 道佛合一

道教興起時，佛道亦即傳入，我中華民族容納外來思想的度量一向極其廣大，因此佛道得以在中國生根傳播。雖然道士唯恐佛教之輸入，信奉者日眾，因而奪其衣食，故偶有紛爭；但在思想與信仰上，卻有道佛並重，乃至三教並崇的現象，直到現在，依然如此。事實上，駁雜的道教理論，也有借助佛道以自富的必要，像佛教的三世因果論，便被移花接木過來，成爲道士用以宣教的一部分。

陶弘景是個不折不扣的道教中人，他自己本身的勤苦修鍊與設館招徒，爲道教奠定了良好的法式，在整個道教史上，功勞是極大的。但他在思想與信仰上，卻有「道佛合一」的趨向，我們可以從兩件事情上得到印證。其一是據《南史》的記載，陶弘景曾夢見佛授他《菩提記》云，又名他爲勝力菩薩，於是他便往訪鄮縣阿育王塔，自誓受五大戒。其二是陶弘景仙逝後，遺命弟子，葬禮時道人道士並在門中，道人在左邊，道士在右邊；道人即是佛教的僧侶，道士乃屬於道教的。由此二事，陶弘景「道佛合一」的思想是極其明顯的，而這恐怕也是彼時知識分子普遍的一種現象吧！

當然，作爲陶弘景思想主流的，還是在於道教思想，就我們今天所見，他雖也接受佛道思想，可是在理論的闡述上，卻沒有什麼獨特的建樹。至於陶弘景的道教思想，最主要的似乎是修鍊成仙的一套理論。

道教的修養以登仙爲最終的目標，爲了達到這目標，有各種修鍊的方術。《漢書・郊祀志》中谷永〈諫漢成帝〉一文已大略地說明了道教中金丹、存思、服食、變化等方術，這些不可思議的事情幾幾乎是道教中人修鍊的主要課題，當然陶弘景也不例外。但作爲一個知識分子，他的修鍊理論卻較能抹除一些迷信色彩。

談到神仙之說，自古已有，雖然是高深莫測，不可思議，但它不僅見於史傳，甚至連漢代大儒劉向，也著有《列仙傳》呢！稍前於陶弘景的葛洪，更著有《抱朴子》一書，用許多理論來說明成仙的可能。不僅是道家方士共奉成仙的理論，魏晉六朝的許多文人，如郭璞、陸機、江淹，均大量地運用神仙傳說的材料，造成了文學史上所謂的遊仙文學。由此可見成仙之說，是如何地吸引社會各階層人士了。

陶弘景在〈答朝士訪仙佛兩法體相書〉一文中，大略地說明了成仙的理論，他認爲凡「質象所結，不過形神」，形神結合時，則是人是物，形神若分離，則是靈是鬼，而佛法可令形神「非離非合」，仙道則能令形神「亦離亦合」，合時則乘雲駕龍，飛騰於虛冥之境；離時則尸解化質，無疾而終。那麼，如何才能成仙呢？那必定要「鑄煉之事極，感變之理通」，換句話說，就是要「以藥石煉其形，以精靈瑩其神，以和氣濯其質，以善德解其纏」。如此眾法共通，而後修鍊之業才能期其有成。

所謂「以藥石煉其形」，就是服食藥石與金丹。據葛洪《抱朴子》的記載，藥有三種，下藥只能治病，中藥可以養性，唯有上藥才能長生不死，因爲上藥是由礦物質做的，原料爲丹砂、黃金、白銀、五玉、雲母等，均是不腐不朽的，放在火中，百鍊不消，進入身中，足以堅固血脈、不老不死，羽化成仙。而金丹有九種，稱爲九轉還丹。一轉之丹，服了三年才能成仙，而九轉之丹，只要三天，便可成仙了。

鍊丹可說是方術中的一門大學問，若不得名師傳授，不僅徒勞無功，反而有害身心。陶弘景極精於鍊丹，他曾獲得神符秘訣，以爲鍊丹可成，後來果然鍊成一種飛丹進獻梁武帝，武帝服食後，竟然十分有效。而他最後獻給武帝的「善勝」「成勝」二粒丹丸，更是佳寶。因爲長期的服食丹丸，據說陶弘景八十餘歲時，仍十分強壯，偶而出遊，望見者皆以爲仙人。

站在學術的立場，鍊丹一事是不可思議而難以採信的，但它卻說明了一種觀念——視性命爲可改移者，欲得長生不死，羽化登仙，必要性命雙修，這點便比儒家高過一層了，儒者認爲性命乃天所賦，人不能違天，所修者也僅止於行爲之道而已，但道家卻不如此作罷。再說，鍊丹求仙更能代表黃老思想的極致，它闢劃出一個渺然虛靜，無掛無礙的境界，這點，又比徒然清談高明多了。

至若「以精靈瑩其神」，也就是道術修養中所謂的「存思」，意思就是說要存想神物，端一不離。道教教義中，從天地星宿山川，以至人身五官五臟，均有神名，皆應存思結想，以與神遇合。而「以和氣濯其質，以善德解其纏」，則都是使個人形神境界提高的修養。

大抵說來，陶弘景的修鍊，與盲目祈禱、迷信符咒的假神道是不同的。他著重於學理，尋求可信的依據，在〈登真隱訣序〉一文中，他曾駁斥得兩三卷書、五六條事，即入山修鍊的不可。他自己對於道經的研習，是下過極大的功夫的，一定要「詳究委曲」「曉其所以」。陶弘景所主張的修鍊，是一種極刻苦自厲的苦修，從〈授陸敬游十賚文〉中，我們約略可知山中的修行，是「肌色憔悴，不以暴露爲苦，心魂空慊，寧顧飢寒之弊」的，是「誠慤爲性，恬澹爲情，質直居本，沉重樹志，不邀世才，高謝時俗」的艱苦生活的。陶弘景樹立的這種風範，終於使道教擺脫教匪的色彩，成立了宗教的正規模式。

陶弘景也曾致力於本草藥方的研究，他有〈本草序〉、〈肘後百一方序〉、〈藥總訣序〉，是他努力研究整理的成績，雖然這是他承繼聖人之志，以救生民病痛爲本；但對於彼時的一些方士以禱告符水爲人治病的作風，無非是個大大的打擊與矯正，也可看出他思想中尚科學不迷信的特點。

由於修鍊成仙是道教方士的最終理想，因此，對於神仙世界也就有了一番想像中的組織與安排。當張角張陵所倡行的道教興起時，神仙官府只有三官，即天官、地官、水官，所謂的三官大帝。到了葛洪時，神仙官府的組織擴大了，除了上、中、下三宮的真皇、真王、真人、聖母以外，還有許許多多兵將。陶弘景也繼承葛洪這種思想，在《真靈位業圖》中，將玉清三元宮分爲七個中位，每個中位又有左、右位之分，分屬數仙官，七個中位總計有仙官七百餘人。雖然後人批評他這個分列太過於雜碎散亂，實不足採信；然而從它背後，我們卻可發現深一層的意義。陶弘景在《真靈位業圖》序文中說：「雖同號真人，真品乃有數；俱目仙人，仙亦有等級千億。」仙人之有等級，不只是便於分其貴賤、別其異同而已，更重要的乃在於修鍊的強調，品級的區別，該是決定於修業功夫的不同吧！由此可見，陶弘景對於修鍊的功夫，是如何地重視了。

大體說來，陶弘景在道教理論思想上的貢獻，實在比不上葛洪，稱不上有什麼特殊的成就；但由於他個人的身體力行，著重實際的修鍊，卻將許多形而上的理論具體化了，我們可以說，他並不是一位高蹈派的思想家，而是一位虔敬力行的宗教家。

三、作品介紹

陶弘景的許多著作大多亡佚了，我們今天所能看到比較重要的作品是收於《漢魏六朝一百三家集》中的《陶隱居集》。集子內收有賦兩篇，表一篇，啓六篇，書七篇，序六篇，論一篇，誌一篇，頌十五首，銘一篇，碑五篇，文兩篇，詩六首。由此可見陶弘景不僅性愛著述，而且是擅長各種文體的，尤其精於書道，真可謂多才多藝了。

從陶弘景這些遺墨中，多多少少可看出他思想的一些端倪，例如〈解官表〉、〈與親友書〉、〈與從兄書〉表明了他厭倦仕途，嚮往山林的心跡。〈尋山誌〉則把他入山求仙的動機、目的與希望表露無遺；而〈登真隱訣序〉、〈真靈位業圖序〉、〈授陸敬游十賚文〉中可看出他對道教理論的看法。這些文章雖然篇幅短小，卻是研究陶弘景思想最直接的資料。

陶弘景另外有《真誥》一書，總共二十卷，分爲七篇，所記全是神仙授其真訣的事，道理雖虛妄，文字卻十分雅潔。《朱子語錄》謂陶弘景的《真誥》，乃竊取佛家《四十二章經》所成，例如地獄託生的說法，更有明顯抄自佛經的跡象，因此，《真誥》一書似乎沒有思想上獨特的色彩。

除此而外，《道藏》中亦收有陶弘景的《真靈位業圖》，這是他對神仙官府組織的看法，後人雖然批評它爲瑣碎不堪，但在整個道教的理論上，仍有一定的貢獻。

以上是我們今日所能看到有關陶弘景的主要作品，資料的不完整，在研究上未免有以管窺天、以蠡測海的遺憾，但這也是無可奈何的事了。

四、結語

陶弘景憑著苦行似的修鍊，似乎可以名登仙籍了，但這在學術上的意味是極少的，我們所當注意的，應是他追求神仙這種思想的背後含義。真正說來，求仙的這些方士才是黃老學派的嫡傳呢，他們以實際的行動去追求一個清虛的世界，不管神仙是有是無，可求不可求，像陶弘景的長隱山林，絕遊人世，倒是真的「心標象外」，「超乎塵埃」了。

陶弘景也是道地的道教中人，但由於葛洪的《抱朴子》那麼完備的成之在先，以至於他一些零星的言論與思想看來便微不足道了。更因爲陶弘景的著作十之八九亡佚，要獲得他思想的全貌幾乎是不可能的事。本文只能稱作臆說，陶弘景完整的思想面貌只好等待有心的讀者自己去發掘了。

參考書目

〈陶弘景本傳〉《梁書》第四十五卷，《南史》第六十六卷。
《陶隱居集》 陶弘景作，《漢魏六朝一百三家集》第四册，頁三〇〇五—三〇三四，新興書局出版。
《真誥》 陶弘景作，《四庫全書》本。
《洞玄靈寶真靈位業圖》 陶弘景作，《道藏輯要》第十九册，頁八二九三—八三〇七。
《道教史概論》 傅勤家作，臺灣商務印書館出版。
《道教通詮》 趙家焯作，華岡出版社。
《道學與道教》 趙家焯作。
《道教與神仙》 周紹賢作。
《抱朴子》 葛洪作，世界書局出版。
《魏晉南北朝史》 勞榦作。

智顗

慧嶽 著

目次

智顗

一、南北朝時代的佛教學風

擁有廣大領土的中國，自從東晉時代（西元四世紀初），就形成南北的政治抗爭，不斷的繼續了三百餘年的歷史。當時統治北方的胡族國王，也許是受到西域佛教的影響，上自國王乃至貴族大臣們，對於佛教信仰都很虔誠，且喜歡神異靈驗，及創建塔寺，恭造佛像等，廣作功德，也因此，住錫北方的僧侶們，都傾向於神通靈驗，精勤修習止觀，實踐坐禪，以神異取信於大眾為目的。但是，在同一時期，南方的佛教弘化，卻還留著魏晉以來的清談遺風，並加以王室貴族的倡導和獎勵，儘量偏重於義學精湛的講解研究，如是南北三百年間的佛教學風，成為各自偏執一途的狀態！

關於北方的佛學家們，偏重實踐止觀的修習，這都影響到後來的徒眾們，廢棄義學的研究，專以倡導不立文字，竟造成很多的不良後果！因為根基差一些的，就難免於墮落無知，在不知不覺中，隨染於蒙昧邪行的危險裏！而易於養成不學無術的啞羊僧，唯依信仰「福壽生天」的淺近因果報應爲滿足，致使偉大佛教的真理被埋沒。還有，南方的注重義學，也養成好辯的習慣，唯以紙上或口頭禪的談論，因而失去實踐的求道心，終究無法獲得解脫的成就。直至隋朝智顗（西元五三八—五九七年）大師，深鑑時弊，遂將南方的「輕禪重講」，北方的「輕講重禪」的偏頗，予於補救均平，而強調「教觀雙運」、「解行並進」的教學，因精通教義論理，能輔助證道明心，實踐修觀，即能攝持自心於安定。智顗大師，這種偉大的圓融理論，遂消融了幾百年來的南北偏好，顯明佛陀的本意，實現佛法的精神，樹立中國獨創的天台教學。

二、智顗的略傳

智顗大師的俗家姓陳，於梁武帝大同四年（五三八年）誕生於湖南省華容縣，出生之時，光明滿室，具足雙重瞳眼之相，七歲就能背誦《觀音普門品》等經，被時人稱為神童。幼名「光道」，出家後的法名為「智顗」，字「德安」，後來都稱為「智者大師」以示尊重，而且也是隋煬帝所敕封的。

梁承聖三年（五五四年），江陵（湖北省）一帶，被西魏軍攻佔，政權便歸於陳霸先之手，國號改為陳（傳五代，歷三十三年）。梁朝的滅亡，影響了智顗一族的沒落，這使智顗悟知「世態變幻無常」，遂於翌年（五五五年），智顗十八歲時，投禮長沙（湖南省）果願寺法緒大師出家。然後師事真諦三藏的大弟子慧曠（五三四—六一三年）律師，學習《方等》、《攝大乘論》、《唯識論》、《金光明經》等，並依之受具足戒。後來的智顗，對於《金光明經》的講述，或有關唯識思想，攝論宗教學的深度認識，也許是初出家時，受慧曠律師指導之所得。受具足戒不久後的智顗，發心登上湖南省衡州南境的大賢山，閉門專修《法華》、《無量義》、《普賢觀》等經，並實踐方等懺法，獲「勝相」現前，盡得不可思議之奧旨。

陳天嘉元年（五六〇年）智顗二十三歲時，冒著戰亂的危險，行至光州（河南省）大蘇山，投禮慧思（五一五—五七七年）禪師，苦練參究，精修普賢道場（法華三昧行），有一天，持誦《法華經》至〈藥王品〉（大正九—五三B）：「是真精進，是名真法供養如來」句，忽然心境朗照，遂證「法華三昧前方便」，這稱爲智顗的「大蘇妙悟」。但是，他卻不以此開悟爲滿足，朝夕更加努力，繼續承受慧思禪師的指導，薰修滿七年之久，至陳光大二年（五六八年，智顗三十歲），始受慧思禪師的咐囑下山，住錫於金陵瓦官寺，大開法筵，將實踐體會出來的妙解佛乘，配合於講說義理，更將其獨得般若妙慧，加以無礙辯才的顯揚，故使當時的江南名匠：法濟、大忍、慧辯等都來親近於其座下。

智顗是年僅三十歲的青年僧，能在東晉以來，佛教文化最盛的金陵，立足成家，揚名於世，這可以說是於大蘇山，親承慧思禪師嚴厲的薰陶磨練出來的成果。因爲佛法的精奧本質，在理智的修持和德行的崇高，絕不是唯以語文和口頭禪等所能體會得到的。

智顗住錫金陵的八年（五六八—五七五年）間，曾受到舉國上下大眾的皈依，這在弘法方面來說：當然是成功的，但就其自他兩利方面來說，那就離佛陀度生的本懷還是很遠的。因爲聞法者雖日益增加，但領悟者卻日漸減少！這在智顗的精神上，受到了說不出的苦悶，如果這樣下去，唯有空費光陰！當時的智顗在深思，既然不能利他，復傷自行，徒勞無益，那就堅決不顧朝野上下的挽留，遂於太建七年（五七五年）九月間，隱遁於天台山（浙江省），以晝間講解佛法，教導徒眾，晚間親自領導修習止觀，且以猿猴爲友，白雲作伴，實踐著第二期的苦行生活。

智顗於天台山華頂峯，正在靜坐思惟的時候，忽然顯現著無數的魔女魔孫，均以迷惑智顗的身心為能事，但他仍然是巍然不動的端坐著，頃刻之間，即就恢復寂靜的大自然的境界，這被後世稱為「華頂妙悟」，乃由禪定進趣實相觀的證悟境界。

智顗經過這番的開悟，思想大有轉變，即由空觀趣入法華圓融的中道。因而在天台山澹泊的度過十載寒暑，於陳至德三年（五八五年）四月，陳叔寶曾以七次的詔請，始允再至金陵，於宮中太極殿，講《大智度論》、《仁王經》等，並主持「仁王大法會」，同時皇后、皇太子等均在崇正殿，設千僧大齋會，並皈依智顗為師，誠是盛極一時。

隋文帝開皇十一年（五九一年）十一月二十二日，當時的晉王——楊廣，恭迎智顗至揚州禪眾寺，同時於揚州總管府內，設千僧大齋會，並請智顗傳授菩薩戒，晉王向大眾說：「大師禪慧內融，應奉名為智者」，智顗被譽為「智者大師」的尊稱，就是從此開始的。

開皇十三年（五九三年）春，智顗回到故鄉鄰近的當陽縣（湖北省），靠揚子江岸的沙市，朝北數里的玉泉山，建立一寺——玉泉寺，現存的尚有：毘盧殿、大雄殿、天王殿、東西禪堂、智者大師講經臺等。該寺至一九四九年前，還保存有歷史價值的署銘「隋大業八年（六一二年）」的鐵鑊一個。天台宗的基本聖典，《法華玄義》、《摩訶止觀》，就是他在玉泉寺宣說的。

開皇十五年（五九五年）正月，再至揚州講《維摩經》，並著《淨名義疏》十卷。十六年秋，回到天台山繼續《淨名疏》的寫作。

開皇十七年（五九七年）十一月二十四日，對徒眾講完《觀心論》之後，就在石城寺（天台的西門）彌勒聖像前，結跏趺坐安詳圓寂，世壽六十，僧臘四十。

以上是智顗大師應化六十年間的概略，茲爲易於參考，列表如下：

幼年時代（出生—十八歲）	梁大同四年（五三八年）誕生於湖南省華容縣。 梁紹泰元年（五五五年）出家於長沙果願寺。
修學時代（二十—三十歲）	陳永定元年（五五七年）依慧曠律師受戒。並至大蘇山，師事慧思禪師。 陳光大二年（五六八年）至金陵。
瓦官寺時代：（卅一—卅八歲）	陳太建元年—七年（五六九—五七五年）金陵大弘佛法。
天台隱棲時代：（卅八—四七歲）	陳太建七年（五七五年）九月至陳至德二年（五八四年），在天台山修頭陀行。
講說三大部時代（四八—五六歲）	陳至德三年（五八五年）四月，再至金陵講《法華文句》等。 隋開皇十三年（五九三年）創建玉泉寺，講《法華玄義》、《摩訶止觀》。
晚年時代（五八—六十歲）	隋開皇十五年（五九五年）再至揚州講《維摩經》，並著《淨名義疏》。 隋開皇十七年（五九七年）十一月二十四日圓寂。

本節參考書：

《佛祖統記》（《大正大藏經》精第四九冊——一八〇頁—一八七頁，《大正大藏經》係臺北新文豐出版公司影印，民國六十三年出版）

《天台智者大師別傳》（《大正藏》精第五〇冊——一九一頁—一九七頁）

《國清百錄》（《大正藏》精第四六冊——七九三頁—八二三頁）

《天台大師之研究》二一八頁（日文，佐藤哲英博士著，日本京都，百華苑一九六一年出版）

三、智顗的前期思想

1 《法華經》與《大智度論》的弘揚

智顗的思想，依其修爲的內證而言，可分爲前後兩期，即在瓦官寺的初次弘法，可以說是繼承慧思禪師的般若學——空觀，爲基本依據的說法（屬前期）。自從至天台山，經過十年間的頭陀苦行所悟出來的，乃由「空觀」趣入「法華實相觀」（屬後期），故天台教學的本質，是屬「法華教學」。但其師的南嶽慧思禪師，對於《法華經》的研究，仍脫離不了《智度論》的思想影響，將《般若》《法華》兩經，配置於同格的見解，可是智顗，卻是不依《智度論》的思想，認爲《般若經》，共通於小乘，雖有含具大乘圓理，不過也是屬「共般若」，唯法華才是「不共般若」的境界，且《般若經》尚未發揮到二乘成佛，獨《法華經》才以證實二乘成佛的殊勝義，這可意識到智顗的思想，是超越師承，及梁代的法華權威學者法雲（四六七—五二九年）大師，能以獨自妙解佛乘，樹立天台教學的基礎，成爲中國佛教的一宗而獨立著。

智顗在金陵瓦官寺的弘法，最受人注目的便是《法華經》的宣講，因江南一帶的從來講解方法，唯以訓詁式的逐句講解，而智顗是承慧思禪師的實踐、理論兼備所發揮出來的妙解，是以其說法，那是金陵空前未有的新鮮講筵，而且具有濃厚的親切感，致使當時領導金陵佛教的大德們，都傾心而執弟子禮前來聽講，同時朝廷更以敕旨停朝一天，盡集大臣以聽講（參照《大正藏》精五〇—一九二B），最可惜的還是當時的講義，其弟子們未曾記錄下來，致使現在無法知道其內容！但智顗在大蘇山時，既然證「法華三昧的前方便」（般若空觀），故其講解的殊勝可以推知！

上述，智顗在金陵瓦官寺所講《法華經》與《大智度論》，究竟是講些什麼？現在既然無法知道其內容，那唯可能的就是將《法華經》、《大智度論》的綱要敘述於次：

㈠《法華經》七卷（《大正》第九卷，鳩摩羅什三藏於西元四〇六年在長安大寺譯）

佛陀的教義，自從教團分裂後，就各以其本派的所奉聖典，冠以金科玉律般的受持，因之，屬大乘經典的最古本，可推《小般若》、《維摩經》，其次的是《大品般若》、《法華經》華嚴部《漸備經》等，爲大乘佛教開創期所盛行的代表經典。

所謂大乘，即異於小乘的墮落二乘（聲聞、緣覺）的劣等行爲，乃純以菩薩道爲主觀，且強調樹立自己爲立場之新形態的三乘差別觀，故大乘的根本精神，是主張不可停滯於方便城，必須進修至寶所成就佛陀的菩薩乘爲目的，由此，最原始的大乘經典，只是強調菩薩乘，而尚未達到佛陀的妙智境界，唯《法華經》才是超越三乘趨入一乘（會三歸一）的殊勝。《法華經》這種含義，被智顗意識到佛陀出現於世的本懷，即就強調《法華經》爲純圓獨妙之

「一乘佛道」的妙旨。

關於一乘，在梵文《法華經》第二章〈方便品〉說：佛陀的降生於人間說法，最大的宗旨是：爲人人的成就佛道爲目的，這在鳩摩羅什（三四四—四一三年）三藏譯《妙法蓮華經》，即譯爲「舍利弗，如來但以一佛乘故，爲眾生說法，無有餘乘，若二若三」。尚且這種「一佛乘」的宗旨，係十方世界的過去、未來、現在的三世諸佛，都是同調的宣說「一佛乘」爲修行者成就「無上正等正覺」的究竟實踐門，是以釋迦佛陀的宣說《法華經》，和三世諸佛的宗旨，完全是一致的。既然佛教的究竟是一乘，爲什麼！佛陀的一生教化中，將四十年以上的時間，都花費在講說三乘？那麼！這豈不是失去了三乘教學的真正意義的存在！因爲混亂惡濁的人生，多因貪欲等而失去善作用，既然缺少善作用的善根，那就不容易接受大法（一乘佛法）的進修，是以佛陀的降世，才以巧妙的方便法門，先爲適應對機的需要，由修聲聞法（苦、集、滅、道）、緣覺（十二因緣）、菩薩（六度）等三乘的次第，這不過是爲聞法者，先能獲到安身立命，俾其成熟善根，趣向於究竟解脫涅槃（不生、不滅）的一乘佛地爲目的。

由此，三乘教學即屬「權教」——方便，一乘是「實教」——真實，關於這種理論，智顗在其所著《法華文句》說：《法華經》的價值，就是在「亦權亦實、非權非實」的中道第一義諦。換句話說：真理佛性，本來就是恆常不變的清淨，但因一切對象的虛妄不淨，致使產生分別觀念，才會墮落爲凡夫，但身雖爲凡夫，其心的慈悲原存，故《法華經》對此譬喻爲「衣裏明珠」，強調雖外貌醜陋，但其內心的佛性，卻是整然不缺，這證明凡夫與佛陀的互相對照，唯是迷與悟的差別相而已！

再說：人們所受一切的苦縛，皆是起於迷執的我相所致，如果能爲脫離一切苦縛著想的話，必須依據佛陀宣說的一切善法去實踐修持，但因個人的業惑不同，是以佛陀才不得不施用種種的方便法門予以導引，至最後指明涅槃（不生不滅）境界爲歸處。

又《法華經》的另一特色，乃授記二乘成佛思想，因其他諸經，都是說二乘不能成佛，唯菩薩方能成佛，但《法華經》卻是主張「一切眾生，悉有佛性」爲依據，敘述佛陀的法身與聲聞的法身，即平等無異，同一法性中的流露，不過爲說法方便的起見，才展開爲三乘而已。《法華經》這種殊勝，被智顗洞徹後，遂推翻前人的所說，而強調《法華經》至上，創立空前的妙判《法華經》爲「純圓獨妙」的教相，故至現在，《法華經》仍巍然不動的坐著經王寶座。

所謂《法華經》（*Saddharma-puṇḍarīka-Sūtra*），具云《妙法蓮華經》，其內容極難理解，因其他的經典，一看經題，就可以知道其內容，如《般若經》的主題便是般若，《涅槃經》的主題是涅槃，唯《法華經》的內容，被認爲是針對「般若實相」的真理，但有的地方，卻是「一乘與三乘」；或「菩薩行」的實踐本質；「教主與弟子們」的過去生涯；「觀音與普賢」等諸大菩薩的信仰等，其教說的內容很多的轉變，致使該經的中心思想原理，究是什麼？不容易得到解答！故對於《法華經》的研究，自古以來，在印度、西域，就有五十多家的專門學者，如龍樹、堅慧、世親菩薩等，都有研究的成果著作，可惜現存的唯有世親的《法華論》而已！

有關《法華經》的研究，中國的學者，可以說比印度、西域出色得多，因自從西晉竺法護大師譯出《正法華經》，就有人奉行實踐修習、誦經、講解、註疏等。更在羅什三藏重譯之後，即人才輩出，如道融、曇影、僧叡、竺道生、慧觀、道明、慧龍、僧印、法雲等，都是研究《法華經》的名學者。其中，道生的《法華疏》（《卍續》精一五〇—三九六）、法雲的《法華義記》（《大正》三三—五七二）現存外，其餘唯能在其他的文獻中，知道片段的部分學說而已！

由此，南北朝時代的《法華經》研究，已具相當的努力和成就是很明顯的。如道融、僧叡，將《法華經》以序、正、流通——再分爲九轍，道生的《法華疏》是以一經而分爲兩段，〈初品〉至〈安樂行品〉，爲開三顯一；〈湧出品〉以下十四品，爲開近顯遠；更將前後兩段，再分爲序、正、流通的三分而解釋，這比較前者的九轍分科法，更具整然之感！但對於思想涉及多方面的《法華經》，擬以單純的分科法，來爲之極廣的內容作解釋，那是絕對不可能的。還有廬山慧龍，更將《法華經》以形聲與因果，即佛身或佛說，初以成佛之因緣爲焦點，以〈序品〉至〈法師品〉爲佛陀説法的方便與真實關係，〈見寶塔〉以下爲佛身方便與真實，這即屬真實身與方便身的關係。又由成佛的因果觀點而論，即〈方便品〉至〈樂行品〉爲成佛之因，〈湧出品〉以下爲果德門。慧龍這種看法，對於《法華經》的內容比較忠實，而且也影響於後來的研究方便不少！

又，光宅寺的法雲（四六七—五二九年），將《法華經》分爲二十四段，即〈序品〉爲序份，〈方便品〉至〈分別功德品〉中的彌勒偈之十四品半爲正宗份，其後的十一品半爲流通份，更將序份以通序、別序而各展五門，正宗份再分爲因義、果義而展開各爲四門，流通份以化他流通、自行流通，而再開各爲三門等。這可以説是《法華經》空前精密入微的分科法，但其所分法過於微細，反而招致煩瑣之嫌。是故無法將《法華經》，把握著一貫的統一原理之顯現。換句話說：經文內容的分科，雖具極致的精密，如對於教說全體的中心主題，如果無法把握其統一原理，那就會失去《法華經》的根本精神。故智顗在《法華玄義》中，以釋名、顯體、明宗、論用、判教的五重妙判，將《法華經》深淵的妙理，予以統一，更敘述與他經的異同，以強調《法華經》的特殊優美，誠是值得研究。

本節參考書

《國清百錄》（《大正》四六—八〇一）

《妙法蓮華經》（《大正》九—一—六二）

《法華思想之研究》（日文，橫超慧日著，日本京都平樂寺出版，一九六九年）

(二)《大智度論》百卷（《大正》二五—五七，龍樹菩薩造，羅什三藏於西元四〇五年譯出）

《大智度論》（*Mahāprajñāpāra-mitā-Śāstra*）或云《摩訶般若波羅密經釋論》，乃《大品般若經》的逐條解釋，依僧叡（三七八—四四四年）大師的該論序文及後跋，得知所謂百卷巨著的《大智度論》，只是《大品般若經》之初〈序品〉的解釋全譯，即：最初的皈敬頌——七言四句六偈，次明二十餘條的般若波羅密的緣起義止，就成為三十四卷，其後的六十六卷，乃是《大品般若經》的第二〈報應品〉至第九十〈囑累品〉文的略釋，因羅什（三四四—四一三年）三藏深知我國人的好簡習慣，特為適應機宜的選譯而輯成百卷而已。據言：如若盡數譯出，即就會超過千卷之多的了。

關於《大智度論》的內容，包括原始教典，部派諸論書的學說、思想、用例、傳說、歷史、地理、實踐禪定、僧團等，及印度一般思想之廣泛，可以說是當時的「佛教百科辭典」。尤其針對《中論》般若空的思想，而顯明的站在肯定的基本立場，專以「諸法實相」的大乘菩薩積極的宗教實踐爲本位。且還是提供著龍樹以前的佛教學說，及大乘與小乘的相互交流思想史發達上的好資料。

再說，龍樹雖是主張性空的中道觀，但仍繼承「阿含」、「佛傳」、「律」等而展開大乘佛教正統的真精神，故後世尊仰龍樹爲大乘八宗的祖師。由此，《大智度論》不單是空宗的綜合論書，對於後起的「瑜伽唯識思想」的形成，還是貢獻不少！尤其《大乘起信論》所說的真如與性空中道思想的相即，就是受《大智度論》的影響而來的。又其有關法身觀的主張，而導引密教思想的發展，更是值得注目的。

本節參考書

《大智度論》（《大正》二五—五七—七五六）

2　禪學文獻的集大成（《釋禪波羅密次第法門》編著）

智顗在金陵的八年間，除講《法華經》、《大智度論》之外，最著重的工作，還是指導在南方未曾受到重視的實踐修習止觀，故智顗的前期思想，綜合而可代表的著作，當推由《大智度論》中的有關禪法部門，及印度所傳來的所有坐禪實踐法，儘量蒐集而組織，成爲《釋禪波羅密次第法門》，而其弟子法慎記爲三十卷，再經灌頂大師，刪定爲十卷流通的現存本（《大正》四六—四七五）。本書的特色，是將禪門實踐法，毫不漏列的予以由淺入深次第的精密組織，這在禪觀發達史上，確是劃時代的重要文獻，故凡是有心於禪學的研究，乃屬不可缺少的參考資料。

關於《釋禪波羅密次第法門》的組織，同於天台宗基本聖典的三大部之一《摩訶止觀》，同樣的分爲十大章，即：

第一修禪波羅密大意章，是針對行者雖然發心修習禪定，但尚未得其要領的十種非法的糾正，並爲顯示正修必需的條件，即⑴萌發菩提心之相，⑵闡明修習禪定的途徑。即：行者，雖發菩提心，必以菩提心觀照中道正觀，明諸法實相，能憐愍一切眾生，而起大悲心，發四弘誓願，才能成就佛道。

第二章：釋禪波羅密名，即簡別共不共、翻譯、料簡。

㈠簡別：因爲「禪」是凡夫、外道、二乘、菩薩共修的通名，而波羅密，卻是限於菩薩與諸佛的不共修法。

㈡梵語「禪那」（dhyāna）：簡稱爲「禪」，譯爲「思惟修」、「定」、「功德叢林」。波羅密多（pāramitā），簡稱「波羅密」，譯爲「到彼岸」、「事究竟」、「度無極」等，且各具通別兩種的解釋。

㈢料簡：是針對「背捨」、「勝處」、「一切處」等，都不能稱爲波羅密，唯禪才能稱爲波羅密，因「禪」最大，儼如國王，具統攝義，將所有實踐法的一切內行功德，都攝持在禪之中，才稱名爲禪波羅密。

第三章：明禪波羅密門，即針對尋名究體的作用，分爲標禪門、解釋、料簡。且將禪門再分爲色門、心門。關於色門，即以不淨觀及阿那波那（ānâpāna，略稱「安般」，譯爲「入出息」，即屬數息法）。至於第二解釋，是開色別立心門，以「世間禪」、「出世間禪」、「出世間上上禪」，更分爲通別的解釋。

第四章：辨禪波羅密銓次，即明修禪波羅密的次第，分爲有漏禪、亦有漏亦無漏禪、無漏禪。

㈠有漏禪：是修數息觀，入欲界定，再以四禪入色界定，四無量心入四空處定（無色界定）。

㈡亦有漏亦無漏禪：是對六妙門、十六特勝、通明觀。

㈢無漏禪：是針對觀煉薰修的實踐次第，以聲聞、緣覺、菩薩的慧行爲旨歸。

第五章：簡禪波羅密法心，是明諸禪的法與心，分爲辨法、明心、簡別法與心。

㈠辨法：再分有漏法、無漏法、亦有漏亦無漏法、非有漏非無漏法的四種。

㈡明心：分爲有漏心、無漏心、亦有漏亦無漏心、非有漏非無漏心的四種。所謂「法華三昧」、「般舟三昧」、「首楞嚴」等的百八三昧，都被攝持於非有漏非無漏的禪法中。

第六章：分別禪波羅密前方便，爲實踐禪觀的準備，詳述於該書的第二、三、四卷，分爲外方便、內方便，對於外方便，即舉二十五種方便法（具五緣、訶五欲、棄五蓋、調五事、行五法），這是實踐門的必具條件，凡是修行者，可謂是最基本的門徑。

至於內方便，分爲明止門、明驗善惡根性、明安心法、明治病患、明覺魔事。

(1)明止門，再分爲①繫緣止（隨緣止），②制心止（入定止），③體真止（真性止）的三種法。

(2)明驗善惡根性，分爲外善、內善，外善更分爲布施、持戒、孝養父母師長、信敬三寶、讀誦聽學；內善分爲阿那波那門（數息）、不淨觀門、慈心門、因緣門、念佛門。至於惡根性，即舉出：覺觀、貪欲、瞋恚、愚癡、惡業等不善業法，對之，以五門禪爲救治法。

(3)明安心法，即隨便宜、隨對治成就、隨樂欲、隨次第、隨第一義等。

(4)明治病患，以氣息治病、假想治病、咒術治病、用心主境治病、觀析治病。

(5)明覺魔事，光明魔的種類，即煩惱魔、陰入界魔、死魔、天子魔等的四種，繼之詳述破魔的方法。

第七章：釋禪波羅密修證，分爲修證世間禪相，修證亦世間亦出世間禪相，修證出世間禪相，修證非世間、非出世間禪相的四種禪法，以淺深次第，從欲界初心起，至金剛三昧止的所有禪法。

(一)世間禪：分爲四禪、四無量心、四無色定。

(二)亦世間亦出世間：即六妙法、十六特勝、通明觀。

(三)修證出世間：即對治無漏、緣理無漏。第一的對治無漏再分爲：(1)九相，(2)八念，(3)十想，(4)背捨，(5)八勝處，(6)十一切處，(7)六神通，(8)十四變化，(9)九次第定，(10)獅子奮迅三昧，(11)超越三昧等的十一種。

其次的「緣理無漏」，並第四段「修證非世間、非出世間禪相」，及第八章果報、第九起教、第十歸趣章等，竟未宣說而作結論。古來將這部分都稱爲不說部分，關於不說的部分，也許是不適合於當時的聽衆機宜，或屬菩薩境界，根本對於三界內的實踐禪觀，無關宏旨，所以智顗才罷講而終止？這待以後再作研究。

又關於禪觀法，在印度、西域，就有種種的不同，是以智顗才將由印度、西域傳來的禪觀法，盡攝持於組織整然的體系內，成爲《釋禪波羅密次第法門》，但其中的第七章，即是該書的中心思想部分，茲爲供研究禪觀者的參考，不厭其煩的摘其概要，介紹於次：

㈠「世間法」：分爲四禪、四無量心、四無色定。

⑴四禪，梵語「禪那」（Catvāri dhyānāni），譯爲靜慮。具有四種靜法，才稱爲四禪（初、二、三、四禪）。所謂「靜慮」，即由寂靜的境界中，思惟所發揮出來的慧的力量，才能體會到世間的一切事物現象的根本真理，因人們都是著重於向外追求，缺乏內心了解事物現象的真理本體，故智顗才強調實踐行禪的功夫，以期早證禪定，才能獲得安身立命爲歸宿。再說：如欲深入靜慮的方法，即必須「繫心於一處」，時間一久，妄念自然的漸漸會微薄而消失，進入舒適輕安，儒家也有「知止而後有定，定而後能靜，靜而後能安，安而後能慮，慮而後能得」的境界，然後感覺到自身的血液暢通，泰然自在，如坐飛機於虛空中，再而進入相似通（可以知當時的境遇，但放棄坐禪時即失），更進一步爲未到定（趨入初禪的準備）。再精進到工夫純熟時，便會自得不可思議的智慧，離棄世間（欲界）的一切惡念，妙得喜樂，稱爲初禪。二禪是由初禪所得來的身心喜樂進而明淨，且離尋伺塵濁，攝心境於一性，獲得無尋、無覺、無觀的定力，稱爲定生喜樂的二禪。三禪即攝「行捨」住於不苦不

樂，且不耽落喜樂，能更欣上正念、正慧的殊勝法，稱爲離喜妙樂的三禪。四禪是住於平等的非苦非樂的極善清淨，顯現「念清淨」而捨去一切喜樂，稱爲捨念清淨的四禪。

又實踐禪觀的禪者們，如得初禪，即能對治貪、欲、瞋、憂、苦及犯戒，或散亂的障礙，遠離欲愛，自心得到寂靜的境界。二禪能對治第一念的尋伺（深細精神作用）與苦及不自然的劣性。三禪能對治第二念的貪與喜及踴躍之下劣定性。四禪能調順出入息，及對治第三念的貪與樂及樂作意的下劣定性。再說，尚未進入初禪稱爲近分定，雖然至初禪，還有相應的微細精神作用，至二禪，始能斷審察的精神作用，故謂無尋無伺。大梵天的中間定，雖然無尋（猛利的精神作用），但還有伺（愚鈍的精神作用），這雖勝過初禪，卻尚不及二禪的理由，可謂極明顯之至。

關於四禪法的修持，佛陀在實踐苦行中，還曾訪問過阿羅羅仙人，論證四禪的淺深和修持法。是以從修持開始至成道，都不離四禪法，由此可見：四禪法就實踐佛道的行者們來說，是很重要而不可缺少的。

本段參考書

《順正理論》第七十七（《大正藏》第二九卷—三二九）

《顯揚聖教論》第二（《大正藏》三一—四八〇—五八二）

《俱舍論》第二十九（《大正》二九—一一一六〇）

《法界次第初門》卷上之下（《大正》四六—六六四—六九六）

(2)四無量心，梵語Catrāryapramāṇāni，譯爲四無量心、四等心。即以四種的無量心，緣無量的眾生，給與樂及離苦的思惟，作爲輔助修禪，趨入禪定爲目的。

四種無量，即慈無量、悲無量、喜無量、捨無量。因爲修持善行的禪觀者們，必須養成四種無量心，便得安穩修道以鞏固道心，因心具「慈」，就不生瞋恚、不嫉恨他人；心具「悲」，就會體諒對方而不結怨於人；心具「喜」，就能安心於善修一切法；心具「捨」、就能放下一切而不計較是非，速證禪定，得到安養的寶所。

本段參考書

《中阿含》第二十一章（《大正》第一卷─四二一）

《順正理論》第七十九（《大正》二九─三三九）

《顯揚聖教論》第四（《大正》三一─四八〇）

(3)四無色定，梵語atasra ārūpya-Samāpattayah之譯文，或稱四空定。即空無邊處定、識無邊處定、無所有處定、非想非非想處定。對於修習空定的必須條件是：在修定中，不念一切色相，且能滅對象之相，即就能趨入虛空處，因爲一切眾生，所有一切困苦的所累，皆是被自身所招惹出來，是以行者們，在定中思惟脫離一切相，即就無飢渴寒熱之苦，再說，色身是粗弊虛誑，由宿世所薰積來的因緣和合的果報。故凡夫無法脫離一切苦報，是以必須在實踐行持中，諦觀一切空而捨除一切對象，就如由籠中飛出的鳥，得大自由，爲空處定。但空遍於無量無邊，以識爲緣，如緣得過多，則定會被散破，是以行者們，在實踐修持當中，必須觀空，且要認清「受想行識」為賊，不能被其所盜，更要了解一切即屬無常、苦、空、無我，如妄為和合即會生有的危險，故所緣的空還要捨棄，唯保留以識為緣，是名識處定。但識仍是無量無邊，如識過多，即容易障礙定力，是以行者們，必須觀是識，認清受想行識如病、瘡、刺等，不可被其所害，應觀一切事象是苦、空、無常、無我。能如是觀，即可破識相，且能超越識處，趨入「無所有處」的空定。但行者們還不能堅執於無所有處，仍再一步的觀色受想行識，如病如瘡，一切即屬無常、苦、空、無我確非實有，是以必須欣慕思惟「非有想、非無想」的妙定，如能證「非有想非無想定」，即能享受三界（欲界、色界、無色界）最高的非想非非想處天的八萬四千大劫（一小劫——一千六百八十萬年，二十個小劫稱為一中劫，二十個中劫稱為一大劫）的安樂長壽。所謂「非有想、非無想」，是指仍留有第八識的最微細的一念——「非無想」，因過於微細，故很難覺知，所以稱謂「非有想」。

智顗在金陵的八年間，不斷而努力的指導實踐修習禪定的目的，就是希望所有的行者們，都能速離人間生、老、病、死的痛苦束縛，而趨向於長壽的安身立命的境界。

本段參考書

《大智度論》卷十七（《大正》二五—五七—七五六）

《法界次第初門》卷上（《大正》四六—六六四）

(二)亦世間、亦出世間禪：分為六妙門、十六特勝、通明觀。首先舉出：

⑴六妙門，關於六妙門，現存的單行本，有《六妙法門》（《大正》第四六卷五四九頁）一卷的流傳，該本是從本書（《釋禪波羅密法門》）的該節擴展詳說，成爲一卷（十章）的名著。智顗在該書（《六妙法門》）的開頭便說：六妙門是修持禪觀的根本法門，更是趨入聖道的要徑。由此，修持禪觀的實踐中，六妙門是不可缺少的一門可知！

六妙門的第一章，即一數、二隨、三止、四觀、五轉、六淨。由此六種的實踐進修，即能萬行具發，竟得降魔速滅受想的業惑，更能明白三乘歷別的諸禪理，絕不執著停滯於非想定的，且很快的能趨入涅槃的六種妙門。

所謂①「數」（gaṇanā）是指「數息觀」爲主體的實踐法，屬前段所述的四禪、四無量心、四無色定。②「隨」（anugama）是隨息，即十六特勝（待後段詳述）。③「止」（Sthāna）是指五輪禪（地輪、水輪、虛空輪、金沙輪、金剛輪）。④「觀」（Upaiaksaṇā）是指九想、八念、十想、八背、八勝處、十一切處、九次第定，乃至三明六通、八解脫。⑤「轉」（Virartanā）是空無想、無作、三十七品、四諦、十二因緣、中道正觀。⑥「淨」（pariśuddhi）是九種大禪等。

第二章是次第相生六妙門，顯明六法次第相生爲入道階梯，各門都以修相、證相而懇說清楚。

第三章隨便宜六妙門，以方便善巧的應用，不固執而隨緣爲旨趣。

第四章是對治六妙門，教導斷除三惑、三障的對治方法。

第五章是相攝六妙門，闡明自體互具六法，如修一法，自然會出六妙互進的成就。

第六通別六妙門，顯示由根性的慧解不同，故其果報自然而然的有大小不同的差別。第七章旋轉六妙門，即由第六通別的從假入空觀，及前面所說，都是三乘共法，唯此才是從空入假觀的菩薩獨門大法，即遊行化度的菩薩行。

第八觀心六妙門，乃係不依次第，從而直接以心性唯觀，顯明一切具足的偉大。

第九圓觀六妙門，是圓妙絕待不思議的顯明。

以上的九章，悉屬修因爲相的妙解，唯最後的第十章，即爲證相六妙門，主張觀一心，見一切法，以導入佛知見，以一念相應，得妙解現前，而成就佛道。

本段參考書

《止觀輔行傳弘決》（《大正》四六—一四一）

《六妙法門》（《大正》四六—五四九）

《大毘婆娑論》第二十六（《大正》二七卷全）

(2)十六特勝，又名十六勝行修習。關於十六勝行說，從《阿含經》起，諸經論都有敘述，即①念息短，②念息長，③念息遍身，④除身行，⑤覺喜，⑥覺樂，⑦覺心行，⑧除心行，⑨覺心，⑩念心喜，⑪念心攝，⑫念心解脫，⑬無常行，⑭斷行，⑮離行，⑯滅行。

①「念息短」，是：因爲初修習的行者們，心情暴疾，容易散亂，致使呼吸無法調劑，時常呈現呼吸暴躁之相，故必須配合調順。

②「念息長」，是：在實踐行持當中，其呼吸已趨於精細而平均微微寂靜的境界。

③「念息遍身」，是：思惟自身爲虛無，即能呈現呼吸會由一切毛孔，而風行出入於全身。

④「除身行」，是：如深入禪定時，即能獲心情安穩，是以粗息（呼吸）即時消滅。

⑤「覺喜」，是：深入禪法時，自心自然而然的會呈現歡喜。

⑥「覺樂」，是：既心情安穩，呈現大喜時，即能全身調適，其樂無法表達。

⑦「覺心行」，是：因過度的歡喜，容易生起不厭喜的貪戀，是以行者們，必須提高警覺的防範。

⑧「除心行」，是：既生貪受的粗念，必須消滅，才能獲得安穩而進道。

⑨「覺心」，是：如能捨除受味，自然不墮「沒、掉」，而會呈現明朗的境界。

⑩「念心喜」，是：如心能不貪不受，即能趨入寂滅的安穩歡喜。

⑪「念心攝」，是：捨除「掉」念，就能護持自心。

⑫「念心解脫」，是：若能離「沒、掉」兩法，即能捨去二邊，得到解脫。

⑬「無常行」，因自心已得寂靜定時，覺知諸法生滅，而自生起無常行。

⑭「斷行」，依無常行，就能斷諸煩惱。

⑮「離行」，因煩惱斷，心始能厭離一切惡念。

⑯「滅行」，因離諸煩惱，始能證一切滅，生一切智的圓滿。

又約四禪來說：最初的四法中，息短屬於初禪，息長乃是二禪，遍身是三禪，除身是四禪。其次的四法中，覺喜是初禪、二禪，覺樂是三禪，覺心與除心屬四禪。再次的四中，念心喜是初、二禪，念心攝是三禪，念心定與念心脫是屬四禪。最後的四法中，即遍於諸禪都具的狀態。

但智顗在其所著《法華玄義》第四上（《大正》三三—七一九A），即分配於三界九地，以「知息長短」爲欲界定，「知息徧身」爲未到地，「除諸身行」爲初禪的覺觀支、「受喜」爲喜支、「受樂」爲樂支、「受諸心行」爲一心支、「心作喜」即俱喜禪，「心作攝」爲二禪的一心支，「心作解脫」爲三禪的樂，觀「無常」爲四禪的不動，觀「出散」即空處，觀「離欲」爲識處，觀「寂滅」爲無所有處，觀「棄捨」爲非想非非想處。但，觀「棄捨」成就，使得享受八萬四千大劫的長壽。

由此，還可看出智顗將印度古代《奧義書》所傳的禪觀法，能善巧整然而簡明的組織，給予後代研究禪觀者的方便不少！

本段參考書

《增一阿含經》第一（《大正》二—五四九）

《大安般守意經》卷下（《大正》十五—一六三）

《坐禪三昧經》卷上《治思覺門》（《大正》十五—二六九）

《解脫道論》第七（《大正》三二—三九九）

《法華玄義》第四上（《大正》三三—七一九A）

(3)通明觀，在印度北方的諸禪師們，多喜歡習此禪法，但此法與十六特勝，或背捨勝處等，其修法完全不同，即在修禪觀時，能通照色、心，且觀行成就的同時，即無諸暗蔽，心眼大開，所以稱爲通明觀禪。

又習此禪法，能獲三明六通，雖其餘禪法，亦能發得三明六通，但未能如此法的明快，再說，此禪法，雖無法安立其位次，但它能輔助增勝出世觀定之法，且能使其速得三明六通之利，更不同於暗證取著，乃係以明智趨入禪定的功能，僅亞於九次第定而已。

《大集經》（《大正》十三—一六一A）說：「疾大疾、住大住、寂靜、觀滅、遠離，是名爲禪」。

至於實踐法，即修觀時，攝心靜坐調和氣息。一心諦觀息想通身出入，且必以覺息入無積聚，出無分散，雖覺息入出遍身，卻如空中風性，隨緣無所有的狀態。更進而既知息依於身，離身無息，一心諦觀身色本無所有，凡質一切假身，皆不過宿世妄想的因緣所感召招來的業報而已。故行者們，如能觀察思惟一切皆空，即得任運自如，證欲界定。

本段參考書

《釋禪波羅密次第法門》卷第八（《大正》四六—五二九頁）

㈢修證出世間：分爲對治無漏、緣理無漏。對治無漏，再分爲①九相，②八念，③十想，④八背捨，⑤八勝處，⑥十一切處，⑦六神通，⑧十四變化心，⑨九次第定，⑩獅子奮迅三昧，⑪超越三昧等十一種。

①首先要說明的九相是：以九種觀想爲對象，針對貪著五欲之美好耽戀的迷想，仗以禪觀力，俾其覺知人身不淨，必須除其情欲的觀想法。即：

A梵語Vinr̄laka-saṃjñā 譯爲「想相壞」，或云「青瘀想」，即觀想人死後的皮肉腐爛時，變爲黃赤黑青的化相。

B梵語Vipūyaka-S. 譯爲「想相爛」，或云「膿爛想」、「絳汁想」，即由身上的九孔流出蟲蛆膿爛，其黃汁流漏滿地，臭氣轉增之相。

C梵語Vipaḍumaks-S. 譯爲「想相蟲啖」，或云「蟲蝕想」、「食不消想」，即蟲蛆吮食，鳥獸咀嚼，其身落剝殘缺的觀想法。

D梵語Vyādhmātaka-S. 譯爲「想相青教」，或云「胖脹想」、「新死想」，即視死屍的膖脹，如革囊的觀法。

E梵語Vilohitaka-S. 譯爲「想相紅腐」，或云「血塗想」、「膿血想」，即觀頭至腳滿身的膿血流溢，污穢塗漫的觀想法。

F梵語Vikhāditaka-S. 譯爲「想相蟲食」，或云「壞爛想」，即死屍被風日雨露的毀變，且皮肉壞裂，五臟腐爛，臭穢流溢之相。

G梵語Vikṣj̄ptaka-S. 譯爲「想相解散」，或云「敗壞想」、「筋纏束薪想」，即指皮肉已盡，唯存筋骨相連，頭足交橫，形似薪束的觀法。

H梵語Vidagdhaka-S. 譯爲「想相火燒」，或「燒想」、「燒焦可惡想」，被野火燒，或日熱的化燒，將白骨也化成灰土的觀相。

I梵語Asthi-S. 譯爲「想相生」，或云「骨想」、「枯骨想」，即筋斷骨離，形骸分散，唯存白骨的觀相。

總之，智顗在禪法中，採取九想不淨觀的修持，旨在強調修行的人們，如能放下不執著於自身，就能予期取證，因依九想觀的實踐修持，即能洞徹身體是由四大（地——骨肉、水——血液、火——暖氣、風——呼吸）的假和合所成，且一生之中，還不斷的受束縛與不自由，而誰也不能脫離生老病死的痛苦，老子說：「我有大患，爲有此身」，是以智顗重視九想觀爲修行的基礎。

本段參考書

《觀佛三昧海經》第二（《大正》十五—六四五）

《大智度論》第二十一（《大正》二五—五七）

《摩訶止觀》第九之上（《大正》四六—一一七）

②八念，是八種的統一心念法。即：念佛、念法、念僧、念戒、念捨、念天、念入出息、念死，在《大智度論》第二十一（《大正》二五—二二五）八念義說：佛陀的弟子們，在清淨的精舍，或空舍塜間，山林曠野中，善以運用九想内外的修持不淨觀，觸發對於自身的不淨，生起厭惡感。

A念佛，是在實踐禪定中，必念圓滿功德的佛陀爲對象，鞏固自心的統一，且佛陀的功德，具有不可思議力，能拔苦與樂，使身心泰然自得。

B念法，法通達無礙，能滅煩惱，使身不執於二邊（空、有），而趨入清淨境界。

C念僧，僧是和合正道的世間無上福田，念念不離心，即能速證聖果。

D念戒，依戒而生善滅惡，向上於菩提道，因戒能攝持身心於正範，破惑業障得慧解脫。

E念捨，捨分施捨與捨諸煩惱，施捨屬財施、法施，因具財施心，就不會再留慳貪心念，可以安心於辦道；法施爲互相研究修持方法，是將自己所了解的授於他人的行爲。又捨諸煩惱是將三界八十八使的結使，盡能斷除，以取得安穩歡喜的清淨念。

F念天，是思惟天上的清淨，乃宿修果報所致的善業所感。

G念入出息，觀察出入息的長短，及冷熱等分別，且能除去散亂心，俾速趨入禪定之念。

H念死，死有自死、他因緣死的兩種，既有生，便有死，誰也無法避免死的歸宿。是以行者們，時時刻刻必以死爲念，始能專心向道。

本段參考書

《法界次第初門》卷中上（《大正藏》四六—六六四）

《大明三藏法數》第三十一（《中華大藏》第三輯《卍藏》三六）

③十想，又云「十思想」，乃是十種觀想法。即：無常想、苦想、無我想、食不淨想、一切世間不可樂想、死想、不淨想、斷想、離欲想、盡想。茲爲略述：

A無常想，或云「非常思想」，即世間一切有爲法，皆新新生滅，變幻無常的觀想法。

B苦想，洞徹一切世間無常，且不能脫離三苦（苦苦、壞苦、行苦）、八苦（生、老、病、死、求不得、愛別離、怨憎會、五蘊熾盛）的逼迫身心之畏懼觀法。

C無我想，或云「非身思想」。了知世間一切是苦，且不得自在的觀法。

D食不淨想，或云「厭惡食想」。即一切世間的飲食，都屬不淨的因緣所生的觀法。

E一切世間不可樂想，即世間無有安樂，唯所受是苦的觀法。

F死想，觀察死相，而生畏懼的觀法。

G不淨想，即身內三十六物，身外九孔，濁液不停流露的觀法。

H斷想，或云「無愛想」。即認涅槃爲離煩惱、斷結使，始能清淨的觀法。

I離欲想，即離一切欲，始能了生死的觀法。

J盡想，生死已盡，就無結使，才能證真涅槃的觀法。

但十想與九相觀的差異是：《大智度論》第二十一卷（《大正》二五—二一五）說：因九相尚未得禪定，唯遮覆婬欲而已，至十想才能除滅婬欲等三毒，九相如縛賊，十想如斬殺，故九相是屬初學者，十想是屬成就者。又九相是門外，十想是門內等的說法，都是不能忽略的。

本段參考書

《大智度論》第二十一（《大正》二五—二一五）

《大乘義章》第十四（《大正》四四—四六五）

《法界次第初門》卷中之上（《大正》四六—六六四）

④八背捨，梵語Aṣṭau vimokṣāḥ譯爲「八背捨」、「八解脫」。由八種定力，可捨棄

色、貪等的心念爲解脫。

A內有色想觀諸色解脫（Ūpirvpāṇi paśyat），略云「有色觀諸色解脫」，爲著要脫離內色想，必須觀外的諸色，屬青瘀膿爛等的不淨。

B內無色想觀外色解脫（Adhyātman arūpa-Saṃjñībahirdhā rūpāṇi paśyati），呈現離內色想，便爲之更加堅固，必須觀外色的不淨。

C淨解脫身作證具足住（Śubhaṃ vimoi saṃkāyenasāi ṣātkṛt vôpasampadya viharati），略云「淨解脫」，爲試練善根的是否成滿，將棄除初、二解脫的不淨觀，進修外色境的淨相，俾煩惱之不生爲對象。

D超諸色想、滅有對想不思惟種種想、入無邊空、空無邊處具足住解脫（Sasarváso-rūpa-saṃjñānaṃ samatikramāt pratigha-saṃjñānāṃ astaṃgamān nānātva-saṃjñānāṃ amanasilkārād anantamākāśam ity ākāśânanty âyatanam upasaṃpadya viharati），略云「空無邊處解脫」，即滅有對的色想，修空邊的行相成就。

E超一切空無邊處、入無邊識、識無邊處具足住解脫（Sa sarvaśa ākāśânanty âyatanaṃ Samatikramy ânantaṃ vijñānam iti vijñanânanty âyatanam upasaṃpadya viharati），略云「識無邊處解脫」。即棄除空無邊的心念，修成識無邊相。

F超一切識無邊處、入無所有、無所有處具足住解脫（Sa sarvaśo vijñānânanty âyatanaṃ samatikramya nastikiñcid ity ākiñcanyâyatanam vapasaṃpadya viharati），略云「無所有處的解脫」，即捨棄識無邊的心念，成就無所有相。

G超一切無所有處、入非想非非想處具足住解脫（Sa sarvaśaākiṅcanyây atanaṃ samatikramya nâivasaṃ jñānâsamjñâyatanam upasaṃpadya viharati），略云「非想非非想處解脫」。即已背捨無所有心，就無明勝之想，成就非無想相。

H超一切非想非非想處、入想受滅身作證具足住解脫（Sa sarvaśo nâi vasamjñānâsam jñâyatanam samatik ramya saṃjñā-vedita-nirodhaṃkāyena sākṣātkṛtvôpasam padya viharati），略云「滅受想解脫」。即厭棄受想，滅一切心之心所法，證滅盡定。

再說第一第二解脫，即依初禪、二禪而能對治顯色之貪，第三是依第四禪修習淨觀，共以無貪爲性，第四至第七的四是以四無色的定善爲性，第八是依有頂地，滅有所緣心爲性。

關於修習禪定的過程中，八背捨（解脫）是非常的重要！因前的三解脫是空色法，其次的四解脫是空心識，第八的滅盡定，分爲「煩惱盡」與「煩惱未盡」兩種，如得煩惱盡定，始能進趣上一層的勝處。

本段參考書

《大毘婆娑論》第八十四（《大正》二七）
《顯揚聖教論》第四（《大正》三一—四八〇）
《法界次第初門》卷中之上（《大正》四六—六六四）
《成實論》第十二（《大正》三二—二三九）

⑤八勝處，梵語Astāvabhibhv-āyatānāni譯爲八勝處、八除入、八除處。即觀察欲界色處，且能勝伏所緣之境，而對治貪的八種方法。茲分述於次：

A內有色想觀外色少勝處，即將尚未捨離的內具之各別的色想，由作思惟的觀察，絕外界之好惡色境，生起勝知見，以對治降伏欲貪的勝解。

B內有色想觀外色多勝處，即更能緣外之多境，而得殊勝的降伏。

C內無色想觀外色少勝處，即內色想雖捨離，但尚未能根除，唯緣少許的外色而勝伏。

D內無色想觀外色多勝處，將所緣外境都能勝伏之謂。

E內無色想觀外色青勝處。

F內無色想觀外色黃勝處。

G內外色想觀外色赤勝處。

H內無色想觀外色白勝處。

從第五起至第八的青黃赤白勝處，是以青黃赤白的四色而各別的諦觀，俾其至速得到勝伏，因前節的八背捨，唯能得到解脫的棄背，尚未能達到自在的樂受自如運用的境界，故依實踐八勝處，始能成就制除所緣，而得隨心所欲，永不再起惑爲旨趣。

本段參考書

《大毘婆娑論》第八十五（《大正》二七）

《大智度論》第二十一（《大正》二五—二一五）

《成實論》第十二（《大正》三二—二三九）

《集異門足論》第十九（《大正》二六—三六七）

⑥十一切處，梵語daśakṛtsnâyatanāni 譯爲十徧處，又稱十一切入（處）、十徧入、十徧處定。即由勝解的思惟力，觀察到色等十種法，同徧於一切處的觀法。

A地徧處（Pṛthivī-kritsnâyatana），B水徧處（Ap-kṛ），C火徧處（Tejas-kṛ），D風徧處（Vāyu-kṛ），E青徧處（Nila-kṛ），F黃徧處（Pita-kṛ），G赤徧處（Lohita-kṛ），H白徧處（Aradāta-kṛ），I空徧處（Ākāśa-kṛ），J識徧處（Vijñāna-kṛ）。

上述，針對行者們，由八解脫、八勝處的所得禪定，而獲色等淨相，雖能自在，但尚無法周徧，故智顗強調必須再進一步的修十種一切處觀，完成禪定的周徧，得到自在轉變的好處。

本段參考書

《大智度論》第二十八（《大正》二五—二一五）
《大毘婆娑論》第八十五（《大正》二七）
《成實論》第十三（《大正》三二—二三九）
《順正理論》第八十（《大正》二九—三二九）
《瑜伽師地論》第十二（《大正》三〇—二七九）
《法華玄義》第四上（《大正》三三—七一九）

⑦六神通，梵語Ṣaḍabhijñāh 譯爲六神通，略云「六通」。即依定慧力示現六種的無礙

自在的妙用。

A神境智證通，即由自心而得任意的飛行，自在變現的神通。

B天眼智證通，即得色界四大種所造的眼根，能觀視到地上及地下的遠近粗細一切諸色。

C天耳智證通，能聞到人、天、三惡道等一切遠近的聲音。

D他心智證通，能知道他人的心思，屬善屬惡都能知道。

E宿住隨念智證通，即了知過去世乃至千萬億世的往事。

F漏盡智證通，見思煩惱斷滅，免爲再受分段生死，得未來世的一切證知。

關於六神通的證得，屬自利、利他的兩方便，故智顗才勉勵行者們，實踐修持六神通的證得爲佛道的基礎。

本段參考書

《中阿含》第二十《迦絺那經》（《大正》一—四二二）

《集異門足論》第十五（《大正》二六—三六七）

《瑜伽師地論》第三十九（《大正》三〇—二七九）

⑧十四變化心，由得神境智證通所引發的能變心，共計具十四種之多。即欲界及初禪各具四，第二禪天有三，第三禪天有二，第四禪天唯一，但欲界的所變化，除去了聲，唯存色香味觸四種，色界的所變化，無有段食，故除去香味，唯有色與觸的二而已。但大乘，即四

禪及欲界各具四種能變化心，共計二十種，因小乘無法現化於上地，故唯有十四種而已。

本段參考書

《俱舍論》第二十七（《大正》二九—一一一六〇）

《大乘義章》第十五（《大正》四四—四六五）

⑨九次第定，梵語Navânupūrva-samāpattayaḥ 譯爲九次第定，或云「無間禪」「鍊禪」，由無間次第而上進的九種禪定。即：A初禪次第定，B二禪次第定，C三禪次第定，D四禪次第定，E空處次第定，F識處次第定，G無所有次第定，H非想非非想處次第定，I滅受想次第定。

必須從初禪發心起，純以智慧的一禪心進入二禪乃至滅盡定，因實踐修禪中，如其心偶以不精純，即會生起異心，故智顗強調必須先修「定多智少」的根本味禪，再而「觀多定少」的觀禪，後仍再爲之定、觀均等的調鍊，更主張心心相續互念，即以不雜餘念的進修，是以稱爲「鍊禪」、「無間禪」。

本段參考書

《大智度論》第二十一（《大正》二五—五七）

《大乘義章》第十三（《大正》四四—四六五）

《法華玄義》第四上（《大正》三三—七一九）

⑩獅子奮迅三昧，梵語Siṃha-vijṛmbhita-Samādhi 譯爲獅子奮迅三昧，或云「獅子奮

迅三摩地」、「獅子奮迅定」。意思是舉喻顯現修法，猶如獅子的奮猛能卻除塵土，又如獅子走動的捷快。即實修該三昧法，就能捷速的除去微細無知的惑障，正如獅子奮迅似的快速。

因爲凡夫、二乘，始終生滅的業惑如塵，必依如獅子奮迅的三昧，才能除去，另一面顯現法身不生滅的尊貴。在《華嚴經探玄記》第十八（《大正》三五—四四〇）說：實踐深入獅子奮迅定時，諸根開張，身毛皆豎，能顯現其威勢，如獅子哮吼之相，使餘獸失去威力而屈伏。故智顗採此禪定，納入必修的課程，意在希望行者們，發揮如獅子的威猛，安住於無畏的平等大智中，外以摧伏眾魔外道，內以養大悲而應機於法界，攝持身心內外兼修，俾以增長智慧，深入法性海爲目的。

本段參考書

《諸法無諍三昧法門》卷上（《大正》四六—六二七）

《法華玄義》第四上（《大正》三三—七一九）

《華嚴經探玄記》第十八（《大正》三五—四四〇）

⑪超越三昧，實踐修禪定的行者們，既得上述的諸禪定，且能運用自如，即能成就「不時解脫」的利根阿羅漢（應供、殺賊、無生）。即能於色、無色等八地的「等至」禪定中，獲得超越一地的殊勝，稱謂超越三昧。其過程是：首先於有漏八地的「等至」，依「順、逆、均、次」的現前，繼以不斷的數次修習，更仍以有漏、無漏的七地，亦以「順、逆、

均、次」的現前，亦數次修習，更仍以有漏、無漏合併的進修，始能圓滿修習的加行位，成就超越三昧定之功力。

本段參考書

《俱舍論》第二十八（《大正》二九—一一一六〇）

《四諦論》第四（《大正》三二—三七五）

《解脫道論》第四（《大正》三二—三九九）

智顗所強調提倡的上述十一種修習禪定法，係針對南方當時的佛教學者，唯重於經文逐句的講解，而失去實踐修持禪定的弊病，致使罕有證道者，且多墮於所謂「文字法師」之流，已如前述，故智顗爲顯現佛陀的救世本懷，在金陵的八年間（五六八—五七五年），即日間宣講教理，夜習止觀的勉勵徒眾，努力於教觀雙修的實踐修持，以實現佛教的本來面目爲職責。

四、智顗的後期思想

智顗的前期思想，可以說是繼承其師慧思禪師的衣鉢，故初到金陵瓦官寺的八年間（五六八—五七五年），即著力於禪學的弘揚，除以其名著《釋禪波羅密次第法門》為中心之外，還有六、七部的著作，都是於禪學有關的名著。

至於智顗的後期思想，乃從天台華頂峯的頭陀妙悟後，即一日千里的進展著，由「空觀」而趨入「法華中道實相觀」的境界，故再度出現於金陵（陳至德三年，西元五八五年，時年四八歲）的智顗，就成為中國文學上的大文豪（唯講「妙」之一字，就是三個月，所謂九旬談妙），更是傑出的實踐大宗教家（《摩訶止觀》十卷巨著）、東洋哲學的大思想家（創立中國佛教天台宗），故被後人尊稱為「中國小釋迦」。其偉大之處，就是宣說教觀雙備的《法華》等三大部的巨著，成為天台教學的基本聖典。所謂三大部，即《法華玄義》、《法華文句》、《摩訶止觀》等，其思想內容，佔著整個中國佛教的重要文獻的地位。茲為研究中國佛教學術的參考，將天台三大部的概要介紹於次，首先的是：

1《法華玄義》（《大正》三三—六八一—八一四）

智顗在隋開皇十三年夏（五九三年）曾於湖北省當陽縣玉泉寺，宣講《法華經》的經題，稱爲《妙法蓮華經玄義》，簡稱《法華玄義》，由其弟子灌頂（章安）記爲十卷，於宋仁宗天聖二年（一〇二四年）由遵式大師奏請入藏的現行流通本。

關於《法華玄義》的內容組織，分爲第一釋名、二顯體、三明宗、四論用、五判教相等五章，再以「通、別」而解釋，即通爲「七番共解」，別爲「五重各說」。通的七番共解是一標章、二引證、三生起、四開台、五料簡、六觀心、七會異等而述五重玄義的概要，別是以五重玄義的各別解釋。

第一的釋名章，是將經題的五字，分爲「妙法」、「蓮華」、「經」的三段。對於妙法的解釋，智顗可以說是費盡心血的發揮，強調「心、佛、眾生」的三法是無差別，即十界互具、百界千如、圓融三諦、一即一切的實相，且一實相即諸法，故妙法之體，即十界十如權實的不思議法。更對於「妙」分爲通別，通釋即展開「相待妙」、「絕待妙」：將《法華經》配置於諸經之上，別釋爲本、迹兩門，各舉十種妙義，迹門的十妙義是：境妙、智妙，乃至利益妙等十種，顯現「自行因果」、「化他能所」的一一無不是實相的妙理，超越諸經之上。本門的十種妙是：本因妙、本果妙，乃至本利益妙等，即敘述佛陀久遠劫來的本地「自行因果」「化他能所」絕妙的必然率。又對於「蓮華」之喻，乃強調妙法之清淨，且以三種蓮華的特相，以顯示本迹兩門的殊勝。

第二顯體章，以諸法實相的所詮，開顯實相之理爲經體。內容是：首先將引用六師的舊解釋，次敷演小的三法印、大的一實印，再敘述本經以實相印爲體。再而簡別凡俗、外道、小乘、偏權、悟脫等的「是非爲體」，作爲會通異名，且強調開粗顯妙的殊勝理論。

第三明宗章，即顯明全經的宗要，以迹門即開權顯實，迹因迹果，本門即發迹顯本，本因本果的一乘因果爲「宗要」，更依四教判歷因果粗妙，強調該經的殊勝。

第四論用章，在迹門俾生一乘的實信，斷三乘的權疑，於本門中，即斷如來近成的權疑，生久遠實成的實信，即「斷疑生信」爲《法華經》的「力用」。其次：依二智斷證顯明《法華經》與他經的同異，且述法華各具十門，而展開力用的殊勝意義。

第五判教章，辯明南三北七的十家異解，自述三種教相的大綱。

關於十卷《法華玄義》的龐大內容，因被限於篇幅，無法詳述，唯能將其特色中之特色，略舉一二，以餉讀者。首先所要敘述的是：

・九旬談妙

《妙法蓮華經》自從鳩摩羅什（三四四—四一三年）三藏譯出以來，就有僧俗不少的學者從事於研究，但大都脫離不了魏晉文字訓詁式的舊觀念，或將老莊思想等，插入其中，若以純粹佛教哲學的立場來解釋《法華經》，便推隋朝智顗大師爲嚆矢，他在隋開皇十三年（五九三年）四月於荊州玉泉寺，宣講《妙法蓮華經》的經題玄義，由其弟子灌頂（五六一—六三二年）大師記爲十卷，即如上述。

關於《妙法蓮華經玄義》的內容，即經題首之「妙」字的解釋，就佔了大部分的卷數，據傳云：智顗是從四月十五日起至七月十五日止的三個月間，每天都是講著「妙」字的儘量發揮不思議圓融論理，故遂成爲後人所稱頌的「九旬談妙」的佳話。

由「九旬談妙」的一語來看，便可推知智顗對於「妙」字所含的殊勝奧義，竟有三十種的發揮，既能極盡顯明，且具有契符實踐，而配合理論門的特色。所謂三十種妙，即：迹門十妙、本門十妙、觀心十妙。玆略爲詮釋於次：

㈠迹門十妙：迹門十妙是針對《法華經》前十四品，依〈方便品〉之所說，予以闡明諸法實相的本義，即：境妙、智妙、行妙、位妙、三法妙、感應妙、神通妙、說法妙、眷屬妙、功德利益妙。

⑴「境妙」，是強調由智之所緣、所照、所觀，觀境絕妙不思議的境界，針對十如、十二因緣、四諦、三諦、二諦、一實踐諦等，以爲佛法的根本真理——融合不二的實相，故稱境妙。

⑵「智妙」，是指能緣、能照、能觀之智，將佛陀所說無量之智，包括於二十智中。即①世智（聰明所得之智），②五停心智（由藏教初心者所生起的外凡智），③四善根智（藏教內凡的愞頂忍世第一法智），④四果智（聲聞四果聖人所得之智），⑤支佛智（緣覺斷更浸習氣所得之智），⑥六度智（藏教菩薩之伏惑行因智），⑦體法聲聞智（通教聲聞，了達體空之理智），⑧體法支佛智（通教緣覺所得之體空智），⑨體法菩薩入真方便智（菩薩以

出假爲正意，入空爲方便之智），⑩體法菩薩出假智（菩薩在出假中，所得之差別智），⑪別教十信智（大乘門中，菩薩由外凡進入中道之智），⑫別教三十心智（十住、十行、十迴向的菩薩內凡位之智），⑬別教十地智（登地以上的菩薩聖智），⑭藏教佛智（小乘已斷結使所證佛智），⑮通教佛智（以體空智，能觀照界內之機智），⑯別教佛智（是以中道智照界內機之智），⑰圓教五品弟子智（圓教外凡之五品位菩薩，圓伏五住惑，照實相理之智），⑱圓教六根淨智（圓教內凡十信位之菩薩智），⑲圓教初住乃至等覺智（圓教聖位之菩薩，已斷無明證取中道之智），⑳圓教妙覺智（圓教佛果之究竟智）。

上舉二十種中，前十二種爲粗，後八種爲妙，但雖列爲妙中八種的藏通兩教之佛智，猶尚未達中道常住之理，故還稱爲粗，雖別教之圓智，尚非果智，故亦稱爲粗。又別教雖是能入之教門，但被真妄所隔別，縱是佛智，亦被粗所攝，唯圓教的四智，方能稱爲純粹獨妙之智。且因爲境妙，故智也隨之而妙，是以稱爲「境智不可思議」爲智妙。

(3)「行妙」，是指智能導啓起發實踐正行，究竟到達寶所，故智妙之後，強調行妙。所謂正行有種種不同，藏教中即說：不放逸一行，止觀二行，戒定慧三行，乃至四念處、五停心、六波羅密等，上所列舉：都是以生滅智爲主體，唯能了脫分段生死而已！通教即說：一切法，一相即無相觀行，證無生滅體空智，但是，這與藏教同歸於息滅灰斷的境界而已。別教即說：善財童子的遍尋善知識，經歷一百一十城，所獲種種行的無量智，期能離二種生死，但其諸行隔別，事理無法圓融。圓教是說：一行三昧、止觀、戒定慧、四念處、五門禪（苦、空、無常、無我、寂滅），乃至六波羅密、七善財、九種大禪、十乘觀法等，皆以無作智而導引成就，因前的智圓妙，故行也隨之圓妙，稱爲行妙。

(4)「位妙」，是在實踐修持當中，所創立的階位，這亦分爲四教的不同，即藏教立聲聞七賢七聖位，緣覺不立位，菩薩乃有三阿僧祇劫（阿僧祇譯爲「無數」，劫譯爲「時分」）的行位。通教即說：三乘共十地。別教即爲：十信、十住、十行、十迴向、十地、等覺、妙覺等五十二位，但進入初地，始能斷無明證中道的。圓教：五品弟子位、六根清淨位、十住、十行、十迴向、十地、等覺、妙覺位。所謂五品弟子位是外凡，六根清淨才是內凡十信位。然圓教勝過別教的偉大處，即是：圓教的初發心住，即就能滅無明證中道，以示現八相成道，得自由自在的教化於十方世界，這是智顗強調圓教的初住，就能成佛的圓滿義，但對於設立第二住的諸位，乃屬針對實踐修持，就能展開證取中道的實用論，故位位融通相即無礙的境界。

智顗更曾強調藏教和通教的位次，乃局限於斷證界內，故屬粗位，別教的登地所證，雖是妙諦，但由漸次而從淺入深，且曲徑迂迴的歷經行位，還在能入門，兼帶方便，故不能稱爲純妙，唯圓教即從初發心至果覺，其教證具是實法，契符妙行，而能直趨寶所，故稱爲位妙。

(5)「三法妙」，是指三軌，即真性軌、觀照軌、資成軌。真性軌是：法體不妄不異的真如性德，觀照軌是：破妄情、顯真理的真如理德，資成軌是：理、性相輔相助的妙用性德。故三法軌同時是一體，即是法界一切法的根本理體，而智顗在三軌中，方便爲區別顯示體與用，而規定真性軌爲體，其他兩軌爲用，但體用卻不是隔別，乃是即用即體；即體即用而圓融無礙的。

雖然如此，但智顗特別方便強調理與事、體與用的起見，仍依四教而判釋，即藏教於二乘之斷惑，以證入「偏真空」爲真性軌，以能證的「智慧」爲觀照軌，諸助道「事行」爲資成軌，但菩薩雖是同以偏真空爲真性軌，可是無有斷惑證無爲的過程，故以「無常觀」爲觀照軌，而以「事行六度」爲資成軌。通教是：以「即空理」爲真性軌；其「智用」爲觀照軌；助智的「諸行」爲資成軌。別教是：在迷理性能顯本有的「性德」爲真性軌；由地前的修成而破惑，相應「理智」爲觀照軌；輔助其智的諸行爲資成軌。圓教即以因果不二的「中道實相」爲真性軌；真性雖相寂而「常照修用」爲觀照軌；修用的事行，悉是真性的「性德」爲資成軌。

這種論調，智顗詳細的指明：雖有藏教析空，通教體空之別，但是都未能證取本有性空，故屬粗妙。別教是由登地以上始能顯現真性軌，資成軌的空假二觀是十住、十行，觀照軌的中道觀是十迴向，因三法尚是縱列故屬粗妙。唯圓教之真性的性德即觀照，能妙顯修德的資成，非縱非橫，才真是純圓的獨妙。

又智顗對於三軌更強調說：凡夫的一念心，就具有三軌，且不動而成「聖人三軌」爲縱的通義，諸經論所說的「三法應機」赴緣，其名雖異，然其法體無差別爲橫的通義。

(6)「感應妙」，是針對眾生爲佛陀機感之應用，因前之三法妙，屬明圓果智，所謂感應，就是依果智所發出來的妙用。藏通兩教，必依是力才能起作意，因此兩教，唯是灰身滅智，尚未能到達色心法的本有理體，即無隨真的應本力用，故是屬粗義。別教的地前菩薩，圓教之住前菩薩，雖然無應，但登地上及住上菩薩，卻能顯現本有常住之理，離染污得清淨湛然的境界，故能無思無念的適應於一切，才稱謂妙應。

再說，別教的證道，雖同如圓教，但其教道還帶有方便色彩，唯圓教才是超然無住的境界，稱為純真獨妙的感應。

(7)「神通妙」，是顯明佛陀身輪不思議的化他作用，即由無謀的機緣所轉變，若遠、若近、若成熟、若解脫等，皆是一實乘法，故云神通妙。關於神通，藏教的二乘人，即依「八背捨」、「八勝處」、「十一切處」，修「十四變化」所得的神通。但菩薩是依「有漏禪」而得五神通，再於成就菩薩道時，始能得六通。通教是依修禪力而得五通，依體法智才得漏盡通的。別教即登地前是依禪定發五通，至登地時，始斷無明得漏盡通，任運普照於法界，俾眾生獲益。圓教即就不依事禪，乃由中道實相的真化，不待作意的任運，成就六根互用，而臻於圓融的境界。

智顗又曾強調說：藏教的二乘，以「析空慈悲」而現比丘像，以護持律儀為事業。通教乃以「即空慈悲」而觀「無生」，了達萬法不可得，而以之為其心得。別教是以「空假中的慈悲」，而修無量的恆沙佛法，另一面是以次第漸修的方便，深入圓融之理，以為其妙應的事業，圓教是以「圓融三諦的慈悲」，而修中道實相的任運無作行為，以妙應不思議之妙用為其事業。

(8)「說法妙」，是針對佛陀口輪不思議作用，和前項神通妙，同是以化地妙用為旨趣。茲分為四教來說：即藏教的二乘是以正思議的真詮，及旁思議的俗詮，為其斷證的主體，而不注重於利生事業，但藏教的菩薩，卻恰恰相反，以正思議詮俗諦，旁思議詮真諦的。通教的二乘及初心菩薩，與藏教二乘同詮，後心菩薩和藏教菩薩亦是同詮，唯其不同之處，乃以藏教屬析空，通教卻是注重體空的。別教的初心，正詮界內的真俗，旁詮界外的真俗，但在後心菩薩，即就詮界內外的真俗。圓教的初中後，即具詮界內外不思議的真俗。

智顗更強調說：藏、通二教，雖能詮其巧拙之異，但還是以偏真空理爲所詮，故屬粗義。別教的初、中，尚未證中道妙理，故亦是屬粗義，後心菩薩之所詮雖妙，卻還帶有方便作用，故其能詮尚屬於粗。唯圓教之能詮、所詮兩者俱妙，《法華經．方便品》說：「佛之柔軟音，深遠甚微妙」，就是顯示佛陀說法妙的特殊妙處。

(9)「眷屬妙」，是針對親近佛陀的眷屬，即承受佛陀身口兩輪的化他作用以爲對象。所謂眷屬有五種，即理性眷屬、業生眷屬、願生眷屬、神通眷屬、應本眷屬。

首先要說的①理性眷屬，乃針對眾生與佛陀的理性平等，即眾生本來就是佛子的緣故。②業生眷屬，是指雖在過去世，曾與佛陀結有夙緣，但尚未斷惑，故必依業力而再來轉生之類。③願生眷屬，是最初遇佛結緣之時，虔誠的對佛陀座下發願，現在得依本願，出生於有佛陀在教化區域裏之眾生。④神通眷屬，是從發心以來，精勤的實踐修持，已證真諦理的無漏，但現在是依願力或神通力而再來之類。⑤應本眷屬，是既證中道的大士，乘願再來之類。

智顗再以四教而分類說：藏教的業生是屬大通智勝佛之時，既結三藏緣的善者，但未受皈依得度，故無法脫離分段生死而往來於六道中。願生是依前世的夙緣，降生而爲佛弟子。

神通生是已證果位的聖者，但業縛未盡而生於上界，或他方世界時，知道佛陀降生欲界，遂以神通力來生下界，以親近佛陀，爲輔助佛陀於教化之類。

通教的前三種，同於藏教，唯無生法的結緣爲異而已。

別教的所緣無量法，如唯有結緣而未得度者，即於當處業生，又願生、神通生，是由他方的橫來，或由方便土的縱來，及實報土而來者等等，但由實報土所來者，多是已斷無明，已證中道實相的聖者，是以都屬爲應本而來者居其多數。

圓教的多作法中，尚未得度者，即依業而受生當處。願生、神通生，是從上界下降而來，或他方、或方便土、實報土而來的，其種類繁多，難以數舉。

又別圓兩教的中道法身菩薩，如應本而來欲界的，多屬於利他教化，或爲自己的上進佛道，以及盡依本緣職責的緣故。

更說四教當中，前三教的眷屬，具有巧拙淺深之別，故不能稱妙，唯圓教才是稀有不可思議的妙法，才可以稱爲眷屬妙。

⑽「功德利益妙」，是針對被教化眾生的利益，來作爲對象的，有遠益、近益、《法華經》益等的說法。所謂遠益，是從大通智勝佛以來，就有所謂十種利益，即①離二十五有苦果益、②能破二十五有的因益、③聲聞益、④緣覺益、⑤六度菩薩益、⑥通教三乘益、⑦別教菩薩益、⑧圓教菩薩益、⑨變易益（方便有餘土人益）、⑩實報土益等。

至於近益是指：從寂滅道場，成正等覺以至於宣說《法華經》上的利益，但這有四教之別，即爲：藏教是析空智益，通教是體空智益，別教是一切空智益、道種智益、一切種智益，圓教是破無明顯現佛性的究竟實益。

又《法華經》利益是：將諸經所述的利益，盡攝於一佛乘的《法華經》爲旨歸，而《法華經》的利益是無差別的究竟，這在《法華經》第三〈藥草喻品〉說：三草二木的粗義，其形雖異，而生同一地，且同受同一雨暘所潤滋，是以無差別的境界爲妙益。

上舉迹門的十妙，乃係概括自行、化他的始終，其境、智、行、位者的四妙，是屬於自行因，三法妙是屬於自行果，感應、神通、說法的三妙，是屬於化他的能化妙用，眷屬、利益的二妙義，是屬於化他的所化妙用。而且，智顗更曾強調說：佛陀自成道至七十歲的四十年間，其所說之法，都是爲宣說《法華經》的鋪路所施的權教，故唯《法華》才是難思議的絕妙，是以在迹門十妙裏，所主張《法華》的始終，都是屬究竟絕待的境界。

㈡本門十妙：所謂「本門十妙」，乃是針對《法華經》的後十四品，尤其是〈如來壽量品〉的所說：「開迹顯本」爲依據，闡明久遠的本佛之因果，乃至利益不思議的闡揚，妙契於《法華經》的真實義爲旨趣。本門的十妙是：本因妙、本果妙、本國土妙、本感應妙、本神通妙、本說法妙、本眷屬妙、本涅槃妙、本壽命妙、本利益妙。茲略述於次：

⑴本因妙，是針對因地的「自行」不可思議，即以其久遠以來，就發菩薩心，且不斷的行菩薩道，所修之因以爲主觀，如在其因地中，若有所停滯，那就難以取證，故必須以「拂迹除疑」而顯現權法，這在《妙法華經》卷五〈如來壽量品〉（《大正》九—四二C）說：「我奉行菩薩道，所成壽命，今猶未盡，復倍上數」。關於上舉的壽命，含具慧命，故屬本質的「智妙」；又本行是本時的「行妙」；菩薩道是本時的「位妙」，這是強調久遠的本佛，於本時

自行的妙因。更說：諸經所說的佛因，都是屬「迹因」，以伽耶的始成爲主觀的屬爲「近因」。雖以四教的不同而分淺深，但都不能稱妙，唯「本因」才是「實因」，絕無前後的差別想，故稱爲純妙的極致。

(2)本果妙，是指究竟圓因所證的極果。在〈如來壽量品〉說（《大正》九—四二C）：「我成佛以來，甚大久遠」，上舉的「我」是「真性軌」；「佛」是覺義，屬「觀照軌」；「以來」是乘本有之道而來的意思，屬「資成軌」，這三法妙，是顯彰本地佛果，乃從久遠劫來的既成圓滿，故本果是一果一切果，前後無有差別的境界，才稱爲妙。

(3)本國土妙，是顯明本地果佛的所住處，不可思議。在〈如來壽量品〉（《大正》九—四二B）說：「自從是來，我常住在此娑婆（堪忍）世界，說法教化，亦於餘處，百千萬億那由他（千億）阿僧祇（無數）國，導利眾生。」娑婆是「本時」的同居土，餘處是「本時」的方便土、實報土及寂光土。諸經所指的一佛的說法區域爲三千世界，但娑婆界內的三千世界，卻是同居的穢土，如住西方的殊勝世界，即屬同居淨土，若住華嚴世界，即屬實報土，寂光土乃佛陀的住處，故凡是爲教化暫住的地方，都屬迹而已，唯本佛的寂光土，乃一土一切土，天然殊勝，故稱爲妙。

(4)本感應妙，是顯彰本地果佛的感應不可思議。在〈如來壽量品〉（《大正》九—四二C）說：「若有眾生，來至我所，我以佛眼，觀其信等諸根利鈍，隨所應度」。所謂：眾生的來至是「機感」，以佛眼的觀察是「佛應」，這是顯現機感與佛應的本時八相化道的殊勝意義。

(5)本神通妙，是指本佛教化的神通示現爲主觀。在〈如來壽量品〉（《大正》九—四二B）

説：「如果秘密神通力」，又説：「或説己身，或説他身，……或示己事，或示他事」。上舉的秘密是不顯露的秘密——妙。己身、己事，乃圓滿神通，他身、他事，是遍屬神通，且諸經所説的神通，皆是迹化的伽耶始成，屬方便的權現，唯本時的所顯神通，才是極妙的表現。

⑹本説法妙，是針對本佛開示的説法殊勝。在《法華經》卷五〈從地踊出品〉（《大正》九—四一B）指出：由地踊出的大菩薩，「悉是我所化，令發大道心」。上舉「所化」乃表明説法教化的真實，「發大道心」，是授受大法，才能發大道心。因伽耶成道的説法，都屬迹化的示現，不能稱妙，唯「本地本時」的説法，乃真性實法，才堪稱妙法。

⑺本眷屬妙，是指本佛所化的眷屬。〈從地踊出品〉（《大正》九—四〇A）説：「先盡在此娑婆世界之下，此界虛空中住。」上舉「虛空中」，是顯示法性寂光，偏住性海，故其眷屬，無量無數，特爲本門的説法殊勝，是以都現身於會座，才稱爲眷屬妙。因在伽耶成道後所度的弟子，盡是迹化中的眷屬，唯「本時」説法所度的眷屬，盡是已證道的大菩薩眾，故才能稱爲眷屬妙。

⑻本涅槃妙，是指本佛所現涅槃（不生不滅），乃常住本寂的本時涅槃，因雙樹間所現的涅槃像，乃爲調伏眾生懈怠的迹化方便，故不能稱妙，唯本寂不生不滅的永久常住，才能稱爲涅槃妙。

⑼本壽命妙，是針對以本時果報的壽命長短爲主體觀。因諸經所説的壽命長短卻不同，如藏、通二教佛，齊於惑業、機緣，不依中道理，無法顯現壽命的長短。別教的登地，以及

圓教的初住，雖破無明，得證中道，獲致一身湛然，能現無量身於百千世界中，但這都是屬果滿𤀹露的迹化壽命，不能稱妙，唯本時果報的不生不滅常住的壽命，才能稱妙。

⑽本利益妙，是針對本佛所作的利益，乃至佛滅度後的正法、像法中等的利益。即佛陀以方便法門，說微妙法，能使眾生歡喜發菩提心。這是顯示迹化中，還能得偏圓種種的利益，因可藉迹望本的機會，是以住在下方虛空的本眷屬大菩薩，皆是妙住於寂光淨土中而獲致本利益，故能稱妙。

㈢觀心十妙：所謂觀心，乃針對本迹兩門，從理智所起的妙觀，但智顗大師，對於觀心十妙，未曾舉出詳細目次，僅附於諸文之末的略述而已。因本迹兩門中的各門，各具觀心十妙的殊勝義，換言之：觀心是教行的樞機，故在諸教說中，都具會歸觀心實相，是以智顗才不細說而從略。因此，唐朝的湛然（七一一—七八二年）大師，專為補給其不足，特著《十不二門》（《大正》四六—七〇二），以闡明觀心十妙與本迹兩門十妙的同異，更主張迹門十妙，是一種針對眾生的法妙，本門十妙是佛法妙，觀心十妙為心法妙。更且強調說，智顗所展開「迹」的十妙，是為成就「本」十妙的輔助，旨在趨入「觀心」十妙為極致的妙說，故其實體為：即三即一、即一即三的圓融一體論。

總之，智顗為行者能速至寶所起見，不得不藉文字般若來顯揚之！

本段參考書

《法華玄義》卷第二（《大正》三三—六九二）

《法華玄義釋籤》第二—七（《大正》三三—八二三）

・百界千如

《妙玄格言》卷下（《卍續》精四四—二六五）

在人們的日常生活中，誰也知道脫離不了現實的環境，即心與境物的相對待，如眼所見，必貪於美好之色；耳必貪於美好之音；口必貪於美好之味等，隨境任意的逐情，或修善等所構成為十種法界（諸相一一差別的境界），如任意於瞋恚忤逆，即將墮於地獄界；貪食欲樂即墮餓鬼界；愚癡不智即墮畜生界；好勝我慢即墮阿修羅（譯：無德）界；修持五戒（不殺生為仁、不偷盜為義、不邪淫為禮、不飲酒為智、不妄語為信）即為人界；五戒加修十善（不殺、偷、婬——身業，不惡口、妄言、綺語、兩舌——口業，不貪、瞋、癡——意業）即昇天界；修持出世的四諦（苦、集、滅、道）法，即證阿羅漢果（譯為應供、殺賊、無生）；修十二因緣（無明、行、識、名色、六入、觸、受、愛、取、有、生、老死）法，即成緣覺；修六度（布施、持戒、忍辱、精進、禪定、智慧）即證菩薩；一念平等相應真如即為佛法界。凡是人們日常的一念心，由於善惡差別所構成上述的十種法界，是以智顗才強調行者們，務必由嚴肅日常的動作（身業）、語言（口業）、思想（意業）的一念心，導之以正規，期於速得安身立命，以為旨趣。

智顗對於十法界的內容，主張性無差別，唯相的分別，還可以說是一法界的演變宇宙觀，因所能見到的皆是屬外貌而已，若基依內性，即十界中的眾生，都是同一法性的流露，唯意識顯彰於一界時，其他的九界，仍是冥伏而潛在著，且不離本心，故智顗才強調十界互具相即平等的妙論。這在《法華玄義》卷二（《大正》三三—六九三C）說：「此十種法，分齊不同，因果隔別，凡聖有異……，此十皆即法界，攝一切法，一切法趣地獄，是趣當體即理，更無所依，故名法界，乃至佛法界，亦復如是」。

智顗的十界互具說，旨在強調《法華經》所說的娑婆（堪忍）世界，就是寂光（不生滅）世界的圓融世界觀，而作哲學性的展開，也就是將事與理（物與心）兩者爲契機，而構成的法界，但互具互融，舉一即含九的具備著，界界融通，而終歸實相的超越境界！

既一法界，含具其他的九法界，即法界的全體，就成爲百法界的存在了！因以差別觀念所生起，才分成爲一一法界的世界觀，若依現實相的具體存在，即由「十如是」的根本顯現所構成的。這是智顗將《法華經．方便品》（《大正》九—五C）的「十如是」，《華嚴經》（《大正》十—七四九A）的「十世界觀」，爲依據所發揮出來的百界乘十如，就成爲「百界千如說」的妙論了。

所謂「十如是」，即：如是相、性、體、力、作、因、緣、果、報、本末究竟等的一一，皆具諸法實相的本體。①如是相。相是指相狀，可由外表分別得出，即顯現於眼前苦樂的形像，一目了然的相。②如是性。性是指潛伏於內心的自性，如草木中，含具火性，雖不能見，但遇火即觸發能燒的因緣。③如是體。體能統攝相與性，即依五陰（色、受、想、行、識）色心爲本質。④如是力。在主體所含具的力量，能保持不被外敵侵擾的殊勝。⑤如是作。依力量所生起的作用，就能運行自如而創作一切事業。⑥如是因。眼前所作的一切，成爲未來必受報的親因，即指受生十法界的直接原因。⑦如是緣。雖想要作的正因，仍必須依間接的助緣來觸成的增上緣。⑧如是果。由薰習所種的因，於成熟後的所受爲果。⑨如是報。由心所作的善惡，必依其行爲，絲毫不昧的所報，所謂「自作自受」的果報。⑩如是本末究竟等。本是指體相，末即指報，等是平等，由如是相乃至如是報的所歸趣，無不即是平等究竟的實相本體。

關於「十如是」，在漢譯三種《法華經》中，唯見於羅什三藏譯《妙法蓮華經》而已，故該文屬羅什譯的特異文（因印度原典（梵文）無此文），而首先稱爲「十如是」的乃是南嶽慧思（五一五—五七七年）禪師，更由智顗發揮「十如是」，以配合於三諦（空、假、中）。且以圓融三轉讀的論調，即以「是相如、是性如……」等讀法，乃屬空諦；若以「如是相、如是性、……」等讀法，即屬假諦；再以「相是如、性是如、……」等讀法，即屬中諦，智顗這種的三讀法，充分的流露著智顗的自內證符合佛陀的本懷，竟將實相真理顯現於超然的境界中。因宇宙的本性是「如」，「如」是真諦（空理），且是萬象之體，是以智顗主張：一色一香無非中道，故「如」的原理乃屬最平常的現實境界，但凡夫卻是偏偏迷於妄有的萬象，無法體會到諸法實相的境界，認識到一一諸法皆是真理，如春暖冬寒，樹長花開等，都不離真理的真實義——「是」，所以說：「如是」是真理，真理是「如是」圓融的三諦相，即其體爲「即相即用」，相爲「即體即用」，用爲「即體即相」的宇宙心物合一的境界。

智顗對於「十如是」的三轉讀法，乃屬特殊超越字訓式的解釋，尚且是顯明《法華經》含具諸法實相的根本原理，也是認識心物宇宙觀的真理妙論。智顗更強調「凡夫、聖人」皆具「十如是性」的共同存在，且互攝「色心、依正」，融會「染淨、迷悟」，「事理不二」，

「權實一如」等諸法實相的妙趣，盡歸納於究竟平等，且沒有次第的差別，而圓融無礙的自在著，但所謂差別的是：由果報之差別所顯現，以至於影響到外貌的差別感而已。

本段參考書

《妙法蓮華經》卷第二上（《大正》三三—六九二C）

・四種十二因緣觀

研究佛法，主要在求離苦得樂，以安身立命爲旨趣，所以「苦」，在人生當中，即生死苦冠於一切，反之，成就佛道即「樂」之極致，故生死一了，則可斷除眾苦，獲到安身立命的永安境界。由此，了脫生死，確爲行者們最重要的條件，但要了脫生死，必須先明白生死之由來，及知道了脫生死的方法，否則便無法達到學佛之目的。

究竟生死之由來是什麼？在佛陀教法中，以十二種要素所組成生死緣起之因緣論，「因」如種子，「緣」如雨露等的輔助生長的功具。因緣論共有十二支，即：無明、行、識、名色、六入、觸、受、愛、取、有、生、老死等，此爲一切動物生存的要素。

(1)首先的「無明」是一切業惑的淵源，因「無明」迷惑身心，而妄生一切執著，致使是非不明，才造出一切業惑，無法脫離生與死的痛苦，永久於六道（地獄、餓鬼、畜生、人、阿修羅、天人）輪迴，而無法休止的狀態。

(2)「行」是造作義，即一切行爲，由無明所引起而妄造一切惡業。

(3)「識」是業識（第八識），隨業受報，即被過去所作爲（業）的力量所驅使，挾持第八識（業種子）於有緣父母之處投胎，生死的禍根，從此演成，且一切苦也跟著不斷而來。

(4)「名色」是投胎後的胎相初成爲名色，因爲初投胎時，六根未成，識不能顯發其了別功能的作用，故不稱心，只稱爲「名」，又初投胎時，形體未全，五官未具，不便稱身，唯能稱色而已。即針對嬰胎初凝之時，還沒有完成六根稱爲名色。

(5)「六入」，投入母胎的十個月中，即由名色漸漸成長到六根完備的階段，從出胎後，六根（眼、耳、鼻、舌、身、意）對於六塵境（色、聲、香、味、觸、法）互相開始，以涉入作用的境界。

(6)「觸」是接觸，六根與六塵和合爲觸。小孩時代，天真純樸，六根對六境，唯生起單純的接受，尚未有憎愛的分別。

(7)「受」是領受所觸的境界，即根境相對待時，所發生苦樂、悲喜的感受。從三歲起，知識漸開，知道接受一切境界，對於飲食、衣服、玩具等都有所求，且能分別好醜，唯尚未過分的貪愛而已！

(8)「愛」，六根對六塵的生起貪愛。也許從八、九歲起，就欲望既開，唯不敢廣求。但「愛」其中，卻含有「憎」的成分存在，所謂「過於順境，則起貪戀之念，過於逆境，即生憎惡之心」。

(9)「取」屬妄取，從十五—二十歲，貪欲轉盛，對於所好，即廣爲追取，趨求至滿足爲止。但「取」之中，實則亦含有「捨」的成分，所謂「過喜愛之樂境，必盡心力以求得之；過憎惡之苦境，必千方百計以捨棄之」（「無明」是過去惑，「愛」「取」爲現在惑）。

⑽「有」屬業，即「有」因「有」果，由「愛取」所驅使，造作種種惡業，感受未來的果報，演成輪迴三界的事實。

⑾「生」，依因感果，必招來世的受生。即隨順所作爲好惡，必於四生（胎、卵、濕、化）六道中，轉來轉去的受生至業盡爲止。

⑿「老死」，由無常轉變，致諸根衰老，乃至命終爲死。既有生便不能不死，故老死是誰也免不了的人生必然的現象，如欲脫離老死之苦，那就必依佛法之所主張，速滅「無明」爲根本條件而實踐修持，於現世中，就可得金剛不壞身，更對於未來的所證涅槃，爲不死永久無量壽的寶所。（「十二因緣」釋，參照《斌宗大師遺集》心經要釋一九九頁，碧潭法濟寺印行）

中國佛教自從南北朝時代，就對於滅無明的緣起思想，頗爲重視，當時有「地論師」和「攝論師」的兩派。地論師是依《華嚴經》的三界唯心爲淵源，主張「唯心緣起」，但攝論師，卻是依無著菩薩《攝大乘論》強調「阿毘達磨」（Abhidharma譯：「無比法」）的六識說之上，加之建立七、八、九識，以第七識爲「執我識」，第八識爲生死緣起的「種子識」，第九識爲「清淨無垢識」。再說，地論師是主張法性生法的「黎耶真識」，但攝論師卻是固執的主張「黎耶妄識」，關於這兩方面，智顗評爲：「前者是墮入自生之過，後者是招他生之失，如果是滯著自他固執，即墮數論（Sāmkhya）外道的『若定執性實，墮冥初生覺，從覺生我心過』（《大正》三三—六九九C），這在佛教的緣起論思想，是未具價值的謬論！」（參照日人佐佐木憲德著《天台緣起論展開史》四一頁，一九五八年於日本京都永田文昌堂出版）

智顗的緣起思想，是脫離了「阿毘達磨」公式的拘限，或傳承的墨守，乃新創之學說，始於「三藏教十二因緣」，終歸「圓教十二因緣」說。智顗這種新學說，乃基於《大涅槃經》卷十二〈聖行品〉四種四諦（《大正》十二—四三四C）的思想演變而來！因實踐斷除無明法中，行者們能依觀法而證智，更由所觀真理淺深，分爲四種法門，在《法華玄義》卷二下（《大正》三三—六九八C）解釋境妙處，所樹立的四種十二因緣觀，顯示修證的殊勝法，且強調「法華至上」的偉大，這是智顗的自內證，已符合佛陀本懷之所流露！

所謂四種十二因緣，是專爲針對利、鈍的根機爲對象，關於三界（欲界、色界、無色界）內的指標爲思議法門，界外的標爲不思議法門而簡別，且在思議法門中的「生滅」，是依因緣而生，依因緣而滅以爲藏教，「不生不滅」，是因緣生無自性，縱歸於空的通教位。對於不思議法門的「生滅」，是針對界外歷別的次第觀，建立恆沙法門的別教位，「不生不滅」是十界互具，三諦圓融的不二中道的圓教位。因根機利鈍的差異，故智顗才以四種方法，配於五時而解釋，即「華嚴時」爲利根而說「不生滅」的十二因緣；「阿含時」即說「生滅」十二因緣；「方等時」說「生滅、不生滅」兩種十二因緣；「般若時」專說「不生不滅」十二因緣；「法華時」即捨方便，「開顯直說」十二因緣的中道真理；「涅槃時」即說三粗一妙的「具足十二因緣」，智顗強調前三種是粗十二因緣，更以「粗即妙」而會歸於圓教位，這便是智顗的偉大處。

智顗又在《法華玄義》卷二下（《大正》三三—六九九C），將四種十二因緣中的第三不思議生滅十二因緣，涉獵到華嚴唯心的緣起思想，更對於地、攝兩論的黎耶緣起，詳爲解釋：如執爲性實，即墮同「數論外道」，而對於界外十二因緣，即依堅慧菩薩《究竟一乘寶性論》（參照《大正》三二—八三〇B）的緣、因、生、壞四種障的緣起說，或如來藏一心緣起、真如緣起等，盡攝納於別教位，且認爲上述的諸緣起說，都屬別教菩薩所必須要學的恆沙法門中之一法門而已！尚未能徹底的論究到現象諸法的真理緣起，及現象諸法的當體即實相之圓教所談的原則。

茲爲闡揚智顗所主張的特殊見解之四種十二因緣法，略述於次：

㈠思議生滅十二因緣：關於十二因緣法門，在印度的名著，早有「阿毘達磨」的《六足》、《發智》、《婆娑》、《俱舍》、《順正理》等，都極被重視的！尤其是《大毘婆娑論》卷二十三，及《俱舍論》卷九，所立「剎那」、「連縛」、「分位」、「遠續」（參照《大正》二九—四八C）等四種，分別十二因緣的解說爲最著名。但智顗的《法華玄義》卷二（參照《大正》三三—六九八B），卻單單採取「分位」與「剎那」。「分位」是以胎生學爲主體而加以說明，即以人爲對象的五陰所成，被認爲是在實踐的觀行中，最重要的現前觀察爲旨趣！

又「剎那十二因緣」，即觀念成辨的剎那（頃間念），始成貪心的無明，同時現成空間之十二因緣，這在《法界次第》卷中（《大正》四六—六八四）說以無明爲起源的三世十二因緣，首先約果報的二世十二因緣，和約一念中的一世十二因緣的三種分別。

第一是《法華玄義》所謂的分位十二因緣，第三是剎那十二因緣，但第二的果報所約是：即於過去父母，而起貪愛心，以因緣所生的現在果報爲對象，首先以出入息爲無明，而將身中三業所動的風氣爲行，次第相生而具足十二因緣，這是依《大集經》卷二十三（《大正》一三—一六四A）〈彌勒品〉文爲根據。

智顗採用於實踐觀行中，且以自悟妙證，而解釋為「一念之心，既具十二因緣」（《大正》三三—七〇〇C）更為之推進到十界互具的圓融論理。其呈現心理哲學的價值，由此可知！

㈡思議不生不滅十二因緣：思議不生滅，是以空觀為主體的法理，而解釋十二因緣。在《法華玄義》卷二下（參照《大正》三三—六九九B），曾引龍樹大士《中觀論》的〈觀因緣品〉說：佛陀為利根的弟子說：無明如虛空，乃至老死，都是幻化，故十二因緣，是「空不可得，非有、非無、非生、非滅，言語道斷，心行處滅」而已，並無其他！

所以，智顗關於十二因緣，判為化法四教中的通教位，認為是屬「共般若」的消極實相空的分齊。這和中國佛教初傳時代的成論師、三論師的主張是一致的。

智顗更在《法華玄義》二下（參照《大正》三三—六九九C）以思議不生不滅的十二因緣，而引《金光明經》卷一〈空品〉的文句說：「無明體相，本自不有，妄想因緣和合而有，不善思惟，心行所造」。其意是說：無明、行，即是以六道依正二報所流傳，且展開著種種相為對象！但凡夫卻執著以為實有，如若以聖智作對照時，就可知「無明」本無自體，而非真實，故十二因緣即實相空，而成就不生不滅義。

又觀察十二因緣，智顗主張：具「生觀」和「滅觀」的兩種意義，但針對空觀的解釋其畢竟的焦點，是依滅觀之所依而來的，故諦觀十二因緣法，就是實相空的諦理，其旨在能獲脫離十二輪轉的束縛，而得到超越三界分段生死為目的。

智顗基於教學的理論，不得暫認為無明是實有，或者歸納於空的看法，而分為與藏通二教之所談的焦點不同而已！

㈢不思議生滅十二因緣：關於不思議生滅的十二因緣，是屬於「化法四教」中的別教位，在《法華玄義》的釋義是指：以不思議而強調限制，為界外菩薩法門的特色。但既以界外法門為主體，即必異於界內法門的空觀原理，而樹立中道才對！換言之：思議是只指世俗諦、一義諦的兩諦，而尚未到達第三義諦，如至不思議境，方能趨入第三諦的中道。但智顗更以區別為「隔歷」與「圓融」，即：為別教位的中道，是屬有、無二原理之外所立的第三原理。不過二者是具有對立形式的名詞，也就無法超越執相的領域，故才會受隔歷不融的貶稱。但是比較界內的空理，那是優勝了很多的。故別教位的中道，是超越「界內」而趨入「界外」的不思議法門！

智顗所主張的不思議生滅的「生滅」，是針對別教法門所對立的中道，但有真妄的隔住，乃是為教導的方便而暫存而已！例如：相即不二，畢竟是會納攝歸於性，故菩薩的十地行位，必須由次第修證，經過恆沙法門，始能暫次成就，也才能被看成為界外生滅法門。再具體的說：別教位是獲得解脫界內分段的果報，及超越界外的變易，是以智顗在《法華玄義》卷二下（參照《大正》三三—六九八C）曾譬喻說：畫師能自由描寫山水、人物、花鳥等，但無明之心，亦同樣的能造一切世間的十法界，故假實的依正二報，據如是的立場，即以成三界唯心，而解釋不思議生滅十二因緣。

智顗更依《究竟一乘寶性論》卷三（參照《大正》三一—八三〇B）而說明：界外生滅十二因緣，即住界外方便上的菩薩，尚存「緣」「因」「生」「壞」的四種障，是以無法逃避變易生死。

所謂四種障中的「緣」，是針對無明住地的無漏業，來作為因緣；「因」是無明引起「行」無漏業；「生」是以如是等因緣而受變易果報；「壞」是既有變易生死，那就無法逃避破壞。換言之：無明住地之惑，能助成無漏業的結果，與界內分段緣起，雖非同一旨趣，但既以無明惑力為媒介，那就不能不說為是一種無明的緣起！

㈣不思議不生不滅十二因緣：別教位的十二因緣，是針對界外「無明重」的機類而在圓教位，是法門分齊的不思議不生不滅十二因緣，這是專以界外「無明輕」的機類作對象！所以凡是說到不思議，即屬界外法門是無疑議的。更以強調到事理不二、修性不二的中道，且為超越隔歷不融之對立的次第觀，成就圓滿三德、始末不二、一即一切的絕待之不次第觀為其旨趣！

故智顗在《法華玄義》所說：不思議不生不滅十二因緣，是「即事顯理」，對於迷事當相，顯事具性德，即「煩惱即菩提」的純超越法門，這屬殊勝圓教位的特色！

關於這種理論，智顗曾引用《大涅槃經》（參照《大正》十二—五二四B）的「十二因緣即佛性」，而發揮十二支中的無明、愛、取，即屬「了因佛性」；行、有是「緣因佛性」；識、名色、六入、觸、受、生、老死是屬於「正因佛性」。故圓教位的緣起法門，最重視「性具」，是以智顗才闡明十界互具、一念三千的妙理。又其對還滅的究極是證果，認為因地人的六識，陰妄之一念心，本來就含具「性具」，絕不是新成的所追加或增廣的。

上述四種十二因緣，智顗判前三種是粗，唯後一種才是妙，但雖有粗妙之詞，卻由開顯而演變，雖粗即妙的奧理。是以智顗所強調的四種十二因緣，即是在不二中道的輪廓內輪轉，更是活用著諸法實相的新生命！換言之：在因地的實踐門中，即介爾陰妄的凡夫，還是會在悠悠的六識一念之中；本具佛性的妙理——「凡夫即佛」的圓融無礙，且能攝持速至成佛的本性。

智顗對於十二因緣論，可以說是屬空前的獨具見解，更對於「黎耶真妄」的評論，也在《法華玄義》卷五下（《大正》三三—七四四B）類通三識條說：

> 如：一人心復何定，為善則善識，為惡則惡識，不為善惡則無記識，此三識何容，頓同水火，祇背善為惡，背惡為善，背善惡為無記，祇是一人三心耳！三識亦應如是。若阿黎耶中，有生死種子，聞薰習增長，即轉依成「道後真如」，名為淨識。若異此兩識，祇是阿黎耶識，此亦一法輪三、三中輪一耳。《攝論》云：如金土染淨，染譬六識，金譬淨識，土譬黎耶識。

這是證明說：人之善惡，由心所支配，故在阿黎耶識中，現行生死種子時，成分別識的六、七識爲妄識，同時現行無漏智慧種子時，即成「道後真如」的真淨識——第九識。這都是由黎耶的一法，而分真妄的現行識。智顗且更特別引出世親的《攝大乘論釋論》——金土染淨爲喻，而評論攝、地兩師的論諍是最爲謬誤的。

智顗更在同一處說：庵摩羅識——第九識爲「真性軌」，阿黎耶識——第八識爲「觀照軌」，阿陀那識（第七識）、意識（第六識）爲「資成軌」，同是理心之所現，即一念之心，既具十二因緣（《大正》三三—七〇〇C），但在教門的權宜方便上，安立一種名目而已！換言之，迷的凡夫心，還具諸軌的理具，都能向圓教位看齊，但因迷而致使隔絕，無法顯現智的作用，是以不得不以分別而方便施教爲旨趣！

總之，智顗所主張的四種十二因緣的第一思議生滅是：註明三界分段生死的緣起；第二思議不生不滅是：站在還滅緣起爲主體空的；第三不思議生滅是：對應界外的變易生死的緣起；第四不思議不生滅是：針對第二思議不生不滅的還滅，而展開十二因緣即佛性，會歸圓教法門所談的如來藏爲極致。

本節參考書

《法華玄義》第二（《大正》三三—六九八）

•四種四諦（四諦，梵語Catvāryārya-Satyāni）

人生的過程，實以憂悲苦惱而至老死爲終結，這是誰也免不了的事實。但其苦惱的淵源，卻是基於自心惡念的積聚，故欲消除苦惱的惡報，必須謹慎於現實日常生活中的語言、動作、思想而加以改造，以趨向於時時刻刻的發善心，也就是儒家所謂「非禮勿視」、「非禮勿言」、「非禮勿動」，始能脫離苦報，得到安身立命的境界。所以二千五百多年前，成道於菩提樹下的佛陀，首先就爲眾生三轉法輪而宣揚人生真諦的四諦觀。所謂四諦，即苦諦、集諦、滅諦、道諦，「諦」的含義是「真理」，能依此四種真理而實踐修持，即能超凡入聖，故又稱爲四聖諦。茲將四諦的內容，略述於次：

⑴苦諦（Drchkha-satya）：苦是痛惱義，即人們的身心常有被種種侵擾不堪的狀態。關於苦的種類，可分爲①自身，則有疾病老死，飢渴疲勞、醜陋殘廢等苦，②內心則有不如意所發生的貪瞋癡慢，嫉妒怨恨，憂悲怖懼等苦，③外境則有水火車禍，寒暑風雨的襲擊，及瘟疫災患，或被惡獸的噉傷毒害等苦，④人事方面，則有戰死盜賊，或被侮辱侵損，威脅壓迫，譏罵嘲笑，怨毀仇殺，妒忌失和依報（一切外境），都是逼迫身心於不安的束縛痛苦，故說它爲苦諦。既然了知人生的所受是苦，那麼，就要趕快設法追求苦的淵源而消滅才對！

⑵集諦（Samudaya-S.）：前段所述的種種苦，非從天降，更不是地生，亦非神賜，也不是他人所給予，乃由自心所生起的貪瞋癡等所驅使而妄造惡念，所招來於生死不休的積聚而受報，是爲集諦。既然了知苦報是由惡念積聚的所受報，那就要加速趨求真理，實踐修持，以期解脫爲目的。

⑶滅諦（Nüadha-S.）：滅是棄除的意思。如能消滅煩惱生死的苦，即就能證永久的安樂。但爲滅苦求證安樂，必須實踐修持之道，才能證得。

⑷道諦（Mārga-S.）：所謂實踐修持的方法，即有：四念處（觀身不淨、觀受是苦、觀心無常、觀法無我），四正勤（已生惡令滅、未生惡令不生、未生善令生、已生善令增長），四如意（欲如意、念如意、進如意、思如意），五根（信根、進根、念根、定根、慧根），五力（信力、進力、念力、定力、慧力，即能輔助五根於得大受用，不被外境所擾，內心不被所轉，猶如根得力），七菩提（擇法、精進、喜、除、捨、定、念），八聖道（正

見、正語、正思惟、正業、正命、正精進、正念、正定）等三十七道品，如能依此法修持，即所有的煩惱心、貢高心、我慢心、貪心、瞋心、癡心等，盡能除去，即現在就是安身立命的境界。

關於修持四諦法，智顗依據《涅槃經》的說法，特爲創立四種四諦，配置於化法四教，即生滅四諦、無生四諦、無量四諦、無作四諦。

㈠生滅四諦：即認爲因緣生滅的實有爲小乘藏教的生滅四諦，即色心的無常逼迫爲苦諦；煩惱業的流動而招生死爲集諦；滅去因果歸納於空寂爲滅諦；斷惑業證正智爲道諦。

㈡無生四諦：乃觀因緣諸法即空，屬無生四諦，爲通教大乘初門，即觀一切生死的逼迫相，皆屬於空而爲苦諦。觀一切惑業爲空，且強調由和合所招來的苦果無生爲集諦。既一切皆空，故無須觀滅爲滅諦。既然一切道行皆空，又豈有能治之道，是爲道諦。

㈢無量四諦：乃配置於別教之所說，認爲界內界外，恒沙無量的差別相，爲無量四諦，即苦具無量相，以二乘智眼無法知見，唯菩薩始能通曉。換言之，積聚惑業的苦果，還具無量相，必依方便的修證，但所證涅槃，亦具無量相，因證涅槃理的修道，也具無量相，所異無量的差別，唯菩薩才能通曉。

㈣無作四諦：乃圓教時之所說，以迷悟當體即實相，爲無作四諦。即觀生死即如，故無苦相可言爲苦諦，又觀惑業本來清淨，那就無斷集之必要爲集諦，更觀生死即涅槃，就無須再證爲滅諦，觀邊邪即中道，就無須再修道爲道諦的。

上述四諦，智顗爲行者進修的方便著想，將佛法淺深不同的焦點，予於藏、通、別、圓四種教法而顯示出來，實爲智顗思想特殊的顯露！

本段參考書

《法華玄義》第二下（《大正》三三—七〇〇C）

．圓融三諦

諦是真實不虛的意思。所謂三諦，即空諦（真諦）、假諦（俗諦）、中道第一義諦（中諦）。真諦是明白一切事理的淵源，即一切萬象無自體，屬於空；故真諦是泯一切法。俗諦是顯現萬象實際不可缺的受用，故俗諦爲立一切法。中諦是舉一即三，三即一，不偏二邊，雙照互融無礙爲中諦。

智顗強調三諦圓融的論理，旨在糾正實踐的行者們，不得執著於空（真諦、空觀），如果認空爲極致，即就停滯於方便城（二乘住處），無法至寶所（佛陀住處），故必須從空入假，修持一切萬行（俗諦、假觀），爲進入寶所的準備，但智顗又怕從俗而變質忘本，故才強調中道的中觀，即在修空觀的真諦理體中，必須兼修六度萬行的俗諦假觀，但雖修持假觀趨入俗諦時，也不離真諦空觀，即保持空中有假，假中具空，舉一即三，三即一的中道義爲主體。

智顗爲解釋三諦的淺深，分爲別入通、圓入通、別教、圓入別、圓教等五種而論述。

㈠別入通：又稱別接通，即通教接入別教爲對象，這類行者們，聽「非有漏、非無漏」，即能理解到有漏爲俗諦，無漏爲真諦，非有漏非無漏爲中道，但其所理解的中道，唯知是異於空真諦的理論而已，尚未達到雙照的功用。

㈡圓入通：又稱圓接通，即通教接入圓教爲對象，這類行者，關於真俗二諦的理解同於前者，但對「非有漏、非無漏」，都能了知含具雙非雙照的妙義。

㈢別教：以「有」爲假諦，「空」爲真諦，對於真諦，認「非有非空」爲中道，所謂「中」乃屬「但中」的稱謂「理」而已。

㈣圓入別：又稱圓接別，即別教趨入圓教的對象，真、俗二諦的理解，同於前者，但其所了解的中道，卻是超「但中」而且具足一切佛法的境界。

㈤圓教：即三諦圓融，一即三、三即一的具足無礙互照的圓滿。

又將別教，再分別隔歷三諦、歷別三諦、次第三諦等，隔是針對空間的於「橫」爲主體的彼此隔異，歷是以時間的「豎」，爲前後次第的尚未融即爲主體的論法。所謂橫的彼此隔異，乃強調真諦（空）理體中，無假、無中，俗諦中即無空、無中，中諦中、無空、無假的完全隔離。豎的前後次第，是初修持空觀成斷見思惑，次修假觀斷塵沙惑，後修中觀斷無明惑，即修三觀斷三惑的次第證入爲旨趣。圓教也分爲圓融三諦、一境三諦、不次第三諦、不思議（不縱不橫）三諦，即三諦圓融，不縱不橫，一即三、三即一的融通無礙，放在真諦中，具破有、立空、破立絕待的三義，破有是「空」能破「有」的含義，立空是「空」能立「真諦空」，破立絕待是雖云破有，卻不單是只破有，立空之中，不單是立空，乃屬破有即立空，立空即破有的破立相即，絕待之超然境界！其中的破有屬空義，立空屬假義，破立絕待即中義，故「空」的一諦中，具空假中的三諦相即。

俗諦（假）也具破空、立有、破立絕待的三義，破空是雖在俗假中，還能破空，立有是俗諦中樹立萬有的正義，破立絕待是針對破空，立有，仍具互照絕待，乃是說「假」的一諦中，宛然的三諦相即。

又中諦中也具雙遮、雙照、遮照絕待的三義，雙遮是中諦中，具遮空假二邊，雙照是中諦，能雙照空假二邊，遮照絕待是雙遮雙照的相互融即無礙，故中諦的一諦中，就妙契三諦相即的極致。

智顗將古來所傳的空有二諦，擴展至三諦圓融，且善能運用於實踐修道中，更以佛法的淺深予於配置闡明，誠對研究中國佛教的方便貢獻不少！

本段參考書

《法華玄義》卷二下（《大正》三三—七〇四C）

•天台教判的特色

佛教經論，自從魏晉時代以來，就有印度、西域的高僧，不斷的將大乘、小乘，同時以多彩多姿的形態傳入中國，佛教經論，由這種的弘傳方式，致使當時的教徒們，未得容易理解其中的奧義，故必須在體系化的整理分別，方可應付狀況下，才有教判思想教學的產生。

所謂教相判別，乃是針對佛教廣泛湛深的教典，予於分類爲深淺而整然的組織，更是發揮到理論、信仰、傳道三方面兼具的極談！故對於教相判別的研究，誠爲研究中國佛教不可缺少的重要條件！這在智顗以前的南北朝時代，就有「南三北七」十大家的教判論問世，即：

南三
- 三時教　有相教・無相教・常住教——虎丘岌師。
- 四時教　有相教・無相教・同歸教・常住教——宗愛法師。
- 五時教　有相教・無相教・褒貶抑揚教・同歸教・常住教——法雲大師。
- 五時教　人天教・有相教・無相教・同歸教・常住教——劉　。

北七
- 二　教　半字教・滿字教——菩提流支。
- 四　宗　因緣宗・假名宗・誑相宗・常宗——光統律師。
- 五　宗　因緣宗・假名宗・誑相宗・常宗・法界宗——護身師。
- 六　宗　因緣宗，假名宗・誑相宗・常宗・真宗・圓宗——凜師。
- 兩種大乘教　有相大乘・無相大乘——北地禪師。
- 一音教（一音說法・隨類異解）——羅什三藏。

關於經典的判釋內容，可歸納於時間和空間的兩方面，如觀察佛陀一代五十年間的說法，以前後次序而配置，即屬時間的之豎說；將法門的理論淺深，安立經典的位置爲空間的之橫說。例如印度的戒賢論師之三時教，卻被唯識宗所繼承，乃屬時間的之豎說。上舉十大家的判釋，多屬法門淺深形式的橫說爲原則。

智顗所創立的教判論，乃綜合橫豎兩方面所樹立的巧妙法門！即將佛陀一代幽玄的教義，以「權」「實」兩面而剖析，更從「實」開「權」，又由「權」證「實」的主張「教觀一致」，強調直趨寶所的實踐爲中心，故智顗的教判，才被譽爲空前絕後的名判！茲將智顗教判的特色敘述於次：

㈠五時判的特色：智顗認爲佛陀一代的化導對象，其根性乃屬千差萬別的眾生，故必須推演至三世的理論，以利益大眾爲原則，俾一切眾生，獲得隨意真實的安身立命爲歸宿。是以將佛陀化導的時期分爲五段，即華嚴時、阿含時、方等時、般若時、法華涅槃時，且將化導方式，分爲頓、漸、秘密、不定的四教，更以教法的內容，分爲藏、通、別、圓的四教等而闡明之。

所謂華嚴時的說法，乃專門針對大乘菩薩作對象，所說的《華嚴經》，其內容是強調「一真法界」的妙理爲華嚴時。

但當時的聽眾，無法接受大法，故佛陀遂轉機爲專談小乘法門，以鈍根眾生作對象，宣說四諦、十二因緣、四禪、八定等的誘導教化，稱爲阿含時。

佛陀不斷的繼續弘法，讓小乘趨向於大乘的機會，且在會中強調圓教的偉大，俾小根機的恥小慕大爲方等時。

然修持數十年的諸小乘人，雖曾經過方等會上的種種彈斥，既已心慕大乘，但對於情執還是無法消除，故佛陀不得不更爲之淘汰遺除餘執，另一面，顯揚中道實相的本體，稱爲般若時。

佛陀的應現於世間，乃希望一切眾生，都能趨入法華寶所爲目的，放在方等會上的彈斥，般若會上的融會，至講《法華經》，可以說是根機成熟，猶如長子堪承家業，極力主張開權顯實的殊勝妙法，即斷無明證中道的無上境界，爲法華時。

最後的涅槃時，是佛陀的慈懷備至，體會著後出家及未來世的鈍根眾生，竟於臨終最後的一晝夜當中，特爲宣說四教並談而補充，俾期同證佛道之旨趣。以上是智顗爲研究佛典者的方便著想，竟費盡了心機而將佛陀五十年間的教說，一一予於義理相同而分類整理，稱爲天台五時判。

㈡化儀四教：還有爲著理論淺深的判釋爲天台八教判（化儀四教，化法四教）。前述，在智顗以前，既有南三北七的十大家，但他們都屬教化形式的教判而已！如能深一層的針對所化根機的考察，卻是從智顗才開始的。

關於教判論，由表面上看，好像唯能判別教理的淺深，就認爲已完成任務似的，但進一步的考察其內容，卻是涉及到證道關頭的哲理，以轉迷啓悟爲職責的，故凡是佛教的實踐行者們，對於教判，確實是非研究不可的重要課程。

所謂化儀四教是頓、漸、秘密、不定。「頓教」是超越直入，針對聰明智慧的堪受大法者，不必用方便引誘，就可直接施於大乘頓超之大法。故關於頓教，智顗分爲頓教部與頓教相，《華嚴經》即屬華嚴時的說法，至於頓教相，卻通於方等、般若、法華、涅槃時，凡一代時教中，具說頓超法門，如《圓覺經》等都是屬頓教之類。智顗這種的判法，乃超越古來判例的殊勝。

「漸教」是在華嚴會上，無法獲益的二乘人，佛陀不得不變更化導方式，宣說「苦」「無常」「無我」的法門。

其次的「秘密教」，秘密是不顯露的意思，智顗所立的秘密教，是因眾生的根性各別，雖在同一席上受教，但因聽者的根機不同，致使所領悟的也就變爲不同，那麼，其所證自然而然的不同，或漸、或頓，那就彼此互不相知的了！又智顗更認爲佛陀的行坐住臥，時時刻刻都無不是以默示成佛之大道，但唯有緣者，乃能於中默契領悟得益，亦稱爲秘密教。智顗創立秘密教，乃顯明佛陀的教法，不只局限於顯露的頓、漸、不定而已，這種輔助古來教判論的不足，誠是智顗的卓見。

再次的「不定教」，是於同座恭聽佛陀的說法，但由於所了解的獲益不同，如聞頓教理，唯獲漸教益，或聞漸教理而證頓教益，此乃由宿世的善根的淺深影響而來的。

上述，化儀四教的頓漸爲豎之化儀，秘密、不定爲橫的化儀。再說，頓教的對象是以最上利根者，漸教是鈍根的方便引誘，秘密是針對特殊根機的隨時證解，不定是屬大小並陳的隨類獲益爲目的。

㈢化法四教：關於佛陀一代教法的內容論爲化法四教。智顗詳細的分爲界內、界外，及利鈍、淺深的整然組織。即藏、通、圓、別的四教判。

「藏教」是純然爲開示界內鈍根的眾生，明生滅四諦、十二因緣、事六度、修析空觀、斷見思惑，得一切智，斷除分斷生死，證偏真涅槃的過程爲藏教。

「通教」是針對三乘共同教義的聲聞、緣覺、菩薩，乃前通藏教，後通別教、圓教的教法。且前項的藏教是正教二乘，傍化菩薩爲主體，但通教即屬三乘共修，實踐因緣即空，無生四諦之理，爲菩薩的正學，且兼通二乘，俾明無生四諦、修理六度、體空觀、斷三界見思惑盡，證真諦涅槃，故通教的法門是趨向大乘爲中心。

「別教」是界外菩薩獨修的特殊法門，所謂「別」是不共二乘的高尚，即教別（獨被菩薩）、理則（隔歷三諦）、智別（三智次第）、斷別（三惑前後）、行別（五行差別，註：戒定慧——聖行〔十住入空行，屬藏、通兩教〕，慈悲喜捨——梵行〔十住、十迴向、入假行〕，依理成行——天行〔初地以上的中道行，從天行起，就能化他之用〕，示同小善——嬰兒行〔慈用〕，示同煩惱——病行〔悲用〕。前的藏通二教，雖有「聖行」及少分「梵行」，別教乃次第進修圓行，故不同前、後而獨立）、位別（位位不相收）、因別（一因迴出，不即二邊）、果別（證果別前後）等八種差別行的特殊法門。但別教是針對界外鈍根菩薩爲對象，期之趨入中道觀爲目的，故實踐修次第三觀，以內心進修斷無明，外以利他爲職責，即由一地一地的上進爲別教。

「圓教」是一代教法的極致，純以圓融原理爲基盤，即諸法本來互有，迷悟無別，因果不二，舉一全收，真即俗，俗即真，煩惱即菩提，生死即涅槃，當體圓融無礙的圓妙、圓滿、圓足、圓頓的最高法門。是以在實踐門中，即斷而不斷、不斷而斷的最高境界，智顗以圓教配置爲最上法門的定義，即以「教圓」（中道不偏）、「理圓」（無礙一切法）、「智圓」（種一切種智）、「斷圓」（不斷而斷無明惑）、「行圓」（一行一切行具足）、「位圓」（從初地即具一切功德）、「因圓」（雙照二諦、自然流入）、「果圓」（妙覺不思議、不縱不橫）的圓融論理爲極致（參照《大正藏》第四六卷七二二頁）。

上述，五時八教的教判論，乃純係智顗自解佛乘的卓見所流露出來的偉大思想！

關於《法華玄義》，由表面上看來，雖是《法華經》的總題解釋，但觀其全部的內容，可以說是將佛陀的一代說法，盡攝於自家藥籠中的「中國佛教概論」，如對於「地論」「攝論」等的批評，《法華經》與《華嚴經》的比較，或《法華經》初傳時代的法華學者們的見解等，都一一的述及，誠屬隋朝以前的中國佛教貴重文獻之一。因本文限於篇幅，無法詳述。

本段參考書

《法華玄義》卷十（《大正》三三—八〇六頁）

2 《法華文句》（《大正》三四—一—一五〇）

智顗在陳後主禎明元年（五八七年），於金陵光宅寺，將《法華經》二十八品的詞句別文，以特殊的釋經方法——「消文四意」的解釋，由灌頂記錄成書，稱爲《妙法蓮華經文句》，略云《法華文句》。本書和《法華玄義》合併即成爲完整的《天台法華經疏》。

智顗對於《法華經》二十八品的經文內容，大科分爲「本、迹」兩門，從〈序品〉至〈安樂行品〉的十四品爲迹門，〈湧出品〉至經末的十四品爲本門。智顗對於這種《法華經》的分科，已將古來傳承《法華經》的難能理解的焦點爲之解決，更能將《法華經》的含義顯現於自心的相互觀照，盡其極致，誠是裨益著現代研究《法華經》的方便不少！因古來對於《法華經》的讀誦，都是以客觀，或是屬神話的而接受，但智顗即以「觀心釋」，將《法華經》統一融會於自心內理思索的解脫法（止觀禪），且深藏著實踐薰修的本質，誠是古今未曾有的解釋法，例如：對於見〈寶塔品〉的多寶塔的湧出大地，古來的解釋，都認爲是外面的奇蹟現象而已，但智顗卻是發現多寶塔的出現，即象徵著自心的脫離無明煩惱的境界，以與實相真理的多寶塔互照。又「三變土田」的第一變爲斷除三惑中的枝末煩惱——見思惑，第二變爲斷除微細的塵沙煩惱，第三變爲斷除根本的無明煩惱等，都是歸納於自心實踐。且至於整個經文的內容，也是配合觀心釋的主張，針對爲後來學者，對於《法華經》與人生的密切關係的改觀爲旨趣。這在法華教學史上，智顗的功績，誠屬不能抹滅的。

智顗獨創的經文解釋方法，消文四意，即：第一因緣、第二約教、第三本迹、第四觀心。

首先的因緣釋是：說法者的佛陀，與聞法者的聽眾，兩方的機緣成熟，法會就能成立，即所謂因緣和合的法會，始能獲益，換句話說：佛陀深知聞法者的心理，以方便的巧說，俾使聽者歡喜，佛陀更爲宣揚聞法者的優點好處，俾其生長善根，佛陀更深知一切眾生的缺陷劣習，而善能引導其改悔成就軌道，最後佛陀更能俾一切眾生，悟入第一義諦的寶所爲目的。

第二約教釋是：將經文悉以闡明所屬偏圓大小的教相地位。

第三本迹釋是：依佛陀根本教法的本體迹用，將善垂於一本多迹而歸攝於多迹一本的一佛乘爲旨趣，以上三種釋是依理論的解釋。

第四觀心釋是：將理論歸趣於自心的實相心具互照之實踐體驗，堪稱爲巧妙極致的解釋。

至於全經文，二十八品共六萬九千三百八十四字，以兩種的分科法，首先是以二十八品，分爲序、正、流通的三份說，次即分爲兩門三份說，前者是將〈序品〉分爲序份，〈方便品〉至〈分別功德品〉的前半（共十六品半）爲正宗份，其後的十一品半爲流通份的三大段。後者是將一經兩分，前十四品爲迹門，後十四品爲本門，更且將本迹兩門中，再各分爲序、正、流通而解釋之。

所謂「迹門」，即顯明垂迹化現的釋迦佛陀，將從未說的本意，二乘即一乘，權即實的開權顯實、會三歸一、開會開顯的諸法實相歸攝於一佛乘的妙說中。

「本門」是佛陀自身的體用，論及諸經尚未談及的真實意，在菩提樹下成道的釋迦佛陀，和過去久遠的諸佛，同樣是爲救度一切衆生而示現迹用。故智顗爲闡明佛陀的偉大，特以「發迹顯本」、「開近顯遠」、「本門開顯」而解釋，其旨趣乃以破除大衆迷執爲目的。

智顗解釋《法華經》的經文，對於最初的〈序品〉，首先以五種成就爲通序，再以衆聚、現瑞、疑念、發問、答問等的五義爲別序。

第二〈方便品〉以下的八品爲迹門的正宗份，明「開權顯實」之理，該份再分爲略開、廣開，以〈方便品〉初爲「十如實相」文爲略開，其後爲廣開。廣開文，即以三周說法，即「法說」「譬說」「因緣說」的三重，對於上根者即直說「三乘即一乘」、「權實不二」之理，爲「法說周」，對中根，即舉喻顯說該理爲「譬說周」，對下根，即說宿世以來的因緣，俾其領會爲「因緣周」。更將「法說周」，分爲「正說」「領解」「述成」「授記」「衆喜」的五段。

關於方便品的後半，即屬迹門、廣開、法說的正說段，乃顯示釋迦佛陀，和過去諸佛同道，皆是先以三乘施權，然後才會歸於一乘，強調權實不二爲旨趣。

智顗對於〈方便品〉的解釋，而樹立天台教學的中心思想，即以三種方便、十種權實法、顯明權實，及在「十如是」文中，敘述「十界」、「佛界」、「雜合」、「約位」等四義，強調迷悟、實相的不二之理，主張「二乘成佛」的重要義，那是值得注意的！

第三〈譬喻品〉，是顯示佛陀的喻意，即將三乘導入一佛乘的妙喻。且於解釋中，曾舉出吉藏（五四九—六二二年）大師的論議，成爲有趣性的妙談！

第四〈信解品〉，特爲中根的四眾，示明長者窮子之喻，以資自心互照，令至速領會三乘即一佛乘，趨入寶所爲目的。

其次的〈藥草喻品〉，雖被認定爲信解，但還恐部分尚未及徹底，故佛陀再以舉藥草之喻，以顯明生長雖不同的三草二木（三乘、五乘），但卻是受同一雨地的潤育，以會歸一味平等的一佛乘。

對於〈化城喻品〉，即針對下根的法華覆講，先爲下種結緣，後而調熟，故所謂三乘教，不過是根機的調適方便化作而已，其目的是趨入佛果爲究竟的寶所。

〈法師品〉第十至〈安樂行品〉第十四的五品，判爲迹門正說的法門，屬利益未來世的流傳，且對於〈安樂行品〉，即強調實踐的行者們，必須謹嚴於語言、動作、思想的合理化，俾趨入止觀慈悲行，期以事理相資，得安身立命的殊勝境界爲目的。

智顗更將〈湧出品〉以下的十四品，判爲「本門」的開顯，其中〈藥王品〉以下的五品，爲法華化益流通的殊勝，即〈藥王品〉，也是顯示燒身供養的苦行，爲激勵弘經者實踐修持（苦行乘乘）；〈妙音〉、〈觀音〉兩品，是法華三昧的妙用自在，強調奉持者所獲得的三昧力用（三昧乘乘）；〈陀羅尼品〉是以神咒密語爲護持而導引入於正道的流通（誓願流通）。最後〈普賢勸發品〉，屬自行流通，即依普賢菩薩的護持，行者們的自心，自然而然的成就妙行，及強調「四安樂行」的重要爲結語，則是「開迹顯本」的最好說法！

上述，《法華文句》的特色，不單是對文字的解釋，或分科的優點，還是針對古來諸師的評破，如「科文對照」即引出道憑、法瑤等七師之說，對於「無量壽」、「十如實相」等，乃引出光宅等九師之說，以資現代研究《法華經》的學者們，易於知道南北朝時代之法華學者先賢的思想，故《法華文句》亦成爲貴重文獻的資料。

本節參考書

《法華文句》（《大正》三四—十五—三六〇）

《法華文句輔正記》（《卍續》精四五）

《法華疏義讚》（同右）

3 《摩訶止觀》（《大正》四六—一—一四〇）

人生一世，不過幾十寒暑，其中還脫離不了憂悲苦惱的不如意事，是以佛陀才在其五十年說法中，無時無刻無不強調莫遊戲於五欲（財、色、名、食、睡）中討生活，要我們把握著環境，勿被眼前的娛樂所迷，老老實實地實踐著以脫離苦惱束縛爲急要法門，是以智顗深深的體會到佛陀宣說《法華經》的本懷，將《法華經》的含義演變為實踐門的極談！即所謂「止觀」的特殊法門。止觀的意思是：摒除諸般妄想，令生正定的智慧，謂之「止」的功用；針對一切對象的審察思惟，以樹立正義謂之「觀」的殊勝。

智顗對於止觀方面的著作，尚未入天台山以前，就有：《四念處》、《禪門要略》、《禪門章》、《禪門口訣》、《小止觀》、《修禪六妙門》、《覺意三昧》、《釋禪波羅密次第法門》等的名著（前期思想段，已略述及），玆被限於篇幅無法詳述，現在唯能將其晚年所說，也可以說是組織最整然的《摩訶止觀》（天台三大部之一），略述於次：

《摩訶止觀》是智顗在隋開皇十四年（五九四年），講於荊州玉泉寺，其內容分為五略十廣的序次而宣說的。所謂「五略」：即發大心、修大行、感大果、裂大網、歸大處。

首先說到發大心，那是強調初發心時，如若心不純正，則無法進至寶城，故必須闡明邪正，然後斥十種非心，以顯說「四諦」、「四弘」、「六即」等。其次的修大行是：攝盡四種三昧的一切法。感大果、裂大網、歸大處，是因能修大行的感召，才能證大果，破除自他的疑網，始能進入涅槃的寶城。

至於「十廣」是：大意、釋名、體相、攝法、偏圓、方便、正修、果報、起教、旨歸等。

第一大意，即明於五略之中。

第二釋名，乃詳述止觀的含義，分為「相待」、「絕待」、「會異」、「通三德」的四種，以顯示止觀的廣大。

第三體相，分爲教相、眼智、境界、得失。

第四攝法，是在前章所明止觀之體，廣泛攝持一切法，即事理、解行、因果、自他等網羅一切的顯示。

第五偏圓，是第四攝法的加以補述，因爲雖然攝盡一切法，但是法自有偏圓，故必須再檢討，而分爲「大小」、「半滿」、「偏圓」、「漸頓」、「權實」等幾種。

第六方便，是擇取「大」、「滿」、「圓」、「頓」、「權」爲進入正觀的途徑，但在實踐門中，首先必具的條件是二十五方便法的重述。

第七正修，是前所述的種種方便，然後才能證入正修的圓觀，故《摩訶止觀》的真面目，也就盡攝於此。換句話說：前五章是以教相說明止觀，第六的方便，即以實踐觀法的方便爲前提，至第七正修章，正是智顗在天台華頂峯，作頭陀苦行的妙證，爲當時及未來的學習禪學者們，盡其心血所吐露的微妙法門，成爲空前絕後，故凡是研究禪學實踐門，則爲不得缺少的寶典。茲將其中最受重視的「四種三昧」、「十乘觀法」、「一念三千」，略述於次：

•四種三昧

所謂「四種三昧」，是常坐三昧、常行三昧、半行半坐三昧、非行非坐三昧。首先的是：

㈠常坐三昧：或云「一行三昧」是梵語Ekavūha-Samādhi的譯語，這是依據《文殊問般若經》等所立，以九十天爲一期限，而專意坐禪，口念一佛號，心意集中觀照諦審中道法界之理，克期了達迷悟不二，凡聖一如的境界，這是智顗以按期取證的方法，應實踐真如觀，對照自心，證三諦三觀妙境爲旨趣。

㈡常行三昧：或云「般舟三昧」，是梵語Pratyutpanna buddha-Sammukhāvasthia-Samādhi的略語，譯爲「佛立」，這是說：從佛的威力、正定力，以及行者本身功德力的感召，速於定中，能得諸佛降臨行者之前，爲之灌頂，消滅罪業。這是依《般舟三昧經》所立的。仍是以九十天爲期，精進旋繞行道，步步宣稱無量壽佛的名號，專意於佛陀的三十二相，以修空、假、中三觀爲旨趣。如果此三昧成就時，十方諸佛即現於空中，這與上段的常坐三昧法，是站在相反的立場，屬唯觀無量壽佛的佛陀之念佛觀。這種觀法，在印度也曾盛極一時，我國廬山慧遠（三三四—四一六年）大師，就是依此「般舟三昧法」而創立蓮社的。智顗爲不善常坐的行者們，必須依常行的實踐法，才能深入妙諦，故特爲之攝納於《摩訶止觀》之中。

㈢半行半坐三昧：分爲方等三昧、法華三昧兩種。

⑴方等三昧是以《大方等陀羅尼經》爲依據所立的修法，一期以七天爲限，期滿，還可以繼續七天爲一期連續不斷的修持。方法是：在修持的七天當中，必須食素，且每日洗浴三次，著淨潔衣，端坐如佛像的靜坐，宣稱：「大秘要遮惡持善真言」的專志持誦思惟，因秘要真言是中道正空理，故誦它念它，就能得到三寶的護持，便能速爲消滅魔障等。前段之「常行」，是以念佛爲對象，但「方等三昧」是以念咒爲旨要。

⑵法華三昧，是梵語Saddharma-Puṇḍarika-Samadhi的譯語，以三個七．二十一天爲

一期的嚴肅行道誦經，且心必諦觀中道實相行門。這「法華三昧」的名詞，乃出於《法華經》、《妙音菩薩品》與《妙莊嚴本事品》。修持法：是由南嶽慧思（五一五—五七七年）大師開始，其著《法華安樂行義》（《大正》四六—六九七C）說：「《法華經》者，大乘頓覺，無師自悟，疾成佛道，一切世間，難信法門。」所以智顗強調，凡是新學菩薩們，如欲速成佛道，即須以持戒、忍辱、精進修習禪定，專志學習法華三昧為經緯。

關於「法華三昧」修持法，雖智顗圓寂後的天台教團，也特別受到重視，故唐朝湛然（七一一—七八二年）大師，更作《法華三昧行事運想輔助儀》加以弘揚。降至趙宋時代，由於天台宗的復興，而「法華三昧」也跟著恢復起來，如四明知禮（九六〇—一〇二八年）大師，則一生中，以修持法華三昧為常課。更在《大藏經．史傳部》的記載裏；唐、宋、元、明、清的朝代中，專以「法華三昧」為畢生的修持者還不少！

㈣非行非坐三昧：是不分身儀的如何，更不必限定期限的長短，也不論行住坐臥的規定，即是以平常的生活行為就是三昧。這是以注重意識心思，無時無刻的互照心源，而能統攝一切法為旨趣。

綜上所述，四種三昧中，前三種，必具有嚴格規定的方法設施，唯後的「非行非坐」，即不必規定，專依仗自己的智慧力，觀察自心不墮於不軌而努力實踐為原則，這由表面看來，似乎比前三種容易修持，可是由於過分的方便，除非上根上智者，怕有偏邪墮落的危險，是以智顗才強調行者們，如無自信者，還是依前三種法修持，比較妥當，各自慎重！

又在實踐修習止觀坐禪，還必具五種（食、眠、身、息、心）輔助條件的調和，始能容易深入三昧定。人之身體雖是幻軀，但必須依之修行，方能證道，解脫生死，放在靜坐之前，不能食得過飽，如貪食過飽，則氣上升，百脈因之不能暢通，且容易被睡魔乘機擾攪，更會成爲懈怠而廢棄精進。但也不能過於減食飢餓，即身軀會瘦弱，致使意志不能集中，則無法有心去修習止觀。因此，過飽、減食，都是障礙修道的。

其次是，睡眠也要調節好，否則精神迷惑，無法認清邪正，故調伏睡眠，也是不能放鬆的重要。

再次的是，實踐修習靜坐時，必須預先調適身體的所宜，然後才將左腳放置於右腳之上，復將右腳再盤於左腿之上，更把雙肩的力氣放下，以雙手重累相對，然後整然挺動其胸腹，開口吐出濁氣，閉口由鼻而納入清氣於丹田，不讓身體彎曲，必須挺直，不將頭低垂，或過於仰高，舌尖向上齶而閉眼三分，以防外色的干擾，且奠置身體如石柱，才不會致病，故智顗才強調凡欲修習實踐止觀者，祈勿忽略！

又靜坐時，還有很重要的是呼吸問題，呼吸必須綿綿的若存若亡，且資助精神安穩爲原則，心即專注於一境的不雜念，否則易傷心臟，故智顗指導行者們說（《大正》四六—四六六A）：「一者下著安心，二者寬放身體，三者想氣，偏毛孔出入，通同無障，若細其心，令息微微然，息調則眾患不生，其心易定。」

上述是智顗針對爲深入三昧，所導引的準備條件所說，但其實際，《摩訶止觀》的中心思想，還是以心爲對象的「十乘觀法」爲主體。

・十乘觀法

所謂十乘觀法，即觀不思議境、起慈悲心、巧安止觀、破法徧、識通塞、修道品、對治助開、知次位、能安忍、無法愛等。

㈠觀不思議境：因人們的一念思想當中，具三千諸法的超越思議分別，才稱爲不思議的。且其境所含的十種境界，即：陰界入境、煩惱境、病患境、業相境、魔事境、禪定境、諸見境、增上慢境、二乘境、菩薩境等。茲略述於次：

(1)陰界入境，陰是指色受想行識的五陰，界是十八界，入是十二入。但現在唯取五陰，更在五陰中，只取識陰，再於識陰中，獨採無記的第六意識爲所觀之境，智顗這種選擇是在根、塵、識的陰界入中，特選其中之捷徑爲對象。因爲凡夫的日常生活，處處都不離五陰的重擔，故將眼前所緣而生起的前五識（眼、耳、鼻、舌、身），當爲妥善的納入觀境的對象，即就能深入圓融無礙的觀智，尚且十境中的陰境，是凡夫的根本正報，其他的九種，是隨之所生起的餘報。

(2)煩惱境，是從久遠劫來所積聚的業惑，若靜坐時顯現，即必遂陰境而放棄，集中精神來諦觀中道，不讓煩惱境延續。

(3)病患境，是在實踐靜坐中，若生起病來，必須至速觀察病源而對治。

(4)業相境，是指行者們，雖無病患，但還留有過去世所積聚來的善惡業，如在靜坐中影現，即善不必喜，惡不須怖，專仗觀察力用而成就一心不亂，則業相自然消滅。

(5)魔事境，在實踐修持，未破惑業當中，容易惹惱天魔等的恐怖，且他們會集中力量來妨害行者的進道，放在實踐坐禪當中，必須具備降伏魔境。治魔之法有三，即①是善觀而呵棄；②是從頭至尾，善能諦觀身心共不可得，使魔無法侵入；③是雖用觀法，而魔仍不離去之際，必須強制抵抗，或以死為志而統一身心的精進。

一般所謂的天魔，是指欲界最高的他化自在天的魔王及其眷屬，但依現代的學說，絕不允許有魔王的存在！然所謂「魔」，即指在靜坐中，所影現的種種幻覺，異覺狀態等的不如意為魔（Māra），正譯為障礙（參照《望月佛教大辭典》(5)—四七二〇A—C）。

(6)禪定境，在禪定中，雖無魔事，但未達到真觀，是因過去的薰習，而依現行的行持力所為，喜好耽著於禪味定縛所致，欲其迅速脫離，即必須依禪定境以為旨趣。

(7)諸見境，種種的邪見，很容易由禪定，或依聽聞而發生，因心靜即觀明朗，易於通達妙悟；或聽聞諸法就能曉悟。但另一方面，過於聰辯，還更容易落邪見，故必須以觀行而斷障，俾速趨入正道為目的。

(8)增上慢境，或云：慢境、增慢境。如能降伏諸見，就能即時息止妄執，但未獲證真道之者，認為降伏諸見，就是已證涅槃，即易生起憍慢，而遂廢棄精進，因而退道，故行者們，對於慢境，必須特別注意！因歷代的修習禪定者，無法破除「增上慢」而墮落者為數不少！

(9)二乘境，能棄除慢心，即過去世所習的一切，由靜心中而能顯現，但容易耽溺於空寂，而失去進趨大乘寶所的機會！故智顗才強調不墮於二乘，以必須努力向上為旨趣。

⑽菩薩境，雖因根機而能息止見慢，且得呈現藏教等菩薩界的心境，但彼等都非寶所的大器，必須修持圓頓觀，才能到達寶所（無餘涅槃），故雖是菩薩（權教菩薩），還是需要善能觀察心境，才不會墮滯於障礙的境界。

上述十境，一一皆是十乘觀法中的境界，因觀一陰境，即能呈現其他的九境。換言之，一念是能所相輔相成的生起，聚成為十境，但九境卻是互發不定，如若生起，乃以十乘觀法而修持，使其不生，如獲不生起時，就可息止而免除觀行。總之，陰境卻是時常不停的顯現，故行者們，不管生起、不生起的影現，都必須修持諦觀，令其純淨為上乘要訣。

再說，稱為不思議，即指「妙境」和「妙智」的相望，觀是針對能觀的妙智。所謂陰境與妙境，絕非別體，由迷情所見，即屬陰境，如能以觀智所照，即成妙境。且同一物，有時是陰境，或由妙境而演變，但這卻是由後來的觀察才能知道，這不過是方便的判斷而已。不思議的含義，具有「性德」、「修德」、「化他」等的三義：

①性德不思議境，是指修觀的行者們，能觀照本具的諦理，認明一念心的當體，本具三千法，則一念即三千，三千即一念的理性本具的觀法，謂性德境。

②修德不思議境，行者們，在觀察性德境時，如生起四性之計，必須迅速觀照，脫離四計，而恢復本具的三千。四計是：自生計、他生計、共生計、離生計。

A自生計：是指自然生起法性理體的三千法。

B他生計：是認為三千法，由無明所生。

C共生計：是認為三千法，是法性與無明的自他共生。

D離生計：是認爲三千法，即離法性與無明所生的想法。故在四計中，如生起一計，即是障礙三千實相的妙境，是以行者們，必須脫棄四計（自、他、共、離），始能契合著不思議境，謂修德境。

③化他不思議境，觀行者們，自己在實踐行持中，脫離四性計，且能及於化他，仍不忘推檢三千諸法，令其不偏，俾能順應眾生的根機，謂化他不思議境。

㈡起慈悲心：起慈悲心，或云真正發菩提心。如果是諦觀不思議境，而未得到證悟的行者們，卻容易起懈怠心，故必自悲愍觀察：「心佛眾生，無差別體」，因迷才會受種種苦，是以須發心精進，上求下化，是真的發菩提心。這是依據：法體是任運相資的同體性，不離三千的妙境，且能離修成念，而生起「無作四弘誓願」悲愍自己的無始劫來之迷，更能悲憐他人的現昧，這種慈悲觀念，是依修觀而達成的，由發心而至於妙境。

㈢巧安止觀：巧安止觀，或云善巧安心，是指向能以法性自安其心，就能將心安住於法性之理而修止觀，且以巧妙的方便法，將被無明所迷的心，依寂照德用而安住於法性的殊勝法。換言之，依據前述三千妙理爲體，而得常恆寂然爲定，更以寂而常照爲慧，那即定就是止，慧就是觀，則前者是離爭執而安住於德；後者是將心常照於理的妙觀。

再說，在法性中，因迷惑而起無明業，故必須對無明的不生起爲要徑，但是，要如何才能使無明的不生起？那就要依賴止觀明靜的實踐，始能安住真心於寂然，故稱爲善巧安心。

㈣破法徧：實踐止觀，方能獲安心，雖是定理，但觀行未成熟的行者們，即是尚未離執的緣故，是以必依融照一切的智慧，而隔別情執，遣盡一切妄執，是爲破法徧。換言之，即依一心三觀，而破三惑的情執，融照中道與空假二邊的一致，以迅速趨入於無生之理為旨趣。

㈤識通塞：識通塞，或云知得失。識是分別了知之謂，適合於理曰通，不適合於理謂塞。換言之，稱理至菩提涅槃謂通，墮落生死煩惱謂塞。如行者們，在破法偏中，仍未悟入無生之理，則必須檢討其得失，時時獲得護持真如心於六度正軌，以能契合實相觀智為目的。

㈥修道品：修道品，或云道品調適。即將三十七道品（四念處、四正勤、四如意、五根、五力、七菩提、八聖道）中，一一調適，如能契合於自己的實踐，那就應即採納，俾其速證道果。但雖是知道法門的通塞，如無法進道法的行者們，即是所修持的法門的不適合，故必須銓擇調停而俾道業的精進。

㈦對治助開：在實踐行持中，如生起障道，無法開啓圓理時，就必須借助道的事行而除去事惑，如以六度對治六蔽等，作為資糧而增加正觀的開顯而努力。

㈧知次位：修行者們，很容易患著「未得認為已得；未證認為已證」一種境上慢的通病，也因如是而失去功德，故悉知所證的位次，即是最重要的項目。

㈨能安忍：在實踐行持觀法時，必能漸漸成就「弟子五品位」，同時也就能顯彰其功德，故必受大眾的尊敬，但另一方面，也容易被受他人的嫉妒，故在順逆同時而來的環境中，必須安然不動，以期速由「弟子五品位」策進趨入「六根清淨位」為旨歸。

㈩無法愛：無法愛，或云離法愛，即菩薩執住於十信相似位為法愛。俾能離去住著，以進入「初位真實」為目的。如堅執於十信相似位——六根清淨位，雖能獲六根的互用，但過於愛執，即屬頂墮之險，故必須修持離愛而進入「十住分真即位」。如能破法愛，就能契入中道，得自然而然的流入「薩婆若（清淨）海」，妙證無生忍的安樂。換言之，如能修證到「初住」，即不待指導而自然能進修至無生忍的妙法。

上述十乘觀法中，前七項是正道的理觀，第八項以下是助道的事行。且其最重要的目標，還是以晉入「初住」的實踐觀行法爲旨歸，因能進入「初住」，然後，自然而然就能進至寶所。故可以說：十乘觀法的中心思想，乃是爲進修「初住」的實踐薰修的妙法。

總之，智顗的天台教學，被稱謂「教觀雙美」，也就是根據上述整然的教學組織，且秩序而不離實踐的「教」「觀」互照的特色。

本段參考書

《摩訶止觀》第五—七（《大正》四六—四九—一〇〇）

《天台教學史》一四二—一四七頁

・一念三千

智顗在《法華玄義》中，只說「百界千如」，然至講《摩訶止觀》時，就擴大其思想體系，顯現一念三千說的最高理論，即由我們日常生活的語言、動作、思想的一舉一動中，具足三千種的世間（即前述的百界千如，乘三世間，成爲三千世界），但這種論調，絕不是離現實的空想，乃針對人心的念念不斷的思惟，稱爲諸法，這諸法的一一，仍俱一切法，即「心法」、「佛法」、「眾生法」的三法同格的互通，配合於三種世間而闡明三千實相爲原理。

所謂三種世間是五陰、眾生、住處。五陰是由人之宿業的所感，現以依正二報的五陰（色、受、想、行、識）爲元素；眾生世間乃由五陰所成，而受受的正報眾生，由業惑（業——直接、惑——間接），而引「生有」的延續，且由迷悟種種相的差別而顯明十界的相成；住處世間，或云器世間、國土世間，即指眾生所居住的大地，屬依報。

上述三種世間，智顗以特殊的見解，論述各具十如是，且對於實踐修道體驗，成立三千諸法，詮顯一念心的當體，一色一香無非中道，而思惟觀煉薰修，能成就「法身」、「般若」、「解脫」的三德秘藏。智顗更將三千的構造，分以「理具」、「事造」，但其實際卻是同一法，因爲俾容易了解的方便而假立名稱而已。如針對諸法本體，就成「理具」，若以隨緣現前的諸法看，即屬「事造」，其實，事即理，理即事，心物不二的「一如」現象爲特色。故一念三千即具空、假、中的三諦理，至爲能造、所造；互爲能具、所具，成爲首尾一貫的不可思議性具理論的極致。

由此可知，智顗是超越原來的思想，符合大乘菩薩的大悲、中道的實踐行，強調一念爲根據，展開一念具十法界的三千世間的妙法。換言之，謂由餓鬼至佛陀，其一念的所含，森羅萬象，皆具實相的本體，故智顗才以有形的「世間智」，導使趨入超越世間的「無分別智」——般若智爲現前境，而離「有執雜染境」，作爲淨化世間的目的。這可顯明的看出智顗大師的偉大以及其用心良苦的精神。

本節參考書

《摩訶止觀》（《大正藏》四六—五四）

五、智顗的著作考

智顗的著作，最近據日本學者的統計，現存本共有四十六部一百八十八卷，但依章安灌頂所著《天台智者大師別傳》（《大正》五〇—一九七B）說：「智者弘法三十餘年，未曾蓄章疏」，由此，智顗是極少親自執筆可知。是以關於智顗的著作研究，那就有了問題，究竟那一部是智顗親撰，那一部是門下弟子的筆錄？這在學術上的研究，凡是智顗親自執筆的撰著，當然是最具權威而有價值的。玆爲研究方便起見，分爲三類敘述於後：

第一是：智顗的親筆部分。

(1)前期時代：依據遵式大師著《天台教觀》說：《法華三昧懺儀》、《法界次第》、《方等懺儀》、《覺意三昧》等四部共九卷。

(2)後期時代：受隋晉王的依囑，所著《淨名玄義》及《維摩文疏》共三十四卷。

以上諸部，即經過許多現代的學者們考究的結果，認爲確是智顗親自執筆的名著。

第二是：門下弟子的筆錄部分。

(1)從智顗的口授，由其門下弟子們筆錄後，經智顗監修成册的部類，文責當歸智顗，這與親筆具有同等的價值，即有《次第禪門》（具云《釋禪波羅密次第法門》）十卷。

(2)同是智顗的口授，雖由門人筆錄，但未經精緻磨刮，致無法呈上與大師鑑定，至智顗寂後，始編訂成册，如三大部等，即是灌頂大師筆錄所成，此類述作，文責當歸於灌頂，不能與前節所述的價值等量齊觀。因爲在此類的著作中，混濫了不少灌頂的私見，所以較爲遜色。

第三是：後人的假託部分。

既是後人的著作，爲什麼還要假冒竊用智顗的名義而流傳？這考其用意，也許是想藉智顗的名望，以提高其價值爲目的！例如：關於淨土教學的《觀經疏》、《十疑論》等，都是此類的作品。

如上所述，有關智顗的著作，已概略的敍述。茲再將智顗圓寂後的第九年所編集的統計，有九部七十二卷，即：

《淨名經疏》　三十四卷
《覺意三昧》　一卷
《六妙門》　一卷
《法界次第章》　三卷
《小止觀》　二卷
《法華三昧法》　一卷
《次第禪門》　十卷．大莊嚴寺法慎私記
《法華玄義》　十卷．國清寺灌頂私記

《圓頓止觀》　十卷

以上目錄中，卻未將天台教學中，認爲最重要的《法華文句》和《摩訶止觀》列入，這也許是，至大業元年間，灌頂的精治本，尚未整理出來的緣故?

直至智顗圓寂五、六十年以後的《大唐内典錄》(《大正》五五—二八四A)才有如下的記載:

《摩訶止觀》　十卷·於荆州玉泉寺說·沙門灌頂記
《禪波羅密經》　十卷·於金陵瓦官寺說·沙門法慎記
《維摩經疏》　三十卷·隋帝請出，並前玄十卷後六卷
《法華玄義》　十卷·沙門灌頂筆記
《法華文句》　十卷·沙門灌頂筆記
《六妙門》　一卷
《覺意三昧》　一卷
《小止觀》　二卷
《法華三昧》　一卷
《觀心論》　一卷
《三觀義》　一卷
《四教義》　一卷
《四悉檀義》　一卷
《如來壽量義》　一卷

《法界次第章》　三卷
《大方等行法》　一卷
《般若證相行法》　一卷
《請觀音行法》　一卷
《南嶽思禪師傳》　一卷

以上，共計十九部八十七卷，較前已多出兩倍以上。

更至中唐（八〇四年，智顗寂後的二百零七年），曾被日僧——最澄（傳教），請去日本的有：

㈠法華部分
《妙法蓮華經玄義》　十卷
《妙法蓮華經文句》　十卷
《妙法蓮華經觀音品玄義》　二卷
《妙法蓮華經觀音品義疏》　二卷
《妙法蓮華經懺法》（「三昧行法」）一卷

㈡止觀部分
《摩訶止觀》　二十卷

㈢禪門部分
《禪門修證》　十卷

《禪門章》 十卷
《禪門要略》 一卷
《修禪六妙法門》 一卷
《禪法口訣》 一卷
《四念處》 四卷
《觀心論》 一卷
《小止觀》 一卷
《覺意三昧》 一卷
《雜觀行》 一卷
《觀誦經記》 一卷
《金光明懺法》 一卷

㈣維摩部分

《維摩經玄疏》 六卷
《維摩經文疏》 二十八卷
《四教義》 十二卷

㈤雜疏部分

《法界次第》 三卷
《金光明經玄義》 一卷

《金光明經文句》　六卷

《菩薩戒經義記》　二卷

《觀音經疏》　一卷

《觀無量壽經疏》　一卷

《阿彌陀經疏》　一卷

《阿彌陀經抉十疑》　一卷

《方便義》　一卷

《圓教六即義》　一卷

上述一百四十二卷之外，更被日僧圓仁於西元八三八年至我國揚州，再請流入日本的有：

《智者大師修三昧常行法》

《五方便念佛門》

《觀心遊心口訣記》

《天台大師觀心誦經》

《三觀義》

《仁王般若經疏》

以上諸部，是被珍藏於日本京都的比叡山延曆寺。

然在宋代的文獻上，據《山家教典志》（《大正》四九—二五八ＢＣ）載：慈雲遵式禪師（九六四—一〇三二年)於北宋仁宗天聖二年(一〇二四年)奏請入藏的表上,舉列了智顗的著作,共有二十三部七十六卷。此外,尚未被入藏的另有六部三十三卷,闕本有十七部四十一卷,共計四十六部一百五十卷。較之初唐時代的結集,又多了兩倍以上。由此可知,後代的假託作品,確實摻入了不少!但是,不能因此而確定的評論,非智顗的親自著作,就會喪失其價值!然其最重要者,還是考其論述的內容,在教學上,有無價值,及其所說的內容與智顗的思想是否符合?更必須審察有無啓發後學的作用?應該由多方面來判斷,才是最適合的看法。所以著者認爲:凡是以智顗的名義而流傳的作品,都是我們必須研究的對象。

茲再將智顗的龐大巨著,被編入《大藏經》的現存本,舉出於次,即:

《妙法蓮華經玄義》 十卷(《大正》三三—六八一.隋開皇十三年.五九三說)

《妙法蓮華經文句》 十卷(《大正》三四—一.陳禎明元年.五八七說)

《摩訶止觀》 十卷(《大正》四六—一.隋開皇十四年.五九四說)

《禪波羅密次第法門》 十卷(《大正》四六—四七五.陳大建三年.五七一)

《禪門要略》 一卷(《卍續》精九九—三五)

《禪門章》 一卷(《卍續》精九九—一一),本書據近人研究,認爲是唐代僞作。

《禪法口訣》 一卷(《大正》四六—五八一)

《修禪六妙法門》 一卷(《大正》四六—五四九)

《小止觀》 一卷(《大正》五六—四六二)

《覺意三昧》 一卷(《大正》四六—六二一)

《觀心論》　一卷（《大正》四六—五八四）
《四念處》　四卷（《大正》四六—五五五），本書依《大唐內典錄》十（《大正》五五—三三二）
——認爲是章安的撰作
《維摩經玄疏》　六卷（《大正》三八—五一九）
《維摩經文疏》　二十八卷（《卍續》精二七—四二九）
《四教義》　十二卷（《大正》四六—七二一）
《金光明經玄義》　二卷（《大正》三九—一）
《金光明經文句》　六卷（《大正》三九—四六）
《觀音品玄義》　二卷（《大正》三四—八七七）
《觀音品義疏》　二卷（《大正》三四—九二一）
《觀無量壽經疏》　一卷（《大正》三七—一八六），本書據日人研究，認爲是後人僞作。
《阿彌陀經義記》　一卷（《大正》三七—三〇六），本書依孤山智圓大師的研究，評爲日人僞作，參照《大正》三七—三五二C。
《阿彌陀十疑論》　一卷（《大正》四七—七七），本書有人說是唐湛然大師所作。
《菩薩戒經義記》　二卷（《大正》四〇—五六三）
《法界次第》　六卷（《大正》四六—六六四）
《法華三昧懺儀》　一卷（《大正》四六—九四九）
《金剛般若疏》　一卷（《大正》一三三—七五），本書依近代學者研究，認爲僞作。

《仁王經疏》　五卷（《大正》三三—二五三）

《請觀音經疏》　一卷（《大正》三九—九六八）

《三觀義》　三卷（《卍續》精九九—一）

《五方便念佛門》　一卷（《大正》四七—八一），本書被認爲是八世紀以後的僞作。

《方等三行法》　一卷（《大正》四六—九四三）

《觀心食法》　一卷（《卍續》精九九—五五）

《觀心誦經法記》　一卷（《卍續》精九九—五六）

《天台大師發願文》　一卷（《卍續》精九九—五七）

《普賢菩薩發願文》　一卷（《卍續》精九九—五八），本書是否智顗之作，還是疑問。

綜上所述，智顗的著作，據《佛祖統紀》卷二五（《大正》四九—二五八C）有：一百四十卷（其中缺本，四十一卷），又《大唐內典錄》載（《大正》五五—三三二A）還有《如來壽量義》等若干卷，但筆者的身邊缺乏是項資料，能查得出的，唯有這三十五部一百三十六卷而已！

本段參考書

《天台教學史》七二—八九頁

六、智顗思想對於後代佛教的影響

智顗的晚年，雖著力於弘揚《法華經》、《維摩經》，但其一生，對於實踐止觀的修持也極重視，已如上述。因爲了達教理之後，必須要實踐止觀的坐禪才能證道。智顗這種教觀雙備的教學，後來，深深的影響到三論宗、華嚴宗、禪宗、淨土宗等，但現在限於篇幅，唯能略述於次：

1　智顗對於唐代佛教的影響

智顗的止觀法門，如四種三昧、十乘觀法，尤其是二十五方便，乃是學習坐禪不可缺的準備事項。再說，在實踐坐禪的進修過程上，四種三昧是行儀上最重要的條件，又對於心理內容，即依十乘觀法而可分析爲十境，更是修習禪定不可缺少的條件，否則容易墮落於盲目的暗證，或是走火入魔的危險！故凡是禪宗的初學者，必須先詳細研究有關二十五方便的《修習止觀坐禪法要》（《大正》四六—四六二）爲修習坐禪的樞要。

所謂《修習止觀坐禪法要》，略爲《天台小止觀》，其二十五方便的部分，已早在西元一八七〇年，英譯納入*Catena of Chinese Buddhist Scriptures*，更至一九五一年，《天台小止觀》的全卷，竟譯成法國文，標題*Dhyāna pour les débutants*（*Traité Sup la méditation*）《爲初心者的坐禪——止觀概論》的單行本，在巴黎出版，這已證明智顗的《天台小止觀》已被國際學習禪者們注意（參照日本《天台止觀之研究》九九頁，關口真大著，一九六九年岩波書店）。

智顗的《小止觀》，更在唐朝時代，已被道宣（五九六—六六七年）、韓國元曉（六一七年生）、賢首法藏（六四三—七一二年）、善導（六六二年寂）、法進（七〇九—七七八年）等大師所引用，尤其禪宗四代祖的道信（五八〇—六五一年）著《楞伽師資記》的坐禪法，及圭峯宗密（七八〇—八四一年）著《坐禪儀》等，都是承襲智顗《小止觀》爲基礎而增減的改編而已！

再說，由敦煌發現的《證心論》，依現代學者的研究，證明爲禪宗五祖弘忍禪師所著，但弘忍（六〇二—六七五年）是智顗（五三八—五九七年）圓寂後才出生的，是以其《證心論》的內容，和智顗的《觀心論》頗相近似的事實，這還可證明智顗的思想影響禪宗的深入了！

又禪宗的神秀（七〇六年寂）所著《觀心論》又名《達摩大師破相論》，其內容，竟整然是以智顗的「天台止觀」的諸法門之觀心法爲依據，這誠然是禪宗思想史上，值得注目的大事！

再說，永嘉玄覺（六六五—七一三年），雖是禪宗的名匠，但其所著《禪宗永嘉集》的內容，多是以天台學爲主體的學說（參照《天台止觀之研究》二三〇頁）。

又《宋高僧傳》第三（《大正》二〇—七二一C）飛錫禪師，即以天台法門的「一心三觀」爲弘揚修禪的基本依據。同書卷十四（《大正》五〇—七九六B）法慎禪師即強調：「天台止觀，包一切經義，……色空兩亡，定慧雙照，不可得而稱也！」

創立華嚴宗的法藏（六四三—七一二年）大師，對於經典的整理方法，也曾立五教之說，即一小乘教、二初教、三終教、四頓教、五圓教。這是秉承智顗的化法四教，加上「頓教」，而成爲五教而已！換言之，華嚴宗的小乘教，即是天台的藏教，第二的始教，包括「空始教」和「相始教」，「空始教」即相當於天台通教，「相始教」是行布歷別，乃屬天台的別教，「終教」是依「如來藏性」生諸法，這和天台別教的「依一法，顯戒定慧之三學」相似，「頓教」是顯真相而不融通相，所以相始教、終教、頓教，都屬天台的別教。是以歷代的華嚴學者們，都承認五教是受智顗四教的影響，確是事實（參照《華嚴教學之研究》二三八頁，坂木幸男博士著，釋慧嶽譯，中華佛教文獻編撰社）。

智顗的教觀雙美的教學思想，竟遠播及於日本，故在唐代的日本僧侶，如至我國參學，多是以學習天台教觀爲主體，其中最著名的是：傳教最澄（七六七—八二二年），曾於唐貞元二十一年（八〇八年），在天台宗第十代祖師道邃大師座下，學習天台教觀，並授大乘菩薩大戒，且學成歸國的同時，要求我國官方證明，故當時的台州刺史陸淳，承道邃之請，而予以印證云（《大正》四九—一九〇A）：

日僧最澄闍黎，身雖異域，性實同源，明敏之姿，道俗所敬，觀光於上國，復傳教於名賢，邃公法師，總萬法於一心，了殊塗於三觀，而最澄親承秘密，不外筌蹄，猶慮他方學者，未能信受其說，所請印記，安可不從。

最澄東歸後，遂於京都比叡山，創立日本天台宗大本山——延曆寺，敬尊智顗爲高祖，道邃爲開基祖師。

在唐代還有韓國法融、理應、純英等諸人，都是來我國學習天台教觀的。智顗的教觀雙美教學，在唐時代，已成爲凡是研究佛法者，必須先要學習天台理論的途徑，故律宗的南山、相部、東塔，尤其鑑真（六八七—七六三年，傳戒於日本的祖師）、嚴峻（七一一—七六九年）律師，或北宗禪的第七代祖師普寂（六五一—七三九年），及臨濟宗的高僧懷讓禪師，或密宗的一行（六八三—七二七年）阿闍黎，或淨土宗的承遠（七一二—八〇二年）、法照（—七六六—）、守直（六六八—七三八年）等上人，都是以天台教觀爲修持的基本（參照《天台教學史》二〇七頁）。

更有趣的是道教典籍——《道藏》六八九（《雲笈七籤》五九以下）所載：「王真人氣訣，幻真先生服內元氣訣法、神仙絕穀食氣法」等的呼吸調息法，都和智顗的《小止觀》「二十五方便」相似的地方很多。尤其道教修練中心的存三守一、觀身守一的修煉法，更是很明顯的受「天台止觀」的影響（參照《天台止觀之研究》一〇七頁）。

本段參考書

《天台教學史》二〇六—二一二六頁

2　智顗對於宋代佛教的影響

我國宋代的佛教，雖是禪宗最盛的時期，但智顗的天台教學，卻也未被當時的各宗學者們所擯棄，認爲研究佛教，天台學乃是非通達不可缺少的對象！尤其禪宗的名匠，永明延壽禪師著《萬善同歸》、《宗鏡錄》等，都曾強調「禪、淨法門」與「天台止觀」的思想一致。

在智顗思想中的實踐門，注重止觀的禪學之外，還有四種三昧，其中的「常行三昧法」，即修持稱念彌陀聖號，願從娑婆往生到極樂世界爲旨趣。所以，宋代的天台宗徒，多以觀行配置實踐念佛，誠是特色的禪淨雙修法門，如遵式（九六四—一〇三二年）大師，即教弘天台，志行在西方，且以將天台教觀，作爲修持淨土法門的樞要，所著《往生淨土決疑行願二門》（《大正》四七—一四四）：即以強調觀行爲主旨，而不談他佛，亦無一字說彌陀，主張：淨土之彌陀，則一歷耳根，便種大乘成佛的種子，這是以教觀實踐念佛，即圓教一佛乘，符合智顗思想的一念具三千的圓成妙法。

又元照（一〇四八—一一一六年）律師，也依天台教觀而提倡唯心淨土，主張娑婆入道以觀心爲主，淨土往生以觀佛爲要，故念彌陀非念心外之他佛，強調頓乃心性之說，雖云十萬億里外之極樂國，實際乃是不離自己心中，這是承遵式之說，而發揮智顗《摩訶止觀》一念三千論的影響而來的。

上舉是屬智顗思想對他宗派的影響，但對於自己的宗徒們，在宋代也大受影響，最初是對智顗著《金光明經玄義》的觀心文，晤恩（九一二—九八六年）發生疑問起，曾經前後對抗了四十餘年的同門異流論諍！

第一：因爲智顗著《金光明玄義》，流傳至宋代時，竟變成爲廣略兩本，晤恩著《金光明玄義發揮記》，堅持主張略本才是智顗的真思想，但，義通（九二七—九八八年）卻主張廣本才是智顗的真思想，因而著《金光明玄義贊釋》、《金光明文句備急鈔》，爲之抗辯，知禮（九六〇—一〇二八年）也著《釋難扶宗記》強調廣本真撰說的主張，以輔助義通之說，來相對抗。慶昭（九六三—一〇一七年）、智圓（九七六—一〇二二年）也合著《辯訛》予以反擊等，形成以智顗思想爲研究中心的趨勢。

第二：源清（—九九七年）著《十不二門示珠指》，又曾強調：智顗是主張「真心觀」，但知禮所著《十不二門指要鈔》卻主張：「妄心觀，兩重能所，理具事造，別理隨緣」才是智顗的根本思想。

第三：孤山智圓（九七六—一〇二二年）所著的《闡義鈔》，論述「理毒性惡之說」，曾引智顗的《請觀音疏》（《大正》三九—九六八A）爲證，但是，知禮卻又批評智圓的所說，尚未達到智顗思想的境界！

第四：知禮著《觀經疏妙宗鈔》，主張「色心雙具」說，即「心法，色法」，都具有智顗所謂的「一念三千」的旨趣，但在咸潤（生寂？）卻反對「色法不具三千，唯心法中的色法才具三千，而單獨的色法，絕不具有三千」。

本段參考書

《天台教學史》二五三—二五六頁

3　智顗對於元、明、清、民國佛教的影響

我國自南宋以降，因受世相不安的狀態下，佛教的各宗也就大受影響，佛教徒都無心於精微的教義研究，唯傾向於不立文字的禪宗，或一句彌陀的淨土宗，故智顗創立的天台宗也隨世態而衰微，是以自南宋至清末六百年間的天台教徒們，唯能保持寺院而維持智顗思想之不墜的註解學而已，迄未有新的發揮。

只有元朝的懷則（生寂？）卻忠心耿耿的承智顗的思想，而著《天台傳佛心印記》（《大正》四六—九三四），以天台教學而解釋淨土思想。尤其和懷則同門的性澄（一二六五—一三四二年），更以西藏的密教，配置於天台學的體系中，展開中國台密的新趨勢，這在天台教學史上，乃是別樹一幟的新作風。

至明朝的傳燈（一五五四—一六二七年）大師，卻又強調天台教學，乃是佛教哲學中，最具組織而整然的根本論理，且將其他各宗的教義，都攝入於天台宗之中，實在是值得欽佩的！

又清初的智旭（一五五九—一六五五年）大師，雖然不是天台宗的教徒，但他卻是極力弘揚天台教學的名匠。他強調唯識學與天台學，只是性與相的論法不同，猶如波與水，乃事與理的相對說而已！

自從智旭圓寂後的二百五十年間（一六六〇—一八九〇年），卻被蒙古傳來的紅衣喇

嘛，佔了整個的中國佛教勢力，故原來的佛教寺院，只能維持命脈於不斷而已！尤其是民國前的道光十三年（一八三三年），洪秀全打著耶教的旗幟造反作亂，更將寺院破壞，僧侶殘殺，佛教經典及佛像被燒毀，佛教幾乎陷於被消滅的慘狀！

幸得楊仁山（一八三八—一九一一年）居士於民國前三十四年（一八七七年）出使英國時，會晤日僧南條文雄，得他的協助，由日本請回佛典二千餘卷，且於民國前二十一年（一八九〇年），在南京設立「金陵刻經處」，又於民國前四年（一九〇八年），創立「祇洹精舍」培育僧才，爲充實佛教復興而努力！至民國，獲得 國父及蔣中正總統的護持，宗教自由，並太虛（一八八九—一九四七年）大師的派遣學僧到日本、錫蘭、西藏等地留學，故民國以來的佛教才恢復起來！

至於天台宗，是諦閑（一八五八—一九三二年）大師，於民國八年，創立「觀宗學社」，將智顗的思想傳承而顯揚，遂得將天台學的人才發掘出來，只說香港，共有三百餘處的寺院中，其大半即屬天台宗。臺灣於民國三十年，斌宗上人創立法源寺於新竹爲肇始，已有五、六個道場。至於美國等地，都有天台宗的道場，這是證明智顗思想，雖經一千四百多年的歷程而不衰歇的現象。

但傳至日本的智顗思想，自最澄（七六七—八二二年）創立比叡山延曆寺以來，將智顗的天台學發揮到了極致，擁有大學（大正大學、叡山短期大學），及止觀院數百之設立，人才輩出，分寺遍於日本全國，且自二十世紀以來，派遣傳教使於美國、歐洲等地，弘揚智顗的天台教學，期使歐美人士，能早日得到智顗之人生哲學的實踐受用，由文字般若，而深入止觀三昧，以達到安身立命的境界，則人類幸甚！

本段參考書

《天台教學史》二九三—三五九頁

參考書目

《妙法蓮華經》《大藏經》精第九卷，臺北，新文豐影印，民國六十三年。
《大品般若經》《大藏經》精第八卷，臺北，新文豐影印，民國六十三年。
《大般涅槃經》《大藏經》精第十二卷，臺北，新文豐影印，民國六十三年。
《菩薩本業瓔珞經》《大藏經》精第二十四卷，臺北，新文豐影印，民國六十三年。
《大智度論》《大藏經》精第二十五卷，臺北，新文豐影印，民國六十三年。
《法華玄義》《大藏經》精第三十三卷，臺北，新文豐影印，民國六十三年。
《法華文句》《大藏經》精第三十四卷，臺北，新文豐影印，民國六十三年。
《天台宗要論叢書》《大藏經》精第四十六卷全，臺北，新文豐影印，民國六十三年。
《維摩經玄疏》《卍續》精二十七、八卷，民國六十一年中國佛教會影印。
《諦閑大師遺集》臺北，佛教出版社影印，民國六十三年。
《寶靜大師全集》臺北，佛教出版社影印，民國六十四年。
《斌宗大師遺集》臺北，碧潭法濟寺印行，民國四十九年。
《教觀綱宗科釋》民國靜修著，民國六十年臺灣新營妙法寺佛經流通處印行。

《教觀詮要》　民國太虛著，中佛會影印，《太虛全集》第三十册一二七六五頁，民國六十一年。
《天台教學史》　慧嶽編著，中國佛教文獻編撰社，民國六十三年。

吉藏

李世傑 著

目次

吉藏

一、吉藏在中國佛教史上的地位

「空」的思想，是大乘佛教的基本原理，同時也是整個佛教的共同立場；佛教思想與外教思想最大的不同點之一，即是在空，因此，了解「空」，就能了解佛教的奧義所在。

在佛教裏對於空的解說，有種種不同的看法與表達的方式：原始佛教由「無我」而表示「空」的思想，部派佛教由「人無我」或「滅諦」（消滅了煩惱的境界）表達「空」的道理，龍樹（Nāgārjuna）以「無自性」（無實體）或「中道實相」說明空觀思想的內容，「無著」（Asaṅga）依「境識俱泯」（客觀世界與主觀的心識均空）顯示「空」的境界，這些，都是空的正統看法與解說（但除小乘「說一切有部」）。

佛教傳入了中國，在西晉及東晉初期，空觀思想因受了老莊思想的影響，而演變了所謂「格義的佛教」。格義佛教即是用老莊思想而來解釋佛教的思想（尤其是對空的解釋）。最初發覺格義佛教的不對，而主張佛教自覺運動（以佛教而解釋佛教）的人，是東晉的釋道安。後來，鳩摩羅什（Kumārajiva）東來，傳譯了三論（《中論》、《十二門論》、《百論》）

及《大品般若》等經論以後，印度的正統空觀才輸入了中國，而釋道安的正確看法也才被證明。羅什以後，僧肇等人的著作問世，更上一層地宣揚了空觀的深義，不過，這一時期所宣揚的三論空觀思想，仍有一些問題存在，例如：「二諦論」（二諦是眞諦與俗諦，眞諦是本體界的理體，俗諦是現象界的事象）及「中道論」等問題，似乎仍然都未能合乎龍樹的本意和佛教的根本意趣，所以鳩摩羅什到僧朗爲止的三論傳統，叫做古三論；而到了嘉祥吉藏大師闡明三論的奧義，大成了三論空宗而叫做新三論。吉藏在中國佛教思想史上的功績，就是奠定了中國空觀思想的基礎，他的著作《三論玄義》、《大乘玄論》、《二諦章》等，是千古不朽的三論宗寶典，同時也是中國佛教思想史上的名著。天台、華嚴、禪等純中國式的佛教宗派，其根本思想，都建立在空觀上。

由此可知，吉藏是從「空」的觀點，而建立了中國佛教思想基礎的高僧，他一方面糾正了兩晉南北朝時代佛教空觀的誤謬，另一面是奠定了一千年來的中國佛教的思想基礎，這是他在佛教史上的特點之一。

其次，再從吉藏的思想背景來說，吉藏綜合了兩晉南北朝時代的各系佛教思想（例如般若、法華、華嚴、勝鬘、維摩、涅槃、三論等），而以那些思想爲階段，發現了佛教一貫的妙理，寫下了他的五十種著作。在這些著作裏，敘述兩晉南北朝時代各系佛教思想的內容以及各種經論的玄要，所以要研究兩晉南北朝佛教的思想，吉藏的著作是具有豐富史料（學派史及思想史）的價值，研究中國佛教的人，非讀吉藏的著作不可的理由，即在此。兩晉南北朝時代，是中國佛教的吸收消化時期，而隋唐時代是中國佛教的開花結果時期，而在開花時期的先頭人物之一的便是吉藏。智者大師（智顗）與吉藏雖是前後同一時代的人，但在思想史上（教義上），應該以吉藏的空觀思想爲先，爾後才有天台三諦圓融思想的基礎（三諦是真俗二諦再加上中諦的，而三諦是相即一體，故云三諦圓融）。智顗以法華爲中心，統一了兩晉南北朝的佛教思想；而吉藏卻以三論（空）爲中心，統一了兩晉南北朝時代的佛教思想。智顗以五時八教判釋佛陀的一代時教；但吉藏並不重視教相形式，所以他以「無判」爲判，不過他也不反對判教（判教是佛陀一代時教的分類的意思）。三論宗雖是由吉藏而大成的空宗，但其宗旨，可爲各宗派思想的基礎，因此從思想史上來說，即使三論宗的傳承中斷，而三論的思想是永遠存在的。建立這一思想出現在中國佛教開花時期的先頭人物是吉藏，這是吉藏在中國佛教史上的特點之二。

第三，吉藏是兩晉南北朝佛教各系思想的大批評家。他破斥印度外道，批評格義佛教系統的三無義及三宗義，破毘曇（小乘說一切有部派）的執有，又破成實宗的執無，把梁代極其興盛而被認爲是大乘的成實論降級爲小乘論，又破成實家及當時大乘師二諦論的各種異說，並且也破當時攝論、涅槃等大乘師的有所得之說，徹底的把當時（南北朝）佛學家的實體觀念破除，提醒佛學界的反省，把無限深刻的空觀思想奧義吹進了當時的教界，顯示佛教的中心思想，因爲他是一位博學而偉大的思想家，所以才能如此廣泛的批評南北朝時代的佛教思想潮流。他成長在南北朝晚期，受了各派佛教義理的薰陶之後，終於能夠把當時的思想，一一加以批評，革新教界，大成三論空宗，所以他是一位大思想家大批評家。關於他破斥各派思想的內容，下文再作分段敘述。

二、吉藏的傳記

研究吉藏的傳記，最可靠而原始資料，是唐代道宣寫的《續高僧傳》。道宣的前半生正好與吉藏的後半生同時，時代非常接近，所以道宣對吉藏的記載，在大體上說，是相當可靠的。

據《續高僧傳》卷十一（《大正藏》第五十卷五一三頁以下）記述：吉藏俗姓安氏，他的祖先是安息國（波斯，即現在伊朗）人，所以吉藏應該是有著伊朗民族的血統，傳記說他：「貌像西梵，言寔東華」，因此他的容貌，似乎有西域人的樣子。吉藏的祖先，在安息國內，因躲避仇人而移居到南海，在交州、廣州一帶地區居住，後來輾轉才遷居到金陵。所以吉藏的祖先，是在幾代以前，由南方海路，移民到中國及安南邊境居住，而等遷居到南京以後，吉藏才出生。

要了解吉藏的幼年，先從他的命名因緣說起，這是梁元帝承聖元年的事（西元五五二年），印度高僧真諦三藏，早在幾年之前，就從廣州起程，想到當時的京師建業（南京）來，但因其時發生了侯景之亂，真諦便逗留在蘇、杭一帶地方。未幾侯景佔據京師迎接真諦到臺城住著，但是這一年的三月間，侯景失敗，倉皇逃去，建業漸漸安定下來，梁元帝便將真諦接到京內，安住在金陵的正觀寺裏。有一天，有一位姓安的居士帶來了一個四歲的小孩，求見真諦三藏，真諦接見安氏父子，並且問起小孩的名字，安居士說：「還沒有替他起名字，就請法師爲他命名吧。」真諦問小孩說：「你最喜歡什麼？」小孩答說：「我最喜歡到吉祥而安樂的地方藏起來。」真諦說：「好吧，我就替你起名叫『吉藏』吧！」從這一天起，那安家的小孩子，便叫做「吉藏」，他就是本文所敘述的主人翁。

吉藏的父親，自從與真諦會面之後，得到了開示，在梁元帝承聖二、三年（西元五五三—五五四年）間，在南京興皇寺出家，法號名「道諒」。當時興皇寺的教授和尚是「道朗」——即是法朗，因此，道朗與道諒可能是同輩師兄弟。道諒是篤行的僧人，而吉藏卻是一個好靜而聰明的孩子。所以到了七歲時，也就是梁敬帝泰始元年（五五九年），也在建業的興皇寺正式出家。

關於道朗之事蹟，據傳說他是玄始十年（四二一年）寫〈涅槃經序〉，又在永和五年（四三七年），浮陀跋摩翻譯《毘婆沙論》時，他是考正義文的人，世稱他爲河西道朗，所以他與興皇寺應該無關，年代也不一致。後來的資料，多單稱爲「朗法師」，而佛教史上道朗、僧朗、法朗常被混同，各種僧傳的記載，常犯這種錯誤。據《續高僧傳》卷七看，住在興皇寺的高僧（三論高僧）法朗，其年代是西元五〇七到五八一年間（《大正藏》五〇—四七七），所以如果依據史學者的考證，這個時候的道朗應該是法朗的誤寫。吉藏如果是七歲時投入其門下，那麼當時法朗應該是四十九歲。僧傳記載法朗在永定二年（五五八年）奉敕住興皇寺，那麼吉藏投入他的門下應該是更以後的事，所以吉藏的七歲入門之說很難成立，或者七是十一的誤寫也說不定，這是《續高僧傳》本身所表示的矛盾。

吉藏七歲住入興皇寺，到陳宣帝太建十三年（五八一年），法朗入滅時爲止，整整是二十六年的時間。以他的聰明，再經過朗師多年的教授，專心致志於佛學，當然是大有成就的。他十幾歲的時候，就懂得三論的義理，他的〈百論疏〉中說：「余年十四翫之，登弱冠於寺覆述」。從這兩句話裏，可證明他少年時聰明之一斑（見《大正藏》四二卷二三二頁上）。他研究佛學的進度很快，到了十九歲，就能處眾覆述各種經論的義理，秀才之名很高。

陳代臨海王光大二年（五六八年），吉藏二十歲，按照佛門的儀規，二十歲便須受具足大戒，於是，吉藏在這一年受了具足戒。從此以後，吉藏的聲譽一天一天的增高，傾慕他的人士也一天一天的多。有一天，陳朝的桂陽王，到興皇寺來拜訪吉藏，並且請教三論的義旨。吉藏以莊嚴的儀態，爲王講述破邪顯正、真俗二諦、八不中道等三論的奧義，王聽了非常佩服，結果使王信奉佛法，而且奉獻了很多禮物供養吉藏。

吉藏的學業，不斷地與日俱增，在不知不覺中，他在興皇寺已住了二十多年。到隋文帝開皇十年，他才離寺他去。其時法朗已經圓寂，法朗是圓寂在陳宣帝大建十三年（五八一年），吉藏承受了法朗的衣鉢，成爲三論宗法統的繼承人，而爲一代宗師。

法朗圓寂的當年，吉藏尚不過三十三、四歲，過了幾年，大約是吉藏四十一歲的時候，陳朝亡了，隋文帝楊堅統一了全國。隋文帝開皇十年（五九〇年），也即是吉藏四十一歲的時候，離開興皇寺。首先東遊秦望（即秦郵，現在的江蘇省），再到禹穴（會稽），到了禹穴時而住持了會稽山的嘉祥寺。吉藏住持嘉祥寺，大約有十年時間，他好像隨著隋朝統一全國的國運似的，他的聲譽也普及了全國。當時的人爲了尊敬他，都稱他爲「嘉祥」，嘉祥大師的稱呼，即由此而起。據道宣的《續高僧傳》說，吉藏抵達嘉祥寺之後，其時「禹穴成市，問道千餘」，真是所謂人傑而地靈。

吉藏住持嘉祥寺是四十一歲（五八九年），其後大約有十年之間（至五十二歲左右），他的學業完全成熟，他的著作大概就從這段時期開始的，這是他的黃金時期。

到了隋文帝開皇二十年（六〇〇年），楊廣（煬帝）晉封爲晉王，他在全國建築了四個大道場，來安置全國釋、老二教的徒眾，其中有一個慧日寺，是安置佛教徒的。有一天楊廣問他的僚屬說：「慧日寺的住持應該請誰來擔任？」他的僚屬乃推舉了會稽山嘉祥寺的吉藏法師，於是楊廣便禮請吉藏來住持慧日寺。吉藏爲了要把三論弘傳於江北，便接受了楊廣的邀請而住持慧日寺。楊廣很恭敬吉藏，因此慧日寺的一切開支，都由國家支付，同時，楊廣又在長安附近，再建一所大寺，叫做日嚴寺，也請吉藏住持。三論宗的宗典《三論玄義》，就是他住持慧日寺時撰寫的。

吉藏住持日嚴寺的時候，在京師中，有一個名叫曇獻的禪師，他因住持的寺宇太小，於是便想出一個辦法，邀請吉藏，到該寺講三論，而乘機募化建寺的經費。吉藏爲度眾生起見，就答應赴講，開講之後，聽眾一天一天的增加，數日之後，聽眾萬餘，而所施的財物，堆集得非常之多，但是吉藏私人並不取一錢一物，全部交給曇獻法師，以修建寺宇及濟貧之用。吉藏作如此的事情，不止一次，在隋文帝仁壽年間（六〇一—六〇四年），曲池地方，有人發心要建造一座大佛像，在計劃中，佛像高十餘丈，單是佛像下面的金剛寶座，就有一丈多高，可是那位發心建像的人，僅只將金剛座建好，就無能力再繼續進行工事了。吉藏知道了這件事，便親自到了曲池，而住進了那未完成的大佛像的金剛座下，他住了十多天，所有附近州邑的人，便帶了很多金錢來，奉獻給吉藏，吉藏用這些錢，將那座大佛像，依照計劃施工建造，不久就全部完成了。因此吉藏所做的事，是無所不成的，可見其號召力量之大。

吉藏的聲名雖高，但是魔障也隨之而來，那即是有人說他「愛狎風流，不拘檢束」，齊王楊暕聽了這個消息，想要考驗考驗他，於是擇定了一日，邀集京師著名的文人學士六十餘人，開一個討論會，而指定吉藏為論主。辯論開始，經過了幾次激烈的論戰之後，六十多名文士漸漸呈現著披靡之形勢，而吉藏卻念著一篇非常流麗的駢體文章說：「以有怯之心，登無畏之座，用木訥之口，釋解頤之談……」，一連誦出了幾百句之多，見文章之美妙，信手拈來，不作思索，隨口而出。齊王終於佩服他的才智，讚嘆不已。可是辯論會正該結束時，又來了一個大論敵，就是很有名的「僧粲」，他自稱為三國論師（陳、北周、隋三個朝廷之論師），獨霸三國論壇。僧粲首先提出了一個相當困難的問題，但吉藏「對引風激，注贍滔然」，使得大家覺得奇怪，連僧粲本人也驚異不置。可是，僧粲並不放手，一連問到了四十多個問題，但卻沒有一問題能難得了吉藏，討論會結束，最後的勝利終歸於吉藏，齊王楊暕親自跪下，歸依三寶，禮請吉藏為師，並且將吉祥的拂塵及諸衣物，布施與吉藏。據〈僧粲傳〉看，這個討論會是在大業五年（六〇九年），也即是吉藏六十一歲的時候舉行的（《大正藏》五〇—五〇〇下）。

從隋煬帝大業元年（六〇五年）起，吉藏便開始抄寫《法華經》（約在吉藏五十六、七歲的時候），一直寫到大業十二年（六一六年），在這十二年之中，他竟寫成了兩千部《法華經》。後來，隋朝告終，到了唐高祖（李淵）武德元年（六一八年）間，吉藏每天的功課是著作和拜懺，他造二十五尊佛像，捨房安置，自處卑室，天天禮拜，另外又安置普賢菩薩像，對之坐禪，以觀實相之理（真理），同時又造了兩千尊大佛像，以備世人迎請供養。

到了唐高祖武德二、三年（六一九—六二〇年）之間，此時吉藏已有七十一、二歲了，唐高祖要召見天下的高僧大德，以諮詢佛教的義理，於是，京師內的大德高僧們，一致推舉吉藏去對答詔問。那是在長安的虔化門外，舉行一次謁見典禮，吉藏答對唐高祖的詔問，寫了一篇很好的奏對，其中有幾句是：「唯四民塗炭，乘時極溺，道俗慶賴，仰澤穹旻」。高祖看了吉藏的奏對，非常高興，立即召見他，對談很久，不知不覺，說到了傍晚時分，最後高祖賜賞他獎狀。

當時是紛亂的南北朝結束了不久的時候，全國地區難免有腐舊惡勢力存在，所以唐高祖在全國僧眾中，選擇了十位高僧大德，以統治僧人，吉藏便是其中的一位。

稍後，皇子元吉晉封爲齊王，他對於吉藏也是禮遇特隆，並且特別爲吉藏建造一所寺院，名爲延興寺，延請吉藏去住持。

從此以後，吉藏因其年歲老邁，體力逐漸衰弱，屢增疾苦，唐高祖時常派遣宮中御醫，來爲吉藏診治，仍然無效。疾病纏綿有三年之久，有一天，吉藏說：「今年的五月間，我便要入滅了」，弟子們聽了非常悲痛，吉藏說：「死有什麼好怕，只有生才是可怕，有生必有死，無生即無死……」，吉藏爲了弟子們解說著生死的道理。過了不久，吉藏口述，由弟子筆記，寫了一篇辭世的遺表六十個字，向皇帝告辭，其內容是：感謝唐高祖皇帝對於他的愛護，常常賜給他藥物，他自己對於國家和君主之關切，而不覺竟是悲戀之至，希望唐高祖皇帝能夠久住世間，以救蒼生，最後更希望太子及太子妃，要他們擔負弘揚佛法的責任。

唐高祖武德六年（六二三年），五月間的某一天，他清晨起來，叫弟子慧朗拿盆溫水，沐浴更衣，令侍者燒香，稱念佛號，及於齋時，寫了一短篇不應怖死論，擱筆奄然而化，春秋七十有五。

吉藏圓寂之後，因為早有遺命，他的遺體，不用棺槨裝殮，也不要入土埋葬，而是坐在那預備好的木製座龕內的。吉藏滅度後，唐高祖皇帝立即下詔優卹，並曾敕令於終南山鑿石安置，東宮以下諸王公等也都致書慰言，贈賜錢帛，太宗皇帝初為秦王時，也很崇禮吉藏，所以也親自寫一封弔唁，讚嘆吉藏之偉大人格及其德化。慧朗將他的遺體移至終南山玉相寺（依敕令而作），鑿石埋於北巖。

吉藏一生曾講三論一百多遍，講《法華經》三百多遍，講《大品般若經》、《大智度論》、《華嚴經》、《維摩經》各數十遍，同時，對於這些經論，都著有玄疏，盛行於世。他在命終時所製〈死不怖論〉的意思是這樣的：「略舉十門，以為自慰，夫含齒戴髮，莫不愛生而畏死，不體會之故也。夫『死』由『生』而來，宜畏於『生』，吾若不生，何由有死？見其初生，即知終死，宜應泣生，不應怖死」。這真是千古的真理。關於吉藏之著作，後文再作一節介紹。

以上所述，是根據道宣《續高僧傳》所記吉藏的傳記。不過關於其生滅年代，其他史料仍有不同之說，但是本文不涉及考證問題，只記述他的簡單事蹟如上。茲再列其簡單年表如下：

（西元）	（年齡）	（記　事）
五四九（梁太清三年）	一歲	生於金陵由真諦命名為吉藏
五五五（梁紹泰元年）	七歲	出家
五五七（陳永定元年）	九歲	（梁亡，陳興）
五六九（陳太建元年）	二十一歲	受具足戒
五八九（隋開皇九年）	四十一歲	（陳亡）
五九一（隋開皇十一年）	四十三歲	住嘉祥寺
		住慧日寺
五九七（隋開皇十七年）	四十九歲	奉疏於智者大師
五九八（隋開皇十八年）	五十歲	入長安日嚴寺（一說為翌年）
六〇一（隋仁壽元年）	五十三歲	
六〇五（隋大業元年）	五十七歲	
六〇九（隋大業五年）	六十一歲	與僧粲討論
六一八（唐武德元年）	七十歲	住實際寺
六一九（唐武德二年）	七十一歲	住會昌寺
六二〇（唐武德三年）	七十二歲	被選為十大德之一
六二三（唐武德六年）	七十五歲	於實際寺（延興寺？）入滅

上面的年表，是金倉圓照博士以《續高僧傳》爲基礎，並參考其他資料所寫成的（見其《三論玄義譯註》二〇一—二〇三頁，日本昭和十八年十一月，岩波書店出版），所以內容與本文所載年代稍有不同，現在只爲讀者的參考而附記加上，所以一切考證從略。

三、吉藏的佛教分類觀

站在佛教某一部經論的立場，將佛陀所說一代的教法，作一淺深的次第，來分類佛陀一代時教的教相，這叫做「判教」（判釋教相的意思）。有了判教之後，成立某一經或某一論爲最優越，來主張自宗的殊勝，建立一個教派的（包括其教義、實修及傳統），這叫做立宗，而判教是立宗的前提。

關於佛教的判教問題，在基本上，有兩種看法，一種是認爲不須有判教的設施，即不必分別諸經類別，不須建立教相淺深優劣，而把各種佛法，歸宿於同一至理即可，菩提流支（Bodhiruci）的一音教（佛陀一音並陳，備小乘及大乘）及三論宗的判教即屬於此類的看法。另一種是認爲需要將佛陀各種教法加以分類，並須建立淺深優劣之次第，以建立各自之宗旨爲一宗，例如法相宗的三時教，天台的五時八教判，華嚴的五教十宗判等，均屬於此類的看法。茲列表解如下：

- 判教
  - 不立判教
    - 一音教
      - 菩提流支＝一音中備大小乘
      - 鳩摩羅什＝佛為除眾病，唯說無所得一法
      - （出於清涼之華嚴玄論）
    - 三論教
  - 立判教
    - 法相宗＝三時教
    - 天台宗＝五時八教判
    - 華嚴宗＝五教十宗判
    - 其他＝化制二教判等

吉藏在他的《大乘玄論》第四卷裏說：「諸大乘經，都是爲要顯道而說的，『道』既無二，教有什麼不同呢？但是『入』有多門，所以有諸部的差別」。他又在《三論玄義》裏說：「大小乘經，同明一道，以『無得』正觀爲宗」。無所得是佛教諸宗的精要，並不是三論宗的專有，所以三論宗即使不存在，無所得的宗旨還是存在的，但是三論宗以無所得爲宗旨，所以佛教各宗，都有三論宗的一面，從這一點看，無論大小乘，都有三論宗的要素存在，這因爲破邪顯正是佛教各宗的共同點。由此可知，無所得是佛教的大根本，亦即是「無我」爲佛教的根本精神，佛教與外道之根本不同，也就在此——「無我」（無所得）。

如就法門體看，諸經同一，並無優劣可談，但在應病與藥方面看，即有諸經諸論各種的不同，這是度眾生的方法的不同，並不是「法」的本身有所高下的區別。因此而有各宗判教

的意義存在。於是三論宗（即吉藏）也建立了二藏三輪的判教，以爲方便。

在顯道方便上，可分「聲聞藏」及「菩薩藏」二藏。聲聞是自利的聖者，菩薩是判他的大人格。緣覺（知緣起法的獨悟者）及佛（自覺覺他圓滿大人格者）不稟教，所以唯由稟教之聲聞、菩薩而分二藏（二類之法）。聲聞藏是小乘藏，菩薩藏是大乘藏，前者是「半字」（小乘法義未圓滿，只是一半），後者是「滿字」（圓滿之法義）。聲聞、菩薩從人立名，大小乘從「法」立名，半、滿字從「義」立名（以上出於吉藏的《淨名玄論》第七）。茲再表解如下：

二藏
- 聲聞藏（人）——小乘（法）——半字（義）（不了義）
- 菩薩藏（人）——大乘（法）——滿字（義）（了義）

二藏的經證，是依《大品般若經》、《法華經》和《涅槃經》；論證是以《大智度論》、《地持論》和《正觀論》（《三論玄義》所說）爲依據。使用這經論二證的二藏判的人，是吉藏承自興皇的「僧詮」和攝嶺的「法朗」的，但最初使用這二藏及半、滿之判教的人，是「菩提流支」。

三輪是「三轉法輪」，即「根本法輪」（華嚴）、「枝末法輪」（阿含等經）和「攝末歸本法輪」（法華）（出自《法華遊意》）。初是一乘教（唯一佛乘之教），二是三乘教（聲聞、緣覺、菩薩），三是會三歸一（會三乘歸一乘），表解如下：

三輪
- 根本法輪——華嚴——一乘教
- 枝末法輪——阿含等——三乘教
- 攝末歸本法輪——法華——會三歸一教

《般若》、《淨名》諸經，也可説屬於枝末法輪（在迴入機看），但從直入機看，《般若》等經也有同根本法輪之義，而《涅槃經》是歸宗，即歸本教。

三論立宗，有「總」「別」二門，在總相門看：如來（佛陀）一代的説法，自從阿含至涅槃，唯説「畢竟空」之理而無餘道，這叫做「一道清淨」或「一相一味」，即如來一代聖教，所説皆是般若法。次從「別相門」看，一切教法，均依《法華》、《般若》二經，吉藏著《法華義疏》十二卷，以備爲判釋門，又著《法華玄論》十卷，以作判教門，並作《統略》六卷，以備爲「觀道門」，是其法華立宗。其次，吉藏在三論方面，著注疏三十一卷，以申「破」「顯」實相，是其般若立宗。《法華》、《般若》二經均説「實相空理」，所以其法體無別，但在「機」上，有「直往」（《般若》）及「迴入」（《法華》）二類，所以《般若》與《法華》二經有別，即《法華》是爲了迴入之機而再説著《般若》的，二藏三輪之判教，實由此般若立宗與法華立宗之差別而起，所以依《大品般若》而立二藏判教，依《法華經》而立三轉法輪的判教。上面所説，可表解如下：

總別二門
- 總相門——一相一味，大小無別
- 別相門
  - 般若立宗——直往之機——二藏判——橫
  - 法華立宗——迴入之機——三輪判——豎

四、吉藏的破邪顯正

破邪顯正，是吉藏教義的中心所在。佛教各宗，都要破「有所得」之「見」（成見或執見），但諸宗，在破邪之外，而另立「顯正」，例如：俱舍宗破「人法有我説」而立「人空法有説」；成實宗破「法體恒有説」而立「過去未來無體説」或「人法二空説」；法相宗破「外境實有説」而立「唯識無境説」；天台、華嚴破法相宗之「有爲緣起説」及「五性各別説」而立「無爲緣起説」及「一乘皆成佛説」等，都是如此。這樣的破邪，因爲能破者又另立一個自己的理論爲正説，而其「正説」又會變成被破的對象，無異授人以柄，這猶如以藥治病時，病雖因藥而癒，但是藥又發生了副作用的道理是一樣的。所以別宗的破邪，往往反成爲非真實的破邪，同時也成爲非真實的顯正，畢竟不過是一種戲論而已，這是三論宗的看法。

吉藏的破邪顯正，與其他諸宗不同，他認爲「破邪」即是「顯正」，不需另立一個「正」的東西，這是繼承印度龍樹否定的宗旨的。「邪」是指「有所得」之「見」，而達到無所得之境即是破邪，邪破了即是顯正，換句話説無所得即爲顯正。「正」是「正理」，即是諸法實相之理，諸法實相的正理是無所得的。

「正」有「體正」與「用正」二義，「體正」是實相之理體，所謂「理體」，理體應該是離諸情執、絕諸名字、言語道斷、心行處滅，這就是無所得，所以不再顯正。不過，為欲契合於「無所得」的理體起見，所以在無名相中，建立名相，而說「真俗二諦」，這是詮顯「無所得」之理的「言教」，這真俗二諦的言教，叫做「用正」。關於用正的真俗二諦的問題，後文再作解說。

吉藏所破的對象，有四種，一是破外教（批評外教），二是破「毘曇」（小乘「有部」）之「執有」，三是破「成實宗」的「偏空」，四是破大乘「有所得」之執。關於這四破的內容，後文再分節敘述。

吉藏破內外大小乘，毫無依據可執，因為，我們的心，如有內外之執，情有「大」「小」可寄，則墮在偏邪而失於正理，若能冥滅大小內外，戲論即滅，正觀則生，竟無輪迴之苦可受，這是三論乃至整個佛教的旨歸。不過，這裏有一個問題，即是如果「是」「非」「邪」「正」都滅，何以建立篇章稱為破邪顯正？《三論玄義》解答說：有「非」有「是」，此則為邪，無「是」無「非」，乃名為正，所以命篇辨破邪顯正。可是，既有「邪」可破，有「正」可顯，豈不是心存取捨！何謂無依？答說：「為息於邪，強名為正，在邪既息，則正亦不留，故心無所著……」。如此說，豈不是墮落空見嗎？不，《中論》說：「大聖說空法，為離諸見故，若復見有空，諸佛所不化」，如水能滅火，今水還出火，用什麼能消滅它呢？斷見（斷滅，虛無之見）及常見（常住不變之我見）為火，空能滅之，假如再執著「空」即無藥可滅。執著「空病」，是不能服「有藥」的，因為服「有藥」，又會滯於

「有」。說「有」即「執有」，說「無」便「執無」，如此之流，無從教化，因其「心」有所「執」故。有「執」即不能解脫。

據《三論玄義》看，破顯有四門，如下：

第一句＝破不收＝單破＝所說之理，如違佛教，就單破而不採用它。

第二句＝收不破＝單收＝所說之教，如能爲入理之門者，皆收之而不捨。

第三句＝亦破亦收＝雙亦＝能迷之一切情執，皆拂之而不取，所迷之教，如不違理，一切皆取之而不捨。

第四句＝不破不收＝雙非＝本來真理是站在取捨之外的，所以是不破不收，站在不破不收之真理而破收，故其「破」是不破之破，其「收」亦爲不收之收。

以上四句是《三論玄義》的破收，如據《大乘玄論》看，要達到「破無所捨」，「收無所取」，不破不收，無捨無取，才能息滅諸「見」，所以三論的「破」是不破而破，釋論的「收」是不收而收。上述四句，雖分配於外道小乘（第一句），三論（第二句），有所得大乘（第三句）和真理（第四句）四種情形，但吉藏的意思，可說是總談破顯凡有四門的意思，並不局限於專屬的對配。總之，所謂單破、單收，只是方便上的一番方法，其究竟的意思，是在於：凡有情執者，不管是外道或佛說，皆所不取，而如能棄捨情執而能爲入理之門者，不管外道或佛說，皆取之而不捨，這叫做不破之破，不收之收。所以佛法是應該合乎真理，離於情執的。

次就「顯正」而言，「正」義雖多，略標二種，一明「人」方面的「正」（人正），二顯「法」方面的「正」（法正）。從「人正」而言，當時羣難競起，有人懷疑「龍樹」非是正師，但《楞伽經》說：「於我滅度後，南天大國（印度）中，有大心比丘，名龍樹菩薩，住初歡喜地（菩薩修行階段十地中之第一地），爲人說大乘佛法，能破『有』『無』見，往生安養國」。《摩訶摩耶經》裏也說到阿難答摩耶說：「佛滅度後七百年，有一比丘，名曰龍樹，善巧說法，燃正法炬，滅邪見幢」。由此可知，龍樹的事，是佛有預言的，而「法勝」（「說一切有部」的學者）及「訶梨跋摩」，無經所印，所以要知道，龍樹所說是正法，這叫做人正。

次就「法正」而言，《三論玄義》說：「我們的心，存有『內』『外』之差別，我們的情執，有『大』『小』可寄託，那是墮落於偏邪，失於正理的。既失正理，則正觀不生，若正觀不生，則『斷見』（執無）『常見』（執有）之心不滅，若斷常不滅，則恒輪迴受苦。以『內』『外』並冥，『大』『小』俱寂，始名正理。悟此正理，則發生正觀。正觀若生，則戲論消滅，戲論消滅，則不受輪迴之苦，三論大宗，其意如此」。該論（《三論玄義》）又云：「斷見與常見寂滅的話，即能離開『有』『無』二邊，並不是有『有』，有『無』，叫做『有』，而無『有』，無『無』叫做『無』，而是本對『有』病，所以說『無』，『有』的病若除，『空』藥亦廢，則知聖道，未曾『有』『無』。再說，並不是有『兩是』（是有，是無），也不是有『兩非』（非有、非無），而是本非『二是』，故有雙非，『二是』既忘，『雙非』亦息，故知非『是』，亦復非『非』……夫有『非』，有『是』，此則爲邪，無『是』無『非』，乃名爲『正』……爲息於邪，強名爲正」。由此可知本無可言的「正」的意思。

「正」有「體正」、「用正」二種，已如前述。非真非俗，諸法實相（萬有本來的真理），言忘慮絕，名之爲體：絕諸偏邪，名之爲正，故言體正。所言用者，體絕名言，物無由悟（物無可悟之由），雖非「有」「無」，強說「真」「俗」，故名爲「用」。此「真」之與「俗」，亦不偏邪，名之爲正，故名「用正」。

因緣假有，名之爲「俗」，但此假有，不是「定有」，不是「定無」，遠離二邊，故名爲「正」，「俗有」既然如此，「真無」亦復如是，「假無」非定有非定無，遠離二邊，故名爲正。

「正」有三種，如下：

正
- 對偏正＝對偏病，名之為正（對待於偏病之正）。
- 盡偏正＝盡淨於偏，名之為正。
- 絕待正＝偏病既去，正亦不留。但不知何以美之，強嘆為正。

五、吉藏批評外教

印度的外道（外教）有正統婆羅門教及反正統派的諸教，其類別繁多，但可總攝爲四種：一是邪因邪果，二是無因有果，三是有因無果，四是無因無果。第一邪因邪果，吉藏在其《中論疏》裏，舉有八種，但在其《三論玄義》裏，唯舉大自在天一種，其餘七種皆從省之。大自在天外道與梵天外道，猶似同一，猶似不同。自在天之思想，因時代的推移而有變換，最初是三目八臂，乘白馬，持拂子之人格神，此神能造萬物，萬物若滅，歸還本天（大自在天），此天若瞋，四生皆苦，此天若樂，六道咸樂。這個思想，後來變成吠檀多哲學。如據唯識論看，此天雖仍有人格之存在，但卻有「實體」、「常住」、「遍滿」、「能生諸法」四心，這是理體性的看法。但此自在天，亦有三身説，即：大自在天是「法身」（真理身），那羅延天是「報身」（圓滿果報之人格），住在「色究竟天」之「梵天」是「化身」（教化生物類之應化身）云。

吉藏破此自在天之説云：天非物因，物非天果，凡物皆由其各類而生，如：人由人生，竹由竹生，一個「天」能生萬物，有因果相違之失，故爲邪因邪果。

《中論》舉有八種邪因邪果，即是：第一是「和合生」，這是勝論派（Vaisesika）之見解，據勝論看，心物都是「實有」的，這「心」「物」與「我」和合時，即成個人的差別。第二是「由時生」，這是「時計外道」，即：春來萬物生，秋來萬物枯，萬物皆由「時」之法則所支配而生。第三是「世性生」，這是「數論外道」之說。數論立二十五諦，由於叫做「冥性」的自體（Prakrti）而含其餘二十三諦（萬有），即：「神我」（Purusa）被自性冥諦所瞞而發展爲二十三諦，吾人如能了悟此理，神我乃能脫離自性之瞞蒙而獨立，此即是涅槃。「神我」在佛教看來，是一種「實體」的「我」，而主張「無我」的佛教的根本思想，當然不容許這種「神我」的思想。第四種是「變動生」，云：宇宙有一種「變」之勢力，以使萬有發展爲差別性之存在。其他還有「自然生」（無因生）、「微塵生」、「方生」（四方生）和「空生」（由空生風，由風生火，由火生暖，由暖生水，由水生凍，由凍而成堅地，地生五穀，五穀生命，命終而歸虛空），這些，均是邪因邪果之說。

第二的無因有果，是一種法爾本然之差別說，可是，心物一切現象，有果必有其因，三世業感不能撥無。天然界乃至人事界之一切現象，均有其因，既其有果，何得無因，如其無因，何獨有果，所以無因有果是邪說。

第三的有因無果，是現在未來二世相望之邪說，而前面的無因有果是過去未來二世相望之邪說。吾人應承認「業力相續說」，業力既能相續，何得爲有因無果？有因無果是「斷見」之說，既有現在，何得無後世（未來），植物、動物不是均有未來之存在嗎？

第四的無因無果是否認一切因果存在之說，亦即是否認業報之說，印度古代六師外道中的「末伽梨瞿舍羅」（Makkhali gosāla）和「阿耆多翅舍欽婆利」（Ajita Kesakambali），乃是屬於無因無果之說的人。

上面所述四種邪說，都是不懂佛教「業」的道理而產生的偏見，如果知道佛教所述的「業」的種類、性質、力用、時效及共效，即無上面之四種偏見。

業的種類有「思業」（意業）及「思已業」（身語二業）二大類，思業是心內欲作某某事之思惟；思已業是思惟已決定而發生爲身體及語言上之行爲。身業及語業，均有「表業」及「無表業」兩種內容，表業是表示出來的行爲，無表業是沒有表示出來的內在的潛勢力。其次業的性質，可分善、惡、無記（非善非惡，不能記載爲善或惡之性質者）三種，身語意三業，均有此善惡無記三種性質。業的力用，可分「引業」、「滿業」兩種，引業是能引人類或畜類等總體果報之業（一業引一生），滿業是引吾人形態之大小美醜乃至心內智愚不肖等諸有差別果報之業。吾人表業雖滅，但「無表業」仍會相續，業體藉煩惱之緣而引起來世之五蘊，即：人死時，人的五蘊雖滅，但同時又能引起地獄等其他之五蘊，如此，人與地獄等五蘊之間，有不可分離之因果關係，而其關係，是不一不異的，猶如昨日之吾身體與今日之吾身體，有不一不異之關係，以使吾人感到昨日之行爲引起今日之燒痛。再從業的時間效用而言，業有順現業（現生造業，現世受果）、順生業（現生造業，次生受果）、順後業（現生造業，次後生受果）和順不定業（現生造業，果報時期不定）四種。如從業的空間效用看，業有「共業」、「不共業」二種，共業是人類共同的業報的世界（人類共同的業），不共業是每個人不同的身心的業報世界（各人不同的業）。世界是由於吾人各種共業、不共業及表業、無表業等業力所形成的。

但在於茲，有一個問題，即：精神的作用怎麼會引起物質的身體果報呢？據三論的宗旨看來，本來，宇宙是非物非心的，所以也能變爲心，也能變爲物，這個非心非物的理體，由「緣」而現象爲心或物，以心爲主時，即云唯心，以物爲主時，即云唯物，而心物本來同一性，心的當體即是物，物的當體即是心，所以物質發生精神，由精神引起物質，是很有可能的力用，何況由業力而引起種種精神作用及種種物體現象，是絕對有可能的道理，只是過去的業力被現在的身體所障礙而變爲潛在勢力，以待將來才發揮其力用。這個時候，使其勢力不變者，是爲煩惱，即：煩惱能蓄存業力，所以過去業報消盡時，同時又會現出其從來的勢力而引起他果。業力的相續，雖是一種假定，猶如自然科學的「能」的假定，但此假定對於現實世界的因果說明是有效果的。

由於上面所述「業」的道理，即可破斥邪因邪果等四種錯誤的見解。

六、吉藏破小乘「有部」之思想

吉藏斥小乘說一切有部，先述有部之宗義，然後破斥。小乘阿毘曇之部類雖然很多，舉其大者，則在於發現「有」，而以得道爲要。吉藏於其《三論玄義》裏，指毘曇宗（小乘有部）不對之點有十門：第一是乖「至道」，第二是扶「眾見」，第三是違「大教」，第四是守「小筌」，第五是迷「自宗」，第六是無「本信」，第七是有「偏執」，第八是非「學本」，第九是弊「真言」，第十是喪「圓旨」。今分述如下：

㈠究竟的境界（至道），其狀，體絕百非，理超四句，若欲由言說表達，即失其真相，如欲知道它，則反成愚，如以「至道」爲「有」，即乖其性，若以「至道」爲「無」，即傷其「體」，此境（至道）輟辯說之音，冥滅眼力之照，釋迦掩室，維摩居士杜口（默然不語），怎麼可以以「有」爲「道」呢？

㈡毘曇是「見有」而並不是「見道」，「見有」者，名爲有見，並不是見道。《法華經．方便品》說：「如入邪見稠林，若有若無等，依止此諸見，具足六十二種邪見」，《中論》第一〈觀六種品〉也說：「淺智見諸法，若有若無等，是則不能見，滅見安穩法」（意思是說：智識淺的人，見一切諸法，不是認爲「有」便是認爲「無」等，這種執有執無的人，是不能看到消滅了各種執見的絕對寂靜的涅槃——解脫——之法的）。如此，毘曇是錯了。

㈢《思益經》云：「於未來世，有惡比丘，說有相法，得成聖道」，所以有相法是邪說，違背大教，需要破它。

㈣毘曇之徒，固執小宗，不趣大道，守筌喪實，以「流」爲「源」，以「指」爲「月」，忘卻道源，所以要破它。

㈤諸聖弟子，有所述作，本爲通達經典，而《阿含》經文，有親說「無相」之處，所以「善吉」（須菩提）乃觀法空而悟道，舍利弗乃入空定而受佛之讚歎，今阿毘曇人，但明「見有」，可說是自迷本宗的。

㈥阿毘曇是十八部（印度部派佛教）內之薩婆多部（說一切有部），但「大」（大乘）爲「小」（小乘）之本，執小乘之流，聞大乘而不信，故應破之。「大」爲「小」本之事，見《文殊師利問經》下卷，讀下述一偈，即可知之：「十八（十八個部派）及本二（上座、大眾根本二部），皆從大乘出，無是亦無非，我說未來起」。

㈦《大集經》二十二云：「雖有五部，並不妨如來法界及大涅槃」。阿毘曇人，保執自宗，排斥他說，便違法界，拒大涅槃，是很不對的。

㈧欲知四緣的因果道理，應學毘曇，但學毘曇學久了會變成邪見。若言四緣生諸法，誰復生四緣，若四緣更從他生，則他復從他，如是無窮。若其四緣，自然而有，不從他生者，萬物亦應不由四緣，當墮無因，故從毘曇的見解看，則成無窮，「窮」即無因（窮之即無因），故無論由此二門的那一個看，他們（毘曇人）都是不信正當的因果的，故久學毘曇，會變成邪見。

㈨尋大小乘二經，皆明見「空」成聖，而阿毘曇謂，觀「有」得道，故隱覆真言。

㈩毘曇之流，雖知「俗有」，不悟「真空」，亦迷「俗有」，是故真俗二俱並喪（衷圓旨）。

七、吉藏評《成實論》爲小乘

印度「訶梨跋摩」（Harivarman）著的《成實論》（鳩摩羅什譯爲中文），究竟是屬於大乘的論書？抑是小乘之論？關於這個問題，學者之間，仍有論諍之餘地。近代的學者，還有人認爲《成實論》是大乘之論書，梁代以前的中國佛學家，大都以《成實論》爲大乘之論，因爲它所說的「空」是離「有」「無」二邊的中道，同時，最後連其「空心」亦要滅掉，故究竟境界的滅諦，是大乘的思想，只是《成實論》的論述體裁，還是承襲著印度部派佛教之形式的，可是，吉藏乃始終把《成實論》判爲是小乘之論。據《三論玄義》看，吉藏排斥《成實》，分「立義」與「破斥」，「立義」簡述《成實論》成立之由來及其宗旨，「破斥」則由十義來證實它，所謂十義如下：

第一是「舊序證」。鳩摩羅什譯成《成實論》之後，命僧叡講之。僧叡於什公寂後，錄什師之遺言，製論序，其序中云：「其論云：色香味觸是『實』，地水火風是『假』，精巧有餘，明實不足。究竟是小乘內的『實』而已。比於大乘，猶如螢耀之於龍燭，或有人言，此論闡明滅諦，與大乘同，但羅什嘆曰：『秦人之無深識，怎麼到了這個樣子呢？』」羅什既然以此論爲小乘，後學豈可辜負前匠。

咎。

第二是「依論徵」。《成實》歸敬偈句云：「諸比丘異論，種種佛皆聽（許），故我欲正論，三藏內實義」。三藏是小乘（指《阿含經》），這是《法華經》及《大智度論》所說的，所釋三藏實義的《成實論》，當然也是小乘，如以《成實》爲大乘，其過乃在於門人，非訶梨跋摩之咎。

第三是「無大文」。本來，作論皆引佛言，如龍樹釋大乘，還引大乘經，訶梨解小乘經，唯以小乘爲證。二百二品，並探四阿含，十六卷文，竟無方等（雜大乘），由此可知，《成實》是小乘。

第四是「有條例」。爲什麼「大乘」可兼「小乘」，而「小乘」不可兼「大乘」呢？答曰：義有條例，不應相濫。佛經有二，一者小乘，二者方等（大乘）。若明大乘，必兼辨小乘，若辨小乘，不兼明大乘，故大乘經初，有小乘象，小乘經首，無菩薩僧。云「大」能包「小」，「小」不含「大」，佛經既然如此，在「論」也是這樣。大乘之論，兼明小乘，小乘之論，不兼明大。若弟子之論（《成實》），探大釋小，如來之經（小乘經），義理也是這個樣子。則巨（大）細互兼，何名大小？

第五是「迷本宗」。問：《成實論》盛說「生」（眾生）「法」二空，這不是與《大品經》明四諦平等，義既無異？答：四阿含中亦有「二空」，這不能說是探大乘釋小乘。佛說的四《阿含》既是小乘，怎麼可以說「身子」（舍利弗）的毘曇是探大釋小呢？

第六是「分大小」。大小乘均辨二空，但二空不同，分略明四種不同如下：

(1)小乘是析法明空（分析上之空），而大乘是本性空寂之空。

⑵小乘但明三界（欲界、色界、無色界）內人法二空，故其空義短，但大乘明三界內外人法並空，故其空義即長。

⑶小乘但明於空，未說不空，而大乘乃明空亦辨不空，故《涅槃經》云：「空者一切生死，不空者謂大涅槃」。

⑷小乘名為但空，謂但住於空，菩薩名不可得空，空亦不可得也。故知：雖明二空，空義不同，故分大小乘。

第七是「格優降」。小乘之空為淺，大乘之空為深，《成實》所明，但是聲聞空，並不是大士（菩薩）所得的。

第八是「無『相即』」。聲聞證空，不能即空觀有，即有觀空，故無「相即」（相即是二而不二，不二而二的狀態）。《成實》所說，亦無相即，若明相即，應「空」「有」並觀。若空有並觀，與大乘何別？《智度論》云：「小乘內，不明生死即畢竟空，唯大乘乃說。」

第九是「傷『解行』」。從《涅槃經》看，小乘行人入於空觀，不見布施及施果報，故云破戒，破大乘解，故云邪見，而《成實論》乃明白地說：不見布施，是「實」法空，而且以此看法為宗極，如想做大乘行人，就不應該起此小心。

第十是「檢世人」。從「人」方面看，⑴訶梨跋摩的師資，即鳩摩羅陀及其弟子訶梨跋摩，均是小乘的學者。⑵齊文宣王雖每以大乘經論為履道之標誌，正法之樞鍵，但後輩人棄本崇末，故王乃請諸師抄此《成實論》，命「周顒」作一批判性序文，這為的是恐後輩人專弘小乘之論，廢棄大乘，所以出於此舉的。⑶後來，至於梁武帝時，乃盛弘大乘，排斥成實眾師。由此可知，《成實論》是小乘教。

以上所述十點，是吉藏判定《成實論》爲小乘論的理由。

八、吉藏破大乘有所得之見

吉藏又破「慧觀」五時之判教，並斥執大乘有所得之見。慧觀把佛陀一代教，分爲五時，即：初時頓教（華嚴）與後五時漸教及偏方不定教，可表解如下：

- 頓教——《華嚴經》
- 漸教
  - 初時教——有相教——小乘諸經——三乘別教
  - 二時教——無相教——《般若》等經——三乘通教
  - 三時教——抑揚教——《維摩》、《思益》等經——三乘通教
  - 四時教——同歸教——《法華經》
  - 五時教——常住教——《涅槃經》
- 偏方不定教——《金光明》、《勝鬘》等經

頓教是如來成道最初頓説之教法，漸教是經由一定之經論，漸次化育之教法，此中，有相教是三乘有相之教法，無相教是無相大乘之法門。爲聲聞人説四諦（苦集滅道），爲緣覺人説十二因緣（無明至老死），爲菩薩説六度（布施、持戒、忍辱、精進、禪定、智慧），

行因各別，得果不同，故云三乘別教。般若教通化三機，故云三乘通教。抑揚教是以大乘而彈斥褒貶小乘之教法，同歸教是深明大乘深義，三乘同歸一乘之教法，常住教是如來臨滅所説佛性常住、常樂我淨、一切皆成佛之教法，因之，《涅槃經》是漸教之至極，真實了義之妙典。不定教是偏方不定，不與一代化儀，唯趣一機一緣之教法。教雖五時，究竟不出二諦。

吉藏説：如依經論看，唯有二藏（聲聞、菩薩），而無五時。五時之教，非但無文，亦復害理，即：三乘同見四諦而得道（毘曇之看法），但會「一滅諦」，方乃成聖（《成實》之説），同契無生（不生不滅），然後隔凡（大乘宗之説），所以初教亦「通」，何以言「別」？又，般若不屬二乘，但屬菩薩，何以言般若是大乘通教？本來，般若有二種，一是摩訶般若（大品般若），這是菩薩所得，而不屬二乘，但如以實相之境爲般若，則三乘（聲聞、緣覺、菩薩）同觀，慧觀不辨別二種之説，便謂三乘通教。又，《大品般若》呵二乘爲癡狗，《維摩》貶聲聞爲敗根，挫小既齊，揚大不二（不異），何得以《大品》爲通教，《維摩》爲抑揚？又，世親（印度人，第四世紀人）釋《法華》初分，有七處佛性之文，解〈後壽量品〉，辨三身（法身、報身、應化身）之説，斯乃究竟無餘，不應謂爲不了之教（慧觀以《法華》爲不了義之教，未明常住故）。最後，涅槃的常住教，其「常」與「無常」，皆是對治用門，若論涅槃，其「體」絕百非，「理」超四句（一異、常無常、俱不俱、有非有），而舊宗的人（尤其是慧觀），但得「用門」，未識其「體」，故亦失旨。

次從破斥教理之執而言，《三論玄義》引《般若》、《涅槃》諸經云：「道理爲有大乘？爲無大乘？如其有大，則是『有見』，若言無大，何所立耶？又，若實有大乘者，名『有所得』，有所得者，爲魔眷屬，非佛弟子，大乘之宗，永斷生死，名爲『斷見』，涅槃是常，即是『常見』，乃爲『斷』『常』，何『大』之有？」這是破「有所得」之見。

次難二諦之各種異說，迷失二諦者，有三家：一是毘曇家，二是學大乘者，三是今世之說（指梁陳當時的各種二諦說）。毘曇執「定性之有」，迷於假有，故失世諦，又不知宛然假有是無所有，復失一真空。學大乘者，執「空」而不知「假有」，故失世諦，世諦既失，真諦亦失。

梁陳時代的大乘師，尤其是成實家，對於二諦的本質（本體）的問題，約有五種看法，可表解如下：

第一說＝以世諦為體 ｛世諦＝本—體／真諦＝末—用｝ 一切皆由世諦出發

第二說＝以真諦為體 ｛真諦＝本—體／世諦＝末—用｝ 一切由真諦出發

第三說＝真俗二諦互為體用＝一體兩用＝色心為一體兩面

第四說＝由無名無相的中道而建設二諦＝中道二諦本不二

第五說＝真俗二諦，其體不同 ｛假有＝世諦之體／假有之無相＝真諦之體｝

第一說至第四說，是「一體說」，第五說是「異體說」。諸此見解，皆由對於「色」

「空」關係的看法不同而來的學說。三論宗對此諸說批評說：第一說及第二說，其結果均失二諦之義（變成一諦），第三的互爲說，其義別之一體，它究竟是世諦抑是真諦？或另有一體，均不詳明。第四之中道說，其中道是在二諦中或在其外？而且所立之無名無相中道，不是倒會墮落於二諦之中嗎？第五的異體說，其二諦既然各有其體，則互相反，不是不能成立相即義嗎？

上舉五說之中，第一第二兩說，究竟不能成二諦義，而後三說之中，第一的互爲說，是莊嚴寺「僧旻」之說，其次的中道說是開善寺「智藏」之說，最後的異體說是龍光寺「僧綽」之說（僧綽是智藏的徒弟）。今，就此三說的「即」而言，僧旻的互爲說叫做「不異即」，智藏的中道說叫做「即是即」，而僧綽的異體說，叫做「不離即」，三即的意思如下：

不異即＝世諦（名相）與真諦（無名相）的「體」不異，唯是名義不同，故云不異即。

即是即＝將二諦統一於中道，而中道與二諦的關係，是二而不二，不二而二，故云即是即。

不離即＝二諦之體雖是不同，但在其間，卻有不離之關係，故云不離即。

右列三即之中，異體說（不離即）乃本來即違反相即義，結果，有議論價值者，唯有「互爲說」及「中道說」二說，但吉藏批評說：互爲說無中道觀，未達到究竟，而且其二諦之間雖有相即，但有「名相」與「無名相」之分別，是不可的。又，其「體一」「義異」，仍將名義置於真諦（法性）之外，故此說非理也。其次，吉藏對於成實家的中道說，亦設有

「豎」「橫」二難，以批評它，豎難是說：所謂「色」即是「空」，其「色」的發生是與「空」同時而起？或「色」前有「空」？若未起時已有「即色」之「空」，其「空」乃是本有、常住，而「色」是始生、無常，何有相即之理。橫難是說：「色」與「空」有否界限？若有界限即異體，無界限則一體，如果是異體乃無相即，一體乃無二諦，因之，二諦的關係，非「不異即」，非「即是即」，非「不離即」，而是非一非異，非四句所能論。

成實大乘師的二諦相即論，仍有取一捨一，二物相對的觀念存在，換言之，是對象性的實體論，故被吉藏所破，而以破邪爲顯正是三論宗的宗旨。

九、吉藏的二諦論

真俗二諦，是三論宗的中心教義所在。三論家的二諦說，是站在畢竟空的立場，建立「緣起」的二諦，以破成實家的「性實」（實體）、「境理」（對象性的認識）和「中假師」（執假名的人）的錯誤的。

畢竟空可分四門說明，第一，畢竟空爲「有」病而設，「有病」若息，空藥應除，非另有「空」之存在。第二，畢竟空是現象的第一義，而一般人滅世諦，是不得「空」之本義的。第三，「道」非空非不空，「空」「不空」均是假名，應超越「空」「不空」，始得中道，畢竟空亦爲中道之半面觀。第四，「因緣有」即是「畢竟空」，畢竟空即是因緣有，人聽因緣有即失畢竟空，一聞畢竟空即失因緣有，是不知空義也。

吉藏站在如此之空義，由因緣相待的方法，說明二諦無礙自在，由此，可以使人進入中道境界。成實家的「有」與「空」，皆墮落於「實體觀」，實體觀的二諦，叫做「境理」的二諦，而因緣相對的二諦（緣起的二諦），叫做「言教」的二諦。言教二諦的根據，在於龍樹的《中論》「三諦偈」，即：因緣所生法是世諦，我說即是空是真諦，亦名是假名是真俗二諦均爲方便假說的意思，亦是中道義是由方便說以顯中道義的意思。由此二諦觀，可脫離成實家實體觀的二諦，而在「解」「行」上，又能發揮無限的進展。吉藏始終由二諦以說明無自性（無實體）的因緣有，毫無所礙。這是一種「澈於空的現象絕對論」，而其方法乃始終由於否定（破）和「相待」（關係的存在）的態度，以顯無可言的中道實相，此爲其思想特質之一。

印度空觀系統立「真諦空，俗諦有」之思想，唯識系統立「真諦有，俗諦空」之思想，所謂「清辨」「護法」「空」「有」之諍，即在於玆。

如從「所約」而言，二諦有「約境」（理）之二諦與「約教」之二諦二種，而「教」與「理」，本來不離，即「理」是「教」之「所詮」，「教」是「理」之「能詮」，故在三論宗內，有「約理」而說二諦者，又有「約教」而說二諦者，例如「清辨」、「智光」、「羅什」等乃作「約理」之二諦說，但「僧詮」、「法朗」、「吉藏」等新三論的人，認爲「約理」之二諦說，容易墮落於「有所得」之「見」，故由「約教」二諦以破「有所得」之固執，如不破之，恐佛法正理難顯，但卻亦不能固執二諦爲教，因爲，正道未曾真俗，爲眾生故作「真」「俗」名說，「理見」「教見」兩俱不可，不過，如能得到真意的話，「境（理）」與「教」均無妨，以「真」「俗」通「理」，故名爲「教」，真俗生智，即名爲「境」。如來說二諦，故二諦爲「教」，如來照二諦，即二諦爲「境」，然二諦未曾「境」「教」，適時而用之。三論宗的二諦，並不必限於二諦，但約教二諦爲三論宗破有所得所常用之方法，故可謂「約教」二諦是三論宗二諦說之特色所在，同時也是吉藏二諦說之特質所在。

「約教」的二諦，更開爲四重，以破迷執，以顯究竟的境界，據吉藏的《大乘玄論》第一卷看，四重二諦的內容如下：

第一重
- 有——俗諦
- 空——真諦

這是破毘曇「實有」「實空」的二諦。但「有」依「空」故「有」，故非「實有」，「空」依「有」故「空」，故非「實空」。

第二重
- 「空」「有」——俗諦
- 非有非空——真諦

這是破成實師「假有」「假空」之二諦，即「假有」「假空」均是「俗」，有空不二，故「非有」「非空」是「真」。

第三重
- 二（空有）不二（非有非空）——俗諦
- 非二非不二——真諦

這是破中國大乘師依他分別為「俗」，依他無生分別無相不二為「真」之見解，即：「二」「不二」之分別均是「俗」，而「非二」「非不二」（二而不二，不二而二）才是「真」。

第四重｛前三重二諦——俗諦
非非不有，非非不空——真諦｝

這是破大乘師以三性（遍計所執性＝主觀上的錯見的東西，依他起性＝現象界的因緣法，圓成實性＝圓滿的理性即真如）為「俗」，以「三無性」（相無性＝一切法無實我無實法，生無性＝一切法無自然性即依他幻法故，勝義無性＝第一義的真如也並不是有一個實體的東西）為「真」之見解。即前三重均是言語上之戲論，而言語道斷，心行處滅之境界才是「真」。

總之，如能得到二諦的精神，唯有第一重之二諦觀即可，可是，大家對於「言教」會起「執著」，故立四重來破斥。

既然要用「約教」二諦爲佳，那末，爲什麼印度的「清辨」、「智光」會用「約理」而說二諦呢？這是因爲他們要對付當時「護法」、「戒賢」所立「約理」二諦所設施的，這是一種「對緣假說」，即：吾人所見現象世界，是「有」的，但此「有」是「因緣所成」法，並沒有其「自性」（實體），所以是「當體即空」（現象本身就是空，即是不壞現象事物之空），而「空亦復空」（連「空」的觀念也要空掉，即也沒有叫做「空」的東西存在），這是超越我們的思想分別的，所以「俗諦」雖是「有」，「真諦」只好說是「空」。

但據「護法」、「戒賢」看，三性雖是「有」，可是，偏計所執是「俗諦」，而「依他起性」與「圓成實性」是「真諦」，「俗」是「空」，「真」才是真正的「有」，這些，都是觀點的不同所引起的不同看法，即從「真諦」看，萬有是假的，是主觀上的情見的「有」，故在「真諦」上看，一切皆空，萬有的「假」（因緣無自性）即是表示真諦上之「空」，所以「俗」的「有」是「真」的「空」，這是「中觀派」（印度空觀系統的大乘學派的看法），但據「瑜伽派」（印度唯識哲學的大乘學派）看，「假」的「有」是本來沒有的，真正的「有」是超越了「假」的依他和圓成，「空」是空掉情見的「有」，並不是連「法」都要空掉，故不應墮落「惡取空」。

印度中觀派評瑜伽派之「有」是墮落於「自性執」的，但瑜伽派評中觀派的「空」是墮落於「惡取空」的，其實，龍樹並沒有墮落於惡取空，彌勒、無著、世親也沒有墮落於自性執，而中觀、瑜伽兩派，在學說上，均有其長短，而雙方都有「相破」「相成」之點，這是賢首大師之評言，由於「破」而能補充對方之缺點，同時，由於相破而能使對方之成立，這叫做相破相成。爲成「有」故破於「有」，爲成「空」故破於「空」，所以相破反是相成。同一佛法有種種說，是應病施藥而已，而同中有異，異中有同，才是佛法的妙味。「有」是「空」之「有」，故「有」非「有」，「空」是「有」的「空」，故「空」非「空」，「非有」故「即有」而談「空」，「非空」故「即空」而談「有」。諸佛說法，常依二諦，其意在茲（無礙正觀）。

如據吉藏的《二諦義》下卷看，「相即」有三種：一是「橫相即」，二是「竪相即」，三是「得與失相即」，內容如下：

「空」是「有」之「空」，「有」是「空」之「有」。
「空」是「有」之「空」，故指「有」為「空」。
「有」是「空」之「有」，故指「空」為「有」。
指「有」為「空」，是「空」即「有」。
指「空」為「有」，是「有」即「空」。
——橫相即

二是不二之二，不二是二之不二。二是不二之二，故指不二為二（二是指二諦）。
不二是二之不二，故指二為不二，指不二為二，二即不二。指二為不二，不二即二。
——豎相即

「得」是了悟，「失」是迷惑（煩惱）。「得」與「失」，其體無二，了悟時，「失」還成「得」，惑時，「得」還成「失」，故「得」是「失」之「得」，「失」是「得」之「失」。「得」是「失」之「得」，故指「失」為「得」。「失」是「得」之「失」，故指「得」為「失」。指「失」為「得」是「得」即「失」，指「得」為「失」是「失」即「得」。
——得失相即

吉藏由此三種「相即」而說明「空」「有」，二諦以及迷悟之關聯（相對性之原理）。吾人由此三種相即之吟味而可悟入「中道」之境界。中道之境界究竟如何？請閱下節，即可明瞭。

十、吉藏的中道論

吾人爲欲了解吉藏的中道論起見，首先要了解龍樹八不中道的意思，然後才容易了解吉藏的八不中道的說明，同時，也才能夠澈底了解吉藏的中道的意思，因之，先述龍樹八不中道的意思如下：

由否定的論理，以示究竟的真理境界，是龍樹的方法。龍樹由破「八」爲破一切，由破一切而顯第一義，是其八不中道的目的。八不是不生、不滅、不常、不斷、不一、不異、不來和不去。證此八不，即能明一切不，明一切不即能達到畢竟空，達畢竟空即能知道宛然有之中道。

論證中道，有「事」「理」二證。從現象事實看，《中論》乃舉出穀喻，以示八不中道的境界，即：本來，所謂「生」，是曾「無」而今「新生」的意思，可是，離前穀種，即無今「新生」之穀，故此穀種，從前已有，非今新生，是故不生。雖云不生，穀之存在，古往今來，永存不滅，是故不滅。又，以前的穀，並不是現在的穀，後後非前前，故曰不常。雖說不常，穀之相續，年年不斷，連綿相續，故云不斷。又，穀芽非穀花，穀花非穀芽，果實花芽，各不相同，故云不一。雖說不一，離開穀種，即無芽莖花實，其中應有不異的性質。

又，穀之芽莖花果，係由穀自己之變現，非從外而來，故云不來。如從穀中，欲覓出芽莖花果，終於不可得，不來不出即不去。以上是八不的事證。

更從「理證」方面看，《中論》說有四不生偈，即「諸法不自生，亦不從他生，不共不無因，是故知無生」，就是這個。萬法非「自生」，亦非「他生」。「自有」不得謂「生」，「生」者不得謂「自有」，光是單獨的東西自己，是不能夠生任何東西的。「自」不能「生」，「他」也不能生任何東西，因爲自他是相對待的，「自」的「生」不能成立，「他」的「生」也不能成立，萬法無自性故無自他之對立，無「自」「他」故無自生亦無他生，「自有」如不能成立，「他有」亦不成立，無自即無他故。既無自他之因素，怎能有「共生」，萬有雖是「不自生」「不他生」「不共生」，同時又非「無因生」，因爲「無因生」是不符合因果律的。由此四個不生的道理，即知萬法本來是「不生」，既然不生，何「滅」之有，不生不滅，故云「中」或云「空」，其他「常」「斷」「一」「異」「來」「去」六個，也是「不」的，即：世相流轉故不斷，諸行無常故不常，萬象是諸法，故非一，諸相不可得，故非異，三世不可得，前後不可得，所以說不來不去。《中論．觀業品》云：「諸業本不生，以無定性故，諸業本不滅，以其不生故」，《十二門論》云：「先有則不生，先無亦不生，有無亦不生，誰當有生者」，萬象的究極，終於覓不出生相及滅相，《中論．去來品》云：「已去無有去，未去亦無去，離已去未去，去時亦無去」，去來是動相，動相須以時間空間爲條件，但應有物質物體之變化，方有時間及空間，可是，如果沒有「物」，則時空變化亦無，《中論．觀時品》云：「因物故有時，離物何有時，物尚無所有，何況當有時」，物之本體不可得故空間即幻有，時間亦然。吾人如無一異倒見，即無物體空間之有。萬象無自性而不可得故空，畢竟空而宛然有的境界是中道，中道境界無法形容，故《論》云：「諸法實相（中）者，心行言語斷，無生亦無滅，寂滅如涅槃」，宇宙實相，正是這個境界，這叫做「中」。龍樹以否定的論理，用穀喻及四不生偈來證明此境。

吉藏站在上述龍樹的立場，更由他（吉藏）自己一套的看法，來說明八不中道的意思如下：

吉藏說：八不是正觀的旨歸，大乘經之心骨，定佛法之偏正，表示「得」「失」之根源，迷於茲，八萬法藏冥若夜遊，悟於茲，十二部經（整個佛經）如對白日。二慧（實慧與方便慧）由真俗二諦而發，二諦因八不而正。又以不悟八不，即不識二諦，不識二諦即二慧不生，這是《三論玄義》所說的。

八不是爲八種人所說的，即：爲闡提（無佛性之惡人）說不生不滅，而對撥無因果之邪見者，說不滅，以破其「滅無」之「見」，對於如嬰兒之見解者（認爲人雖死還會生爲人者），說不生，以破其「生」之執。又，爲聲聞說不斷不常，即：對於畏怖生死而急欲斷絕（欲死）者，說不斷，以破其「斷」之執，對於欲往無爲常住之涅槃者，說不常，以破其「常住」之執。其次，爲外道而說不一不異，即：對於執「我」與「五陰」爲一體者，說不一，以破其「一」之執，而對於執「我」與「五陰」爲別物者（例如數論派與勝論派），說不異，以破其執。最後，爲獨覺（緣覺）及初心菩薩，說不來不去，即：此二人我法之執仍未完全消盡，故認爲有「來」「出」之實法，而今，八不乃由不來不出，以破此執。

上面所述，可表解如下：

- 為聞提說
  - 不生——對治嬰兒
  - 不滅——對治邪見
- 為聲聞說
  - 不斷——對治怖畏生死而急欲斷絕者
  - 不常——對治欲往無為常住涅槃者
- 為外道說
  - 不一——對治計「我」「陰」為一者
  - 不異——對治計「我」「陰」為異者
- 為獨覺及初心菩薩——說不來不出——對治有來有去之執者（至果為來，從三界出為出）

八不是表示一切不，即：吾人迷執雖是無量無邊，但究其根源，不出此八事，所以生滅一異斷常去來是表示一切的迷見。對於一切法，加上「不」字，以作否定性的看法，而作破執之用。吾人之主觀，講有執有，說無執無，生滅乃至去來，都是執見。打破八執，即：否定了一切執著時，中道境界即顯，所以八不即是中道，不要認爲八不之外另有「中道」，中道也並不是另外一種什麼實體的東西，只是八不（一切不）即是中道，破邪即是顯正，因爲有「所立」之執，又會墮落偏見，只是把無可名的究竟境界，強名爲中道而已，這種「無所得」、「無所立」即是一切法的見解，乃是三論宗或吉藏思想的特質所在，同時，也是印度空觀哲學的究竟意趣。

關於中道的解釋，佛教各宗，均有其教義的說明，但各宗所說中道，概爲破執之外，另立有一個東西似的中道，故從吉藏看來，那些中道，可說是「有所得」之中道。據《三論玄義》看，有四種中道，即：外道所說之「中」，毘曇所說之「中」，《成實論》所說之「中」和大乘學者所說之「中」。

數論師以泥團非瓶非非瓶爲「中」，勝論師以聲不名大，不名小爲「中」，勒沙婆（尼乾，即耆那教古師）以光非闇非明爲「中」，此三師均以兩非爲「中」，而未知眞實所以爲中之理由。毘曇學者釋中，有「事中」、「理中」兩種，「事中」是：無漏大王（禪定的一種）不在邊地，即不在欲界與非想地（而是在於其中間）的意思，「理中」是苦諦、集諦之理、不斷不常的意思。成實學者以離「有」離「無」爲「聖中道」，而其論師云：中道有世諦中道、眞諦中道與非眞非俗中道三種。大乘學者（指攝大乘論師）以非安立諦，不著生死，不住涅槃爲「中」。

三論宗以「無住」爲「體中」（合門），而「體中」中開爲兩用（開門），即眞諦與俗諦。又，三論宗中的「中假師」乃以「非有」「非無」爲「中」，「而有」「而無」爲「假」，但這並不能說是正當的見解（仍有「執假」、「執中」之對立）。

上面所述，可表解如下：

外道之中道
- 數論師＝以泥團非瓶非非瓶為「中」
- 勝論師＝以聲不名大不名小為「中」
- 勒沙婆＝以光非闇非明為「中」

- 毘曇之中道
  - 事中＝無漏大王不在欲界及非想地為「中」
  - 理中＝苦集之理不斷不常為「中」
- 成實之中道（以離有離無為中）
  - 世諦中道
    - 「因成假」乃不一不異故中道
    - 「相續假」乃不常不斷故中道
    - 「相待假」乃不真不虛故中道
  - 真諦中道
    - 真諦雖無名相，但仍假立名字，無相真諦與名字真諦之間，有非有非無之關係，故云中道。
  - 非真非俗中道
    - 俗諦之有非「實有」
    - 真諦之無非「定無」，非有非無即中。

例如由五陰（色受想行識）而有人是因成假，前念滅後念起，兩念連接是相續假，一切事相的相對存在是相待假。一切事物由因緣，由前後相續，由相待而暫時存在，叫做「假」。

- 大乘之中道＝以非安立諦（不著生死，不住涅槃）為中
- 三論宗之中道
  - 義本者＝以無住為體中（合門）
    - 真諦
    - 俗諦
    - 開門
  - 中假師＝以非有非無為「中」，而有而無為「假」。

吉藏於其《中論疏》裏，由五句三中，以明一念不生之八不中道，如下：

五句		三中
實生實滅	單俗	
不生不滅	單真	
假生假滅	世諦中道	三中
假不生假不滅	真諦中道	三中
非生滅非不生滅	二諦合明中道	三中

第一句，認有「實」之生滅，所以是單俗的偏見。第二句執有「實」之不生不滅，所以是單真之偏見。第三句是相即於生滅之不生不滅，所以假生假滅，這是以世諦爲主所説的中道。第四句認爲：生滅既然是「假」，不生不滅亦是「假」，這是以真諦爲主所説的中道。第五句是合真俗所説之中道。宇宙的實相，非生滅，非不生滅，不容有生滅之念，亦不容有「不生滅」之念，畢竟離言説，絕念慮，言語道斷，心行處滅的境界，才是中道的境界。

上面五句，是就「生滅」而説的，其他的斷常、一異、去來，亦可作同樣之方法，以表示「中」的境界。五句之「中」，亦爲表示「中」的一種方式（形式），究竟亦不可執此形式。所以吉藏乃於其《中論疏》、《大乘玄論》及《三論玄義》裏，説著「三中」及「四中」，以示此境界，可表解對照如下：

《中論疏》	《大乘玄論》	《三論玄義》
對偏中	對偏中	對偏中
盡偏中	對邪中	盡偏中
絕對中	實義中	絕對中
		成假中
三中		四中

所謂「中道」，並不是有一個叫做「中道」的東西，只是把泯滅偏見的狀態，叫做「中道」而已，只是爲治偏見而說「中」的。吾人意識上的見解，概有一種偏見，爲治此偏病所治之藥，叫做「中道」，這叫做「對偏中」。偏見如滅，即是中道（偏見消盡即是中道），這叫做「盡偏中」或「對邪中」（對治了偏見之邪，即是中道）。藥是治病所用的，病若癒，藥亦無，病若止，即無中道之存在，如執於「中」，亦成爲「偏」，吾人之認識、思想，多有妄執，都是不完全的，而超越了吾人意識的絕對境界，叫做「絕對中」或「絕待中」，《大乘玄論》把這個意思叫做「實義中」，即：絕對中是實義的。偏病既除，「中」亦不立，非中非偏，強名爲「中」。然而，因爲對症而施與種種藥，叫做「成假中」，即：將此絕對中，設名真俗二諦，說：真諦是空，俗諦是有，這是於無名相中，假說名相，欲以對治執「有」及執「空」的，由真諦的「空」以破「有」，由俗諦的「有」以破「空」，這叫做「成假中」。成假中是利他性的假施設，這裏面，有「單」「復」「疎」「密」「橫」「竪」等義，所以《三論玄義》說：

「成假中」是「有」「無」為「假」，非有非無為「中」，由「非有」「非無」，故

說「有」「無」，如此之「中」，為成假，故云「成假中」。正道未曾「有」「無」，為化眾生，假說「有」「無」，故以非「有」「無」為「中」，「有」「無」為「假」。「成假中」有「單」「復」「疎」「密」「橫」「豎」等義，具如中假義說，如說「有」為「單假」，「非有」為「單中」，無義亦然。「有」「無」為「復假」，「非有」「非無」為「復中」，「有」「無」為「疎假」，「非有」「非無」為「疎中」，不有有為「密假」，有不有為「密中」，「疎」即是「橫」，「密」即是「豎」也。

據《三論玄義》看，吉藏說有下面四種「中」：

- 一中＝中道的實相，無二的清淨道
- 二中
  - 真諦中＝「無」亦非偏無之無
  - 俗諦中＝「有」亦非偏有之有
- 三中
  - 真諦中（如前）
  - 俗諦中（如前）
  - 非真非俗中（不偏真諦，不偏俗諦之中）
- 四中
  - 對偏中＝對偏病所說之「中」
  - 盡偏中＝偏見消盡時之「中」
  - 絕對中＝偏見已去，「中」亦無。
  - 成假中＝有無為假，非有非無為中，由非有非無而說有無，這是成於假之中，正道未曾有無，為化眾生，假說有無，故以非有非無為「中」，而以有無為「假」。

吉藏爲欲拂除吾人妄執而說「中道」，故其對一字一句之說明，亦有種種解釋，所謂四種釋義，就是這個。《二諦章》、《大乘玄論》及《三論玄義》所說之四種釋義的關係，可作如下之對照：

《三論玄義》	《二諦章》	《大乘玄論》
依名釋義 ——	依名釋義	橫論顯發
就理教釋義	因緣釋義	竪論表理
就互相釋義	顯道釋義	依名釋義
無方釋義 ——	無方釋義	

依名釋義是依字義而解釋之方法，例如以「實」爲「中」，以「正」爲「中」是也（見《三論玄義》）。就理教釋義是以言教爲顯真理之釋義（顯道釋義）。本來，「理」是無名相的，但爲欲使衆生知道此理，卻亦不得不立名相，但名相是不完全的，故由其反面以釋「中」，例如「中者不中也」是。由不中以釋中，不可凝滯於「中」，要泯亡「中」的觀念，才會表現出真正的「中」，故由「不中」以釋「中」。就互相釋義是從「橫」的立場，將「偏」與「中」並行而互相解釋的方法（橫論顯發），即：以「偏」爲「中」義，「偏」以「中」爲義，「偏」「中」互相顯發其理，故《二諦章》乃以此爲「因緣釋義」，前的理教釋義是在「豎」的立場而論顯其理，而此乃是橫論的顯發。無方釋義是無一定方式的釋法，即：「中」是宇宙的真相，任何一物一法，均可謂是「中」，心、物、身、日月星辰、山河

大地，一切事物，均是「中」的狀態。

吉藏爲使人不停滯於言教，爲令人無不契合於眞理起見，設立種種釋義，是他特有的方法。

十一、吉藏的心識觀及其佛身佛土觀

吉藏所立，是三論空觀哲學的宗派，故其宇宙觀及其人生觀，不偏於「心」，亦不偏於「物」，而是站在實相論的立場的。可是，龍樹雖是屬於實相論系統的人，但他也有業力論的緣起觀，並有「三界所有，皆心所作」（《智度論》）之思想，至於其「十八空論」，他（龍樹）也提倡有賴耶緣起及如來藏緣起之思想（他以賴耶緣起為方便，如藏緣起為真實），不過，龍樹的業力論及其心識觀，其根本原理，皆在於「空論」，這是龍樹與小乘及其他心識說所不同的地方。

至於中國，從羅什至道朗，只有由心感業之說，但自僧詮以下，即新三論時代，真如緣起的經論，多已翻譯，終於形成地論、攝論的新宗旨，佛教大勢，始趨於其如緣起說，因此，三論宗於其對外應付上，亦不得不採入緣起新說，所以吉藏乃於其《勝鬘寶窟》裏，說及真如緣起之思想。吉藏對於染淨緣起，作如下四句分別：

(1)約緣不約佛性。只由六七妄緣，不由如來藏（佛與眾生一如的藏實），而因果自招感有（非由藏實而有）（小乘之說）。

(2)約佛性不約緣。染淨之起，只由藏實，不言從緣而有（《楞伽經》之說）。

(3)亦約緣亦約佛性。佛性與心和合(不一不異)而緣起(《楞伽經》之說)。

(4)不約緣不約佛性。實相之外無緣,故無染淨可起,以無佛爲能度,無眾生爲所度(《金剛般若論》)。又,煩惱妄想中,無一法可滅,清淨法中,無一法可增,泯上三門歸乎一絕(佛地論之說)。

吉藏之緣起說,依前四句中之第三句而立,其說與起信論之說,大體相同,其第七識「末那識」譯爲「無解識」,第八阿梨耶識譯爲「藏識」(真妄和合識),但如將其「真」的部分抽出而立一識時,叫做「阿摩羅識」(無垢識=第九識),這是相當於《勝鬘經》的「自性清淨心」。

如來藏說是一種唯心說,這與「空」的實相論,有何關聯?唯心說會不會破壞「空宗」本來的宗旨?關於這個問題,可作一融會的看法,即:八識是我們所建立的看法,既然是建立,即是「對緣假說」,而在第一義諦(第一義悉壇)上,宇宙的本體,非心亦非物,實絕四句,超越百非,只是暫時對「緣」,將「法」取入於「心」一面,而叫做自性清淨心或阿梨耶識而已,畢竟,唯心說乃無過是「對治悉檀門」所說的法。心識境物,皆無自性,均無所得,這一點是共同的原理,故在實相論性的空觀說,加上緣起論性的「心識說」,也是無妨的,同時也不會影響空宗的原理,到底,「空」與「心」的究竟境界,是同一體的。

次就佛身而言,如來之體,本不可得,但據《大智度論》看,佛陀有二身,即真身與應身,真身是法性身,應身是父母所生身,前是本體身,後是人類身,可表列如下:

二身				
	真身	法性身	法身	本體身
	應身	父母所生身	肉身	人類身

據羅什看，佛身有下面三種：

佛身	
法化生身（金剛身）＝例如釋迦身（其身非煩惱所生）	
五分法身＝佛陀的功德（戒、定、慧、解脫及解脫知見）	
實相身＝法身佛	

第二的五分法身，並不是另有一身體之佛，故與龍樹的二身論一致。古三論的佛身是二身說，但至於吉藏時，地論與攝論興隆，故其佛陀論也變爲法、報、應三身說或自性身、他受用身、自受用身、變化身四身說之流行。於是，吉藏也立三身說。吉藏的《法華玄論》裏，說有三身，即：法身、舍那身和釋迦身，其名稱有如下數種：

三身	《梵網經》	《金剛般若論》	《攝大乘論》	《涅槃日喻品》
	法身	法身	法身	佛所見身
	舍那身	報身	應身	菩薩所見身
	釋迦身	化身	化身	二乘凡夫所見身

其次，就佛土而言，吉藏於其《大乘玄論》第五卷裏，分別有四種淨土如下：

(1)凡聖同居土。如彌勒出時，凡聖共在淨土內住。
(2)大小同住土。如羅漢、辟支（獨覺）、大力菩薩捨三界分段身（生死身）、生三界外淨土是也。
(3)獨菩薩所在土。菩薩超過二乘時，其居土亦異，如七寶世界，純菩薩也。
(4)諸佛獨居土。如《仁王經》云：三賢十聖住果報，唯佛一人居淨土。

據《大乘玄論》第五卷看，法身淨土，以「中道」爲「體」，亦是報佛淨土（以七珍爲體），亦是化身淨土（以應色爲體），通而爲論，皆以中道爲體。成實論師認爲佛無淨土，但應衆生報，以化主爲言，故言淨土耳。可是，吉藏還是以中道爲法身淨土之體。

一切衆生，本來是佛，六道羣生，本自寂滅，無迷無悟，有什麼成佛不成佛呢！然而，假名門中，即可論迷悟及成佛不成佛，故在於茲，不無成佛之遲速，不無根機之利鈍。利根者一念而成佛，鈍根者須經三祇長劫始能成佛。但於一念中攝三祇之行，三祇之長亦不出一念之短。經歷三祇故鈍根終亦積萬行而得一念成佛，一念成佛故不缺萬行而速疾成佛。「道」爲衆生本來所有，唯被客塵煩惱所覆而流轉生死。由萬行而除煩惱時，本有覺體即顯，此云「始覺」之佛，這就是成佛。始覺本覺一體，悟是對迷之悟，無迷即無悟，迷悟畢竟是假名門之設施，亦即相對之世界，但迷悟本來寂滅，是爲無得正觀之世界。

十二、吉藏的著作

依據古來各種經典目錄看，吉藏的著作約有五十種之多，不過其中有的已經散失，有的真僞未決，有的同本異名，這些如欲決定其真僞或著作之年代前後等問題，須經很詳盡的考證，才能確定。他的現存著作，約有二十六部，均收錄於《卍字續藏》中，如今列其各種著作及其注疏如下：

《三論玄義》	二卷或一卷	《大乘玄論》	五卷
《二諦章》	三卷	《中論疏》	二十卷或十卷
《十二門論疏》	六卷或三卷	《百論疏》	九卷或三卷
《大品經遊意》	一卷	《大品經義疏》	十卷
《金剛經義疏》	四卷	《仁王經疏》、	六卷
《勝鬘經寶窟》	六卷	《華嚴經遊意》	一卷
《淨名玄論》	八卷	《維摩經遊意》	一卷
《維摩經義疏》	六卷	《維摩經略疏》	五卷
《金光明經疏》	一卷	《彌勒經遊意》	一卷

《無量壽經義疏》　一卷　　《觀無量壽經義疏》　一卷
《法華經玄論》　十卷　　《法華經遊意》　二卷或一卷
《法華經義疏》　十二卷　　《法華經統略》　六卷
《法華論疏》　三卷　　《涅槃經遊意》　一卷

右列著作中，《三論玄義》、《大乘玄論》及《二諦章》，可說是大師（吉藏）最具代表性之著作，尤其《三論玄義》是三論宗最基本的教科書，尊之爲「佛教原論」亦不爲過。此書將三論的宗旨和大綱，寫得簡潔、明瞭，而發揮了般若思想的精髓，毫無遺漏。三論宗的教義，主要就是指這部《三論玄義》。此書不唯是一種中觀佛教（空觀佛教）的入門書，同時，亦可謂是站在空觀立場的一種佛教概論，並且此書又有歷史資料的價值，同時也是吉藏本身的思想體系的表現。

現在先介紹《三論玄義》的內容，然後對於《大乘玄論》、《二諦章》乃至其他各種經論再作一簡單的介紹，以作了解吉藏著作的大要。

㈠《三論玄義》：本書內容，將全體分爲「通序大歸」和「別釋眾品」二大部門。通常是把「經論相資」以下爲「別釋眾品」。通序大歸所描寫的內容即是「破邪顯正」，如下：

通序大歸

⑴破邪

①摧外道（參閱本篇五〈吉藏批評外教〉）

②折毘曇（參閱本篇六〈吉藏破小乘「有部」之思想〉）

③排成實（參閱本篇七〈吉藏評《成實論》爲小乘〉）

④呵大執（參閱本篇八〈吉藏破大乘有所得之見〉）

(2)顯正

①明人正（參閱本篇四〈吉藏的破邪顯正〉）

②顯法正（參閱本篇四〈吉藏的破邪顯正〉）

三論的要義，是在於《三論玄義》前半（第一部門）的破邪顯正，而後半（第二部門）的「別釋眾品」是各種問題的補充。吉藏的《三論玄義》，可說是以三論爲中心的一種「佛學概論」，而其中心思想，是在於「龍樹」的《中論》，其「二諦觀」「中道觀」，是貫通全篇的中心思想所在。第一部門和第二部門的中間，有「經論相資」與「能所絞絡」二項，此二項是兩大部門的過渡性問題的描寫，故其歸屬不明（可謂是兩大部門的橋梁）。

在「經論相資」中表示說：種種經論是爲治眾生的種種顛倒而設施的，諸法無所有而如是有，既有眾生，故有諸佛，既有諸佛，便有教門：眾生失道，故諸佛說經，菩薩爲眾生迷經而造論，「經」以二智（權智、實智）爲能說，二諦（真俗二諦）爲所說，「論」以二慧（權慧、實慧）爲能說，「言教」爲所說，所以經論，各有「能」「所」。

在「能所絞絡」裏面，論著下面四項之互相關係：(1)「經」之「能說」（如來之權實二智），(2)其所說之真俗二諦，(3)「論」之「能說」（菩薩二慧），(4)其所說之言教。「經」之「能」（能說），爲「論」之所（所說），「經」之「所」，爲「論」之「能」，「論」之「能」，爲「經」之「所」，「論」之「所」，爲「經」之「能」。以上四句，是表示經論互有能説所説之關係，而四句歸二句，即：「能資」（經之能所）和「所資」（論之能所），又，一能一所終歸「無」一句。但：能非定能，所非定所，非能非所，非經非論，非佛非菩薩，不知何以名之，強名「中實」，四句究竟歸於「中道實相」一句。

後半部門的「別釋衆品」的内容有十一項，如下：

(1)明造論緣起。此由描寫印度部派佛教分裂史而欲闡明：龍樹、提婆是爲破此部派迷執而造《中論》、《百論》。

(2)明諸部通別義。吉藏判斷説：《中論》是大乘論，《十二門論》及《百論》是大乘通論，《智度論》是大乘別論，而大小乘均有「通論」「別論」各種論藏。

(3)明衆論立名不同。《大智度論》從所釋之「經」立名，《中論》從「理實」立名，《十二門論》從「言教」立名，《百論》從「偈」而稱。

(4)明衆論旨歸。諸經雖均以無得正觀爲宗，但如約「用」來看，《智度論》以二慧（實慧＝般若道，方便慧＝方便道）爲宗，《中論》以二諦爲宗，《百論》以二智（權智、實智）爲宗，《十二門論》以境智爲宗（大分深義是實相之境，由實相境，發生般若，萬行得成，即是境智之義）。其中，《中論》二諦是佛法之根本。

(5)明四論破申不同。「破」是「破邪」，「申」是「顯正」。三論通破通申，《智度論》別破般若之迷，別申般若（智慧）之教。《百論》正破外教，旁破内教，《中論》及《十二門論》乃正破内教傍破外教。

(6)別釋三論。何以不取四論而採用三論爲所依呢？吉藏舉八種理由而釋之：①三論各具三義（破邪、顯正、言教）故，②三論具合，方備三義，即：《中論》顯「理」，《百論》破邪，《十二門》名爲「言教」，以三義相成故，③《中論》是廣論，《百論》爲次論，《十二門論》爲略論，三合而具三品故，④《中論》是但偈論，《百論》是但長行論，《十二門論》是亦長行亦偈論，三部共相成故，⑤三論同是大乘通論故，⑥三論同顯不二實相故，⑦三論同是四依（三賢四善根、預流果及一來果、不還果、阿羅漢人）菩薩所造故，⑧三論同是像法時代及末法時代所作，但欲綱維大法故。

⑺論三論之通別。這是論定三論各自的特質及其各自存在之理由的。《百論》遍破衆邪並申衆教（通論之廣），《中論》但破大小二迷，通申大小（大小乘）二教，不破世間教，亦不申世間教（通論之次），而《十二門論》乃破執大之迷，申大乘之教，故爲通論之略，是爲三論不同之傾向。

⑻明四論用「假」（教化手段）之不同。「假」有四種：①因緣假（如「空」「有」二諦，「有」不自有，因「空」故「有」，「空」不自空，因「有」故「空」，故空有是因緣假義），②隨緣假（如隨三乘根性，說三乘教門），③對緣假（如對治「常」說「無常」，對治「無常」而說「常」），④就緣假（外人執有諸法，諸佛菩薩，就彼推求，檢諸法究竟不可得是也）。《智度論》多用「因緣假」以釋「經」，《中論》、《十二門論》多用「就緣假」，《百論》多用「對緣假」，是四論用「假」之不同點。

⑼明四論「對緣」之不同。這是從「人」的方面而考察四論著者著作之動機的。「提婆」破各種邪師九十六種，撰集當時之言，以爲《百論》，龍樹潛惟著筆，探取外情，破病申

經，而造《中論》。外道小乘不敢與龍樹交言，提婆爲弟子之身分，故外道敢與他交言。

⑽明三論所破之緣，有利鈍之不同。眾生得悟，有四種不同，即①有一種根緣，聞《百論》始捨罪福，終破「空」「有」，當此言下，得悟無生（絕對），②有諸外道，雖聽提婆所破之理，但仍未能得悟，後來出家稟受佛經才得悟入，這是中根人，③有諸外道，聽提婆之言，仍不能悟，翻經更起迷，爲《中論》所破，方得悟，此下根人也，④有諸外道，聽提婆之言乃至尋《中論》仍未得解，後因十二門觀玄略，方乃得悟。

⑾別釋《中論》的名題。此門由廣略、次第、制立、通別、發盡、別釋、不同之七項而加以複雜的考察，而最後乃認爲「中」的根本，是以「無住」爲正義。七項如下：

- 廣略門
  - 廣＝中觀論
  - 略＝中論
- 次第門
  - 能化次第
    - 「中」為諸佛菩薩所得之道，故前明中。
    - 由此道發正觀、佛宣為經，菩薩宣為論。
  - 所化次第＝教徒由「論」識「中」，由「中」發「觀」。
  - 佛菩薩由「自行」「化他」以攝一切（中觀二字是自行「論」是化他，故但標三字）。
- 制立門
  - 化於眾生，必具於三：一是所悟之理，二由理發觀，三由觀宣論，故但明三。以「中」對「觀」（境智之名），以「觀」對「論」，為「行」「說」之稱，故但三名。

通別門
- 通門＝三字皆「中」皆「觀」皆「論」。
- 別門＝理實不偏是「中」，智之達照是「觀」，言教是「論」。

互發盡門＝有「中」發「觀」，由「觀」發「中」，緣盡於觀，觀盡於緣。

別釋三字門＝有四種釋義及四中（參閱本篇十〈吉藏的中道論〉）。

釋中不同＝有外道、毘曇、成實和大乘四種中（參閱本篇十〈吉藏的中道論〉）。

以上爲《三論玄義》的內容介紹。

㈡《大乘玄論》：五卷。此書是站在般若及三論，破南北朝代的大乘有所得之說，而論述了無所得大乘宗旨的一種「大乘佛教概論」之書。內容分爲八門，一是「二諦義」，二是「八不義」，三是「佛性義」，四是「一乘義」，五是「涅槃義」，六是「二智義」，七是「教迹義」，八是「論迹義」。二諦義中再分爲十段，⑴是標大意，⑵是釋名，⑶是立名，⑷是有無，⑸是二諦體，⑹是中道，⑺是相即，⑻是攝法，⑼是辨教，⑽是同異（以上爲第一卷）。八不義分爲六段，⑴是大意，⑵是三種中道，⑶是智慧中道，⑷是雜問難問，⑸是單複中假義，⑹是料簡不有有（以上爲第二卷）。佛性義分爲十段：⑴大意，⑵異釋，⑶尋經，⑷簡正因，⑸釋名，⑹本有始有，⑺內外有無，⑻見性，⑼會教，⑽料簡。一乘義分爲三段：⑴釋名，⑵出體，⑶同異。涅槃義分爲三段：⑴釋名，⑵辨體，⑶八倒（以上爲第三卷）。二智義分爲十二段：⑴飜名，⑵釋名，⑶釋道，⑷境智，⑸同異，⑹長短，⑺六智，⑻開合，⑼斷伏，⑽攝智，⑾常無常，⑿得失（以上第四卷）。教迹義分爲三段：⑴釋教，

⑵感應，⑶淨土。論迹義分為五段：⑴破中大意，⑵四論宗旨，⑶經論能所，⑷中觀論名，⑸論緣起。此書引用很多大乘經論，自由自在，以明真實的大乘佛教，他所說的八不、二諦、中道等教義，是站在般若、三論「空觀思想」的一個大組織，同時，本書是研究南北朝佛教教理上的寶貴文獻，不可缺乏之思想史料也。

㈢《二諦章》：三卷。吉藏詳述三論教義中最樞要的二諦義之書，上卷寫「大意」，中卷「釋名」，下卷分五段：一是「相即義」，二是「物體」，三是「絕名」，四是「攝法」，而五是「同異」。

㈣《中論疏》：詳名為《中觀論疏》。吉藏認為《中論》一部的根本宗旨，是在於顯現「三諦中道」（即世諦中道、真諦中道和非真非俗中道）。從注疏的方法與三諦中道（三種中道）的關係而言，〈觀因緣品〉以下各品，對於《中論》一部的主題，是站在「釋中」之關係的，即：所顯之理，雖是一個「三諦中道」，但能顯之教，即：所破之病非一，故有眾品，因之，相即於各品之論議，而欲闡明三諦中道之義，乃是吉藏對於《中論》的注疏的方法。吉藏對於八不偈的解釋，特別盡力，即：「觀因緣品品名釋」及「八不偈釋」，是吉藏《中論疏》對於《中論》解釋的「總論」，亦即是吉藏中觀哲學的概論，而其他各品，是八不偈三諦中道的逐次釋。

㈤《十二門論疏》：吉藏於隋大業四年（六〇八年）六月講。此書是龍樹《十二門論》的注疏。他於〈觀因緣品〉的開頭，就敘述本論的性質、特徵，並與《中論》對比，而述本論存在的意義及價值，然後，依照本論順序，忠實解釋《十二門論》，而在全體上，很切實闡明了龍樹的大乘空觀思想。本書附有「僧叡」之序疏。

㈥《百論疏》：吉藏著《百論疏》九卷，將《百論》（提婆造）十品內容分爲三章，可表解如下：

- 第一章：捨罪福品——中佛漸捨之教
- 第二章：破邪歸正
  - 明人空：破神
  - 明法空
    - 破諸法無常見
      - 破一異見：破一品、破異品
      - 破情塵見：破情品、破塵品
      - 破有果無果見：破因有果品、破因無果品
    - 破諸法常住見：破常品
- 第三章：破空品——破空見

第一捨罪福品乃顯現佛道的要諦，第二品以下是其實相的內容，最後於破空一品，表示三論宗義的特質，以對付當時長安攝論、十地、地持等三師的唯識系宗義，即：將其三無性亦破除，爲三論之立場，是爲吉藏在本書裏所表現的特點。

㈦《大品經遊意》：一卷。這是《摩訶般若波羅密經》（羅什譯，二十七卷）之序論。內容分爲五章，⑴釋名，⑵辨宗體，⑶會教，⑷波若部儻，⑸明緣起。釋名中，分爲摩訶、波

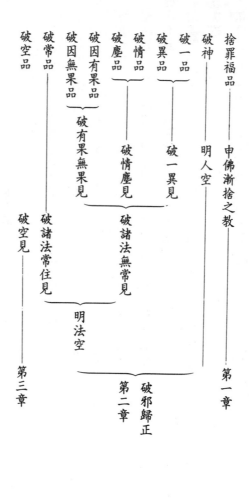

若、波羅密、修多羅與序五節。在辨宗體裏面，分爲明體、明宗、簡因果、辨壽命長短與明遠近五節。此書列出南北朝成論師、涅槃師等很多不同的學說，一一加以批評，站在大乘無所得宗的立場，以述其自說，因之，本書雖是短篇，但卻爲研究南北朝佛教諸說的好資料。

(八)《大品經義》疏：十卷。這是《摩訶般若波羅密經》二十七卷的註釋書。第一卷敘述玄意，分爲(1)釋經題，(2)序說經意，(3)明部儻多少，(4)辨開合，(5)明前後，(6)辨經宗，(7)明顯密，(8)辨教，(9)明傳譯九章。第二卷以下乃依文解釋。開卷經題下，記載：「胡吉藏法師撰，開皇十五年（五九五年）正月二十日記」。

(九)《金剛經義疏》：四卷。初分玄意十重，(1)說經意，(2)明般若之多少，(3)辨開合，(4)述摩訶般若與本經之前後問題，(5)記諸說之後，以辨菩薩大願大行（因）與如來之無爲法身（果）爲經之宗，(6)辨經名，(7)述傳釋，(8)明應驗，(9)釋章段（序分分通別，正宗分立廣略，流通分分爲二），(10)正釋經文。正宗分爲利根人廣說般若，爲中下根人略說般若，前者盡緣而明生法二空，後者盡觀以破觀空之人，廣說分爲三門，(1)明般若體門，(2)信受般若之門，(3)般若功德門。略說乃以釋疑解難爲次第，開爲十五章。

(十)《仁王經疏》：六卷。詳名爲《仁王般若經疏》，《仁王般若經》之注疏。入經文注疏之前，先立：(1)釋名，(2)明經體，(3)明經宗，(4)辨經用，(5)明教相，然後入經文之解釋。

(十一)《法華經玄論》：十卷。本書由六門，站在三論的立場而釋《法華》之玄義。所謂六門是(1)弘經方法，(2)大意，(3)釋名，(4)立宗，(5)決疑，(6)隨文釋義。本論博引詳密，係爲了解南北朝時代諸師法華學說及其他諸說之貴重文獻之一（雖是片鱗性）。本書可謂是吉藏初期之著作。

(十一)《法華經遊意》：二卷。此書是《法華經》的玄談，內容分爲十門而概說《法華經》的義理，即：第一大意門是敘述佛說此經的因緣，第二旨歸門是論述《法華經》所說教義的旨歸所在，第三釋名題門是詳釋《法華》的經題，第四辨教意門是闡明此經以顯無言之道爲教意，於是明示無所得之見解而排斥漸教的判教，第五顯密門是闡述此經屬於顯密的何方，第六三一義門是於三乘一乘論議中，闡述了著者三車家的立場的，第七功用門是說明受持、流傳此經的功德，第八弘經門是闡明末世弘經的一段，第九部黨門是敘述此經翻譯之事，第十緣起門是闡明講誦此經的沿革。此書是隋開皇晚年以後之著作。

(十二)《法華經義疏》：十二卷。此書是站在三論宗的立場而註釋《法華》經文的。此書亦引用很多經論及諸大法師之說，故在《法華》研究上，是不可缺乏的文獻，本書亦爲吉藏較爲後期之著作。

(十三)《法華經統略》：六卷。此書係吉藏晚年之作，內容有舊本所無而今新敘者，又有廢舊說而用新說者，又有舊本所述不詳明而今顯明者等，可謂吉藏《法華疏》中的白眉。〈序品〉以下，還是逐品註解，但在到處提出有當時所流行的南北各種不同之說，並且亦盡力顯揚三論宗旨。現傳本缺〈藥草喻品〉、〈授記品〉和〈化城喻品〉。

(十四)《法華論疏》：三卷。這是一本印度世親《法華論》的註釋書。吉藏站在三論宗的立場，強調《法華》一乘之宗旨，以破南北朝時代諸師對於《法華》之各種謬見。

(十五)《華嚴經遊意》：一卷。簡名爲《華嚴遊意》。此書係吉藏站在三論宗的立場而論述了華嚴教學的佛身、佛土、因果等問題的有趣之書。他由化主、化處、教門、徒眾四方面而解說上述之問題。關於舍那佛與釋迦佛之關係，南方論師主張二佛一致說，北方論師主張二佛不同說，而吉藏乃從三論教學而立兩者（二佛）不一不異及本迹不二之說。

(十七)《勝鬘經寶窟》：六卷。在中國《勝鬘經》註疏中，本書爲最詳密之註解。全書分爲十五章，前十三章爲正說法，後二章爲勸信護法，又，前十三章中，初三章爲起說之方便，次十章乃是真正的說段。

(十八)《淨名玄論》：八卷。此爲《維摩經》要義的開釋書，屬於吉藏晚年之作。內容分大段三科而論述，第一釋名題（⑴總釋名，⑵論眾經同異，⑶別論此經），第二論宗旨（總定宗旨，別釋二智），第三論會處（釋會處，明淨土）。

(十九)《維摩經遊意》：一卷。本書並不是《維摩經》的句解，而是從各方面觀察《維摩經》的一種經論，內容可說是《淨名玄論》的縮小簡略本，由四項而成立，一是定淺深，二是釋名題，三是辨宗旨，四是論會處。吉藏認爲《維摩經》是方等的中心，無餘的極說，故在判教上，《維摩》是屬於二重四門中的第三門，這是一「定淺深」的意思。二釋名題是說明不二及經名的內容。三辨宗旨乃以權實二智爲本經之宗旨。四論會處是說明二處四會的情形。本書是《維摩經義疏》的序論（亦即是玄義）。

(二十)《維摩經義疏》：六卷。本書是《維摩經》註釋。看了《維摩經遊意》之後，看本書即可了解《維摩經》的整個內容。本書是吉藏的《維摩》廣疏。

(廿一)《維摩經略疏》：五卷。《維摩經義疏》是經文的句解，而本書是達意性（了義性）的註釋（每一品都有概論性的説明）。本書是《義疏》以後的著作。

(廿二)《無量壽經義疏》：一卷。《無量壽經》的註釋。序讚西方淨土，次説此經之「宗」有二，一是修法藏因而感淨土果，二是修眾生因而勸往生彼土，次釋經題，然後述教相（將一代説法分爲「次第教」及「偏方教」），而此經是偏方教（談一乘因，盛説菩提業故）。吉藏雖是空宗的學者，但臨終亦勸人念佛，歡喜圓寂云。

(廿三)《觀無量壽經義疏》：一卷。《觀無量壽經》的註釋書。內容分六門：一序，二簡明名，三辨宗體，四論因果，五明淨土，六論緣起。以淨土因果爲體，往生爲宗，而在往生因行上，以菩提心爲主，餘善爲緣。在彌陀迹門上，極樂是報土，而在本門上，是應現土。此經之意，在於通念五種（佛、徒眾、國土、時節、教門），並不是但念佛云。

(廿四)《金光明經疏》：一卷。《金光明經》四卷（曇無讖譯）之註釋書。智者大師以《金光明經》爲方等部所攝，但吉藏認爲本經是究竟大乘菩薩藏所攝，頓教所收。這可能是吉藏六十歲左右之作。

(廿五)《彌勒經遊意》：一卷。根據三論宗義，以羅什譯之《彌勒大成佛經》爲中心，將彌勒諸經之異同，一一細心檢點之書。內容是：序、釋名、經宗體、因果、出世久遠、成道、三會人數之多少，與釋迦同時涅槃，教之大小及其諸問題等。

(廿六)《涅槃經遊意》：一卷。全篇分爲大意、宗旨、釋名、辨體、明用、料簡等六章，而述《涅槃經》的思想。吉藏以「無所得」爲《涅槃經》之宗旨，即：經云「無得者名大涅槃」。其他説及《涅槃經》內的種種問題。

參考書目

《三論宗綱要》前田慧雲著，東京，丙午出版社刊行，一九二〇年（民國九年）。
《三論玄義》吉藏撰，金倉圓照譯註，東京，岩波書店第三版印行，一九四三年（民國三十二年）。
《中國佛教史講話》下卷，境野黃洋著（三論宗一——一一五頁），東京，共立社出版（初版），一九二九年（民國十八年）。
《大乘玄論》五卷，吉藏撰（收錄於《大藏經＝大正藏》第四十五冊），臺北，新文豐出版公司影印，民國六十三年（一九七四年）。
《二諦章》三卷，吉藏撰（收錄於《大藏經＝大正藏》第四十五冊），新文豐影印，民國六十三年。
《中論疏》二十卷，吉藏撰（收錄於《大藏經＝大正藏》第四十二冊），新文豐影印，民國六十三年。
《十二門論疏》六卷，吉藏撰（收錄於《大藏經＝大正藏》第四十二冊），新文豐影印，民國六十三年。

《百論疏》九卷，吉藏撰（收錄於《大藏經＝大正藏》第四十二册），新文豐影印，民國六十三年。

《高僧傳二集》唐道宣撰，臺灣印經處二版印行，民國五十九年（一九七〇年）臺北。

杜順

李世傑 著

目次

杜順

一、緒言

杜順是中國佛教華嚴宗的初祖，因此，華嚴宗離不開杜順，同時，杜順也離不開華嚴宗。這因爲，杜順是在華嚴的世界裏長大的。華嚴宗之所以離不開杜順，是表示杜順對於智儼、法藏、澄觀和宗密給與很大的思想影響的意思，所以本篇的題目雖云「杜順」，但在杜順思想的發展過程中，不得不述及智儼、法藏、澄觀和宗密等四人之思想。從華嚴初祖杜順至五祖宗密這五個時代思想的發展，乃是整個華嚴宗的內容。

在東晉南北朝時代研究《華嚴經》的方式，多半是理論性的、講經式的。反對如此的風氣，站在宗教實修的立場，以信仰、觀行的態度來體會《華嚴經》的宗旨，以一心法界的悟入而活用《華嚴經》的玄旨的人，是華嚴宗的初祖「杜順」（法順）。故與其說杜順是華嚴的理論家，毋寧說他是華嚴的實行家。華嚴是佛教最高的哲學宗派，爲什麼「杜順」會變成佛教的實行家呢？這是他的環境、背景所使然的。杜順的出生地是雍州萬年縣，我們從《高僧傳》

看，雍州地方產生了許多實踐、實修的高僧，即智則、通達、法顯、慧誕、智教、曇遂、普濟、法曠、會通、法誠、空藏等，都是雍州地方的佛法實行家，也都是修觀行的人，在如此環境之中，會產生杜順的宗教觀，是必然的道理。所以他由於讀誦《華嚴經》，而獲得華嚴力而顯神異（神通）的結果。另一方面，當時的華嚴齊會，滲透於一般人民，而對《華嚴經》生起深厚的信仰，故杜順的宗教觀是站在如此的社會背景爲基礎而產生的，隨唐新佛教的精華——華嚴宗，究竟由於杜順而成立。

二、杜順的傳記

杜順禪師，姓「杜」，諱「法順」，陳武帝永定元年（西元五五七年），誕生於離長安不遠的陝西省雍州萬年，年十八，棄俗出家，投禮因聖寺僧珍禪師之門，受持定業，通達禪風，故其學佛之始即以實修方面爲出發點，同時，步趨師風，專修觀行。

杜順爲人，篤性綿密，情富博愛，操從牛馬，頗得其妙，通達驅蟲、治水之術，排除神樹鬼廟之建，更斥迷信，遊歷郡國，勸人念佛，著述五悔之文，讚詠淨土，排除空談，提倡實修實行，爲人說法即不弄浮華言詞，諄諄指示真理，情志虛遠，不拘物情，粗衣淡飯，只爲「道」而精進，因之，朝野僧俗，慕其德行，尊崇者不計其數，名達帝室，初受隋文帝之敬重，後受唐太宗之信任，終於受賜「帝心尊者」之號。圓寂於唐貞觀十四年（六四〇年），世壽八十有四歲，葬於樊川之北原，雖經歲月，肉色不變，遺體時發出香氣云云。

世人稱杜順爲文殊菩薩（按：佛教指有「大道心者」之稱謂菩薩）化身（見於《五教止觀》及《佛祖統紀》），文殊乃掌司《華嚴經》法界之觀智，如欲悟入華嚴法界者，非依此菩薩不可，蓋在《華嚴經》中，修因契果，生解分以下，或依人入證成得分，例如入法界品的智識之初，皆由文殊之智慧而悟入華嚴法界觀的。

杜順矯正過往研究《華嚴經》流俗於學究之弊，乃親自實踐華嚴觀，講「悟入一心法界」之道，以爲其宗旨，故稱其爲文殊化身，即在於茲，其膺爲華嚴宗初祖，亦在於斯。近代學者有人以杜順之傳記不列於《華嚴傳》，並且考證其《五教止觀》及其《法界觀門》之內容而猜測：杜順非華嚴宗初祖，但此猜測，究竟還是猜測，其著作內容之考證，還是半面的看法，尚且還有反證之說，故其考證，究竟未能推翻杜順爲初祖說。另一方面，《華嚴傳》不列入其傳記，可能是賢祖尊崇杜順爲文殊垂迹，故不列入其僧傳，亦未可知。圭峯宗密之作《註華嚴法界觀門》曾云：「姓杜，名法順，唐初時行化神異極多，傳中有證，驗知是文殊菩薩應現身也，是華嚴新舊兩疏，初之祖師，儼尊者爲二祖，康藏國師爲三祖」云，由此可證知杜順是華嚴宗之初祖無疑。

《註法界觀門》又說：杜順住終南山，但依《續高僧傳》卷二十五說：杜順寂於南郊義善寺，而無記載居住終南山之事，此事可作兩種看法，一是：南郊義善寺可能在於終南山中也說不定；二乃杜順多住終南山而老年期才移錫南郊也說不定？不過，面授的弟子智儼是住終南山至相寺的，從這一點看，杜順住過終南山，似無可疑。

杜順現存的著作，還有如下兩部：

(1)《五教止觀》　一卷

(2)《法界觀門》　一卷

智儼所著《華嚴一乘十玄門》也是師承杜順之說而撰述的。其他雖說還有《十門實相觀》一卷、《會諸宗別見頌》一卷及《五悔文》一卷之書，但現都不傳，故無從稽考。唯《法界觀門》爲杜順之作，已爲學界所公認，故無問題，而《五教止觀》有兩種否定的看法，一種是以《五教止觀》爲「法藏」之作品，而不是杜順之作，而《遊心法界記》（法藏作）一卷是其再修正者。另一種是認爲《五教止觀》是在「法藏」以後，「澄觀」以前所製作，因爲此書是表示小、始、終、頓、圓的五教，而且是相當於《遊心法界記》的五門，故應於法藏以後才能成立，而且其中用語，採用有玄奘譯的阿賴耶識三境（獨影、帶質、性境）之譯語，故其年代應在玄奘以後。但此考證仍未能提出積極、絕對的證明，故在華嚴史上，一般仍以《五教止觀》爲杜順之作。因此，在本文論述上，還是以《五教止觀》爲杜順之著作來闡述其「佛教觀」，同時，由《法界觀門》之內容來描寫杜順之宇宙觀（世界觀）。下面先述杜順的宇宙觀，然後再來詳述其佛教觀（《五教止觀》的內容），由此兩種著作，即可了解杜順的思想。

本章（杜順的傳記）的主要參考書如下：

《高僧傳二集》　唐道宣撰（第三十四卷，九三六—九三九頁，臺灣印經處印）

《註華嚴法界觀門》一卷　唐宗密註（《大藏經》第四十五冊，六八四—六九二頁，新文豐）

三、杜順的宇宙觀

1 一心法界的思想

「一心法界」是《華嚴經》的中心思想，同時也是華嚴宗哲學的原理所在，當然也是杜順華嚴思想的根本立場。杜順的法界觀是頗負盛名的，其《法界觀門》，典籍雖簡，但其思想體系的獨創及其精華，終於使此一小册成爲華嚴宗最根本的聖典，智儼、法藏、澄觀、宗密等華嚴諸祖的華嚴思想，均由此書而啓發，是值得留意的。

法界觀是宇宙觀或世界觀的意思，但此宇宙觀是「一心法界」的宇宙觀。何謂「法界」？什麼叫做「一心」？這是華嚴哲學的原理論，所以是很重要的問題。今先述「法界」，然後說明「一心」的意思。

「法界」是「法」的世界，「法」是「規範」或「任持」的意思，規範對於我們有所示教，所以「法」會使我們發生智慧。「任持」是它本身持有一種「本質」，而其本質持有一些特質（特色），此特質會變成我們開悟的機緣。如此的「規範」、「任持」叫做「法」。

「法」的種類很多，有七十五法、百法、八萬四千法和無量之法，而且種種「法」之間，有統一、有組織，而形成「全一」的世界。這個主客一體的宇宙，叫做一心法界。法界不出一心，一心即是全宇宙，法界即是一心，《華嚴經》與華嚴宗所談的，都是這個一心。

「心」的本性，本來不可得。「心」是世界生命的本質，它有「作用點」，但無「實體」可捉，雖無「實體」，但有一種活動性（變化性）的作用點，這個作用點，是無面積、無立體的無限微細的「點」，是等於「無」的「點」。但絕對「無」是絕對的「有」，質言之，「心」是「有」「無」相即的作用點，因之，「心」是「即事」、「即物」，相即相入而無礙的萬象本身之存在。換句話說，具體的萬象本身即是「心」的本質。萬象即是心，叫做「一心」。華嚴世界的根本原理，盡在此「一心」。

「一心」的本質，可謂是「空」的一種「自覺作用」，「空」有甚深的自覺作用，而種種境界（世界）是「空」的各種自己限制（自己限定）的世界，亦即是「空」經由「自覺作用」的各種具體表現。那末，「空」與「自覺作用」（一心的根本型態），其關係究竟如何？

「空」並不是事物的否定，而是否定事物的「實體」的意思。否定了事物的實體之後，萬象乃無過是如是如是（究竟的真理狀態）的因緣法，這叫做緣起自性空。緣起自性空是指「無自性的因緣法」。「無自性」是「無實體」，無實體是沒有固定不變的東西的意思，也就是無常法的意思，而無常法是現象性的流動的生命本身的意思，流動的生命本身，是最究竟的因緣法。「因」是主要的原因，「緣」是助因成果的條件，因和緣是相對性的，「因」

本身有「無盡」的因緣，「緣」本身也有「無盡」的因緣，這個無盡發展，相關相連的法界的作用，乃是宇宙的實況。在此無盡緣起的根源裏，有一種相即性的原理在作用，即：「一即一切，一切即一」，就是這個意思。「一」是平等性，「一切」是差別性。平等性是全體性，差別性是個別性，而每一事物，都有這個全體性與差別性。在物理的空間及物理的時間的原則之下，一切事物，似乎不能夠相即相入，因爲，有「質礙」的關係，但如將時空（時間空間）的物理界限撤銷，站在「空」的立場，由於無形像的「心」來活動之時，即能呈現出一多相即，大小相融的微妙境界，即：一夜之夢，飛行百年，一尺之鏡，見千里影，一毛孔中，能容三千世界，乃是表示這個「一心」作用的具體顯現。

一心的本質，非有非無，同時又能變成「有」「無」，因爲，心有超越性，所以「非有」，但心又有內在性，所以「非無」，這個狀態，只好說是一種「中道」的種子，而此中道的「體」，是以「空」爲立場（超越立場的立場）的一種「覺體」。「空」有「覺性」，是表示「因緣法」有覺性的意思，因緣法即是現實萬象的本質，因緣法有覺性，乃是表示萬象有覺性的意思，而萬象有覺性是表示「自覺作用」的「普遍性」，同時也是表示吾人意識的自覺作用並不是單純的主觀性，而是具有無盡的客觀性的，因此，吾人主觀上的智慧，其根源非在於客觀法界的甚深「實在」（Reality）界不可，由此可知：智慧與實在（主觀上的「智」與客觀界的「理」），即：主觀與客觀，是一法的兩面觀、所以智慧即是實在，實在即是智慧，主客及心物，均融會在一起，我把這個立場，叫做「一心」，一切現象，均由此「一心」而發展。此境在天台、華嚴，叫做一即一切，一切即一的「妙心」或「一心」，此義甚深，非思惟所能及，所以叫做「妙」，華嚴以喻得名，叫做「海印」，世界猶如大海的一心所顯現，是爲「一心」的根本原理。不過，所云「一心」，並不是有一個實體似的東西，只是說明實相世界的一種統一方法而已。

站在根源的「一心」境界看，萬法無自性，心與物，不即不離，不一不異，但「心」能顯現一切色，猶如善巧的畫師，可是善巧的畫師藝術雖妙也不能畫出人們的本心，一切萬象，其性亦然，如是如是顯出一切色而各各不相知。可是，萬象即是一心，心佛及眾生，是三無差別，唯是一心轉。能轉的一心，是一真（一心）法界的一個具體化的精神現象，因此，吾人一個人的「心」，也是一真法界的分顯心，換言之，是具足了全體性的個人心，所以究竟能夠圓融無礙。

諸法本無作用，亦無有體性，所以各各不相知，但妄心分別有，其實無所有，一切萬法，但有假言說，這是《華嚴經．明難品》所指示的萬象究竟的狀態。一切皆無性是離開「有」「無」的中道境界，而各各不相知是表示現象界各自絕對特質（異質性）的意思。這個「無性」而且又是「絕對特性」的世界，是「有」「無」，相即，一切如如，真空妙有的一心法界的境界，此境只可說是絕對的「一心」。在這真理（一心）之下，心（主觀）及物（客觀），各有其體、相、用，都在發揮著它的特性（個別性）及其全體性，故云：一即一切，一切即一，差別即是平等，平等即是差別，圓融無礙。心物萬法，均在發揮其本來面目（實相）。由此妙心而生萬物，因之，煩惱與菩提（覺），超越與內在，主觀與客觀，必然性與自由性，均能相即相入無礙，華嚴事事無礙的世界，是從此「一心的哲學」而開展的，杜順的偉大法界觀念也是站在這個立場而展開他三重觀法的。

2 真空觀

杜順的《法界觀門》一卷，就是建立了華嚴哲學的基本聖典，其被尊爲華嚴宗初祖，即因有《法界觀門》的名著得來的。此外另有「一乘十玄」之思想，此從智儼所撰《一乘十玄門》云：「承杜順和尚說」一語，即可了解。換句話說，《一乘十玄門》雖是智儼的著作，但其思想卻由杜順和尚而來，所以華嚴中心教義的「十玄門」思想，也是來自杜順，殆可肯定。茲闡明杜順《法界觀門》的思想如次：

從《法界觀門》以觀，杜順華嚴哲學的組織，分爲三重，一是真空觀，二是理事無礙觀，三是周偏含容觀。最後的周偏含容觀即是杜順的法界觀，同時也是十玄門的基礎理論之所在，亦即是事事無礙法界。華嚴法界緣起的法門，如約所入之理而觀，乃有四種法界，這是由一心法界的義相而分的。四種法界是事法界（現象界）、理法界（本體界）、理事無礙法界（現象本體相即界）和事事無礙法界（現象圓融界）。杜順的真空觀法界是相當於「理法界」；理事無礙觀的法界是相當於「理事無礙法界」，周偏含容觀的法界是相當於「事事無礙法界」。其不談「事法界」，乃因「事法界」屬歷別難陳，一一事相皆可成觀，故略而不談，此見於澄觀著《法界玄鏡》（杜順《法界觀門》的註釋書）裏所說的。

事法界是我們日常所經驗的事象世界，而此事象世界的一一事象，均可爲三觀所依之

「體」，三觀所依體雖是千差萬別，但可分為十對內容，以包含一切諸法（參照《法界玄鏡》），這是法界緣起或十玄緣起所依之體事。十對體事的內容如下：

(1)教義一對。「教」是能詮的言教，「義」是所詮的義理。
(2)理事一對。「理」是常恆不變的理體，「事」是緣起變遷的事象。
(3)境智一對。「境」是所觀的對境，「智」是能觀之智。
(4)行位一對。「行」是實踐修行，「位」是依行所得的進趣階位。
(5)因果一對。到佛果以前的種種修行為「因」，達到佛果的境界叫做「果」。
(6)依正一對。「依」是依報，即是有情所依處的國土，「正」是正報，即是住於依報國土的佛、菩薩及一切生物類。
(7)體用一對。「體」是不變的體性，「用」是隨應外物的化用（力用）。
(8)人法一對。「人」是能知能觀之主體，「法」是所知所觀的客體。
(9)逆順一對。「逆」是逆本性之作用（逆法教化），「順」是順本性之作用（順法教化）。
(10)感應一對。「應」是隨應不同根機的種種應化，「感」是感得應理之當機眾生。

上列十對是華嚴圓宗特有的施設，十對各隨五教（小、始、終、頓、圓），有深淺之差別，義門很多。於是，在一一事物之上，可論到事事無礙之義，所以每一事物，各有十對，同時相應，無礙圓融，這是事法界的當相。

真空觀的法界，是相當於理法界（本體界）的，這裏面分為十門（理事無礙觀與周偏含容觀也各分爲十門，所以三重觀合起來，一共有三十的觀門）。真空觀是般若（智慧＝空慧）的世界觀，般若的世界觀是「空」的世界觀，而此「空」是「色即是空，空即是色」的「空」，並不是「虛無」的「空」，所以叫做「真空」。這是杜順對於「心」的過程所作第一重世界觀。真空觀法，有四句十門，可表解如下：

- 四句
  - 會色歸空觀（四門）
    - 色不即空，以即空故
    - 色不即空，以即空故
    - 色不即空，以即空故
    - 色即是空
  - 明空即色觀（四門）
    - 空不即色，以空即色故
    - 空不即色，以空即色故
    - 空不即色，以空即色故
    - 空即是色
  - 色空無礙觀（一門）
  - 泯絕無寄觀（一門）

上列四句之中，前二句各有四門（合起來八門），後兩句各一門（合起來爲兩門），總共有十門。

會色歸空是把「色」歸於「空」的意思，這分爲四段，前三段說：「色不是空，以即空

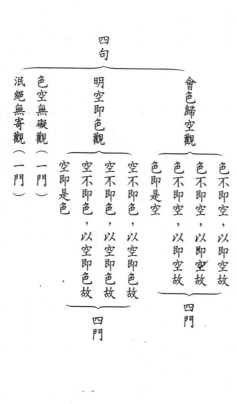

故」，然後才下「色即是空」的結論。「色」有「實色（實體、實質的色）」和「幻色（轉爲觀念上之色）」兩種，「空」也有「斷空」（虛無的空）與「真空」（「空」與「有」打成一片之空）兩種。第一句「色不即空」是說：「實色」並不是「斷空」，因爲「實色」的「有」與「虛無」的「空」是不能一致的，互相矛盾的，但般若的「即空」並不是虛無的空，而是色舉體即是空，這叫做「即空」或「真空」。《法界玄鏡》將這個第一句的意思，說得很詳細，即：揀離「色」明「空」及「斷滅空」，「離色」是說：「空」在「色」外，所謂「色外」復有兩種，一是「對色明空」（如牆處不空，牆外是空，即是此理），二是「滅色明空」（如穿井，除土出空，要須滅色），今正揀此第二，故《中論》云：先有而後無，是即爲斷滅，然外道、二乘（聲聞、緣覺）皆有斷滅，外道斷滅，歸於太虛，二乘斷滅歸於涅槃（灰身滅智）。「不即」是在「斷空」方面講的，「即空」是在「當體即空」方面講的，真空故非斷滅，所以「色即是空」。

會色歸空觀的第二句（「色不即空」），是說：實色與真空不能一致。青黃之相，非是真空之理，故云「不即空」。青黃無體，莫不皆空，故云即空。無體之空，非即青黃，故云「不即空」。依澄觀的注釋，引《十地經》之「有」「不二」「不盡」以揀三亂意空，即：以「有」而揀「斷滅空」，以「不二」而揀「異色明空」，以「不盡」而揀「空爲有」。「空」若是「物」，則有盡滅，若有盡滅，則有生起，但法空相，不生不滅，怎麼會是「有」？青黃之相，尚非真空，要須無性，怎可以「空」爲「有」，要「真空」才是「空」（即空）的本義。

會色歸空觀的第三句（「色不即空」）是說：「幻色」與「斷空」亦不能一致。「空」中無「色」，所以「色」不「即空」，離「色」無「體」，「空」中無「色」，但「色」非「空」，故「色不即空」，要「不即」「不離」方爲真空。「空」中既然無「色」，何得有「空」與「色」之相對，會色無體，故說即空。色外無空，色去不留空，空非有邊住，實色實空相對，故云不即，色無空無，以真空故色不即空。

會色歸空觀的第四句（「色即是空」）是說：凡是色法，必不異真空，以諸色法必「無性」（無自性＝無實體）故，所以「色」即是「空」，其他一切諸法亦然，「相即」而無礙。「色」是因緣法，故無自性，依他法無自性，所以是真空圓成（這是「澄觀」的解釋）。空非色相，無徧計故，緣生無性是依他法，無性真理是圓成，所以真空是該徹性相的。一切法均是真空，此云「色即是空」。現象界所依「體事」，無不即空，皆須以「法」揀「情」，顯即事歸理。「實色」「實空」是互相矛盾的，要達到「幻色」與「真空」，換句話說，捨掉「實色」與「斷空」，把「真空」（包含「空」與「有」之統一境叫做真空）與觀念性的「幻色」（經過「空」之「色」），使其一致，才能夠發現「般若」的「色即是空」。

以上所述，是「會色歸空觀」的內容。

第二段（第二句）的「明空即色觀」，是把「色即是空」倒過來說，叫做「空即是色」的理論。「色」既然是「空」，「空」當然是「色」，這叫做「明空即色」。明空即色觀亦有四門（如前之表），其中，前三句以「法」揀「情」（迷執），而第四句乃正顯「法理」。

明空即色觀的第一句是「空不即色，以空即色故」。「斷空」（虛無的空）不是「色（物體、形質）」，所以非色，但真空必不異色，所以是「即色」，要由真空即色，才能使「斷空」不「即色」（這些與前段同樣，都有揀即離、揀亂意、揀形顯三義），此在澄觀註解，言之甚詳。

明空即色觀的第二句也是「空不即色，以空即色故」。空理非青黃，所以「空」不是「色」，但非青黃之真空，必不異青黃，所以「空即是色」，空即是色故實空非實青黃。

明空即色觀的第三句也是「空不即色，以空即色故」，「空」是「所依」而非能依，所以「不是色」。必與能依作所依，才是「色」。「色」之所依，非餘所依，故不離色，這不即不離叫做雙結，故本文云：「由不即色故即是色也」。

明空即色觀的第四句是「空即是色」。凡是真空，必不異色，此「法」無我，又非斷滅，故空即是色，一切法亦如是，相即而無礙，這是「般若」的真空

第三段的「色空無礙觀」是闡明「空」與「色」之無礙關係。「色」本身舉體完全不異「空」，完全是「盡色之空」故，即色不盡而空現，「空」本身舉體完全不異色，完全是「盡空之色」故，「即空」「即色」而「空」不隱，所以菩薩觀「色」無不見「空」，觀「空」莫非見「色」，無障無礙，而是一味之「法」。澄觀註解云：「色」是「有」中之別稱，而「通」乃有「空」「有」二門，「空」有二義，一是「空」，二是「非空」，「有」亦有「有」、「非有」二義，空中言「空」，是以「空」必「盡有」故，言「非空」，是

「無空相」而不礙「有」的意思，「有」中言「有」，是「有」必「盡空」故，「非有」是離「有相」而又不礙「空」的意思。今明「色」「空」無礙中，初明「色」不礙「空」，取「空」上「盡色」之義，次明「空」不礙「色」，乃取「色」上「盡空」之義，而其不相礙是舉體全是之義，「色」不礙「空」，所以「色」不盡，盡色之空故而空現，以「空」不礙「色」故「空即是色」，而是「盡色」之「空」故「空」不隱。總之，色舉體即空，即色不盡，以「即空」故「空」便現，反過來說，「空」舉體爲「色」，故「空即是色」，以上是「色」「空」無礙，相即之理。

第四段是泯絕無寄觀。所謂「真空」，不可言「即色」，不可言「不即色」，亦不可言「即空」或「不即空」，一切法皆不可（否定的論理），不可亦不可（連否定亦要否定），此語亦不受（連不可言說的這句話亦不受，若受不可說言，也是一種「有受」），有受則就有念，「有念」皆是心言之迹，故應迴絕無寄。應離「有」「無」二邊，同時中道亦不存，「心」「境」（客觀世界）兩亡，亡絕無寄，般若則現。若生心動念，皆不體會真理。言語道斷故非言所及，心行處滅故非解所到，此境叫做「行境」。生心動念即乖法體，而失正念故。「心」與「境」冥，「智」與「神」會，亡言虛懷，要冥心遣智，才能達到此境，此境非「解境」，唯「行」才能到達，故云「行境」。

上面所述真空觀四段之中，初二段八門，是揀「情」顯「解」，第三段一門是「解」終而趣「行」，而第四段一門，是正成「行」的「體」。若不明前「解」，無以躡成此「行」，此行若不解，無以成其「正解」。「行」由「解」而成，但「行」起，「解」則絕。以上真空觀乃相當於澄觀四法界中的「理法界」（本體界），亦即是般若空始教的思想，於是，杜順就奠定了五教中「空始教」的思想基礎。

3 理事無礙觀

理事無礙觀是杜順法界三重觀裏面的第二觀，此亦分爲十門，如下：

「融」（相徧對）

1.「理」徧於「事」門＝「理」不可分，故徧通於一切「事」，不是分通，而是全徧。

2.「事」徧於「理」門＝「事」是幻色，「理」無分限，「事」有分限，但「事」無「實體」，究竟與「理」全同，一塵不壞而徧法界。

「順」（相成對）

3.依「理」成「事」門＝從無自性的「理」而緣起無自性之「事」。如波攪水以成動，真如隨緣故。

4.「事」能顯「理」門＝由於有「事」，才會現出「理」（事順理）。如波相虛而令「水體」露現。

「逆」（相害對）

5.以「理」奪「事」門＝「事」滅而顯「理」時，「事」則隱（理逆事）。如水奪波，波無不盡。

6.「事」能隱「理」門＝「理」隨緣而成「事」時，「理」則隱（事逆理）。如水成波時，「動」顯「靜」隱。

（相即對）各自「泯」（亡）
7.真理即事門＝「理」不在「事」之外，無自性的「理」本身即是「事」。如水即波。
8.事法即理門＝舉體皆「事」，「事」本身即是「理」，猶如波浪本身即是水，故事法即是真理。

二相「存」（相非對）
9.真理非事門＝「即事」之「理」並不是「事」，「真」與「妄」不同故，猶如波之水並不是波，「動」「濕」不同故。不管「事」如何，「理」乃恒存。
10.事法非理門＝「相」與「性」不同，全理之事，事恒非理，如全水之波，波恒非水，「動義」非「濕義」故，雖云舉體全理，但事相宛然存在。

「理」是「理體」（本體），「事」是「事法」（現象）。本體界與現象界，雖是有嚴格的分別，但「理」與「事」之間，卻有「不二」之關係，這個「不二」之關係，叫做「即」。「體」的「不二」叫做「相即」；「用」（作用）的「不二」叫做「相入」；「相即」「相入」是華嚴哲學的究竟義理。「無礙」是「不二而二，二而不二」的意思。「一」能顯「多」，「多」乃歸「一」，而「一」即是「多」，「多」即是「一」，「一」「多」相即（本體上看）相入（在用上看）而無礙，杜順爲要顯出此真理起見，先由「理事無礙觀」說起，然後說及第三重的事事無礙觀（周徧含容觀），因之，四法界之分限，十玄緣起之義理，均可謂由杜順之《法界觀門》爲依據，此所以能成爲華嚴宗之初祖，同時，也是華嚴哲學的第一位先覺者。

杜順的真空觀，究竟還是講了一個「理」（空），由此「空」再展開其真理的動態、變化，乃是他的理事無礙的世界觀。「理」與「事」之間，究竟有「相即」「無礙」之道理，把這個道理，分爲十門，以述其內容，乃是理事無礙觀的結構。

上列十門之中，第一門的「理」偏於「事」固無問題，但第二門的「事」偏於「理」，不無疑問。即：「理」既然全體偏一塵，何故非小？又，一塵如全帀於「理」，何故非大？「塵」是小，「理」是大，「小」怎麼能偏於「大」？又，「大」怎麼能偏「小」？關於這個問題，《法界觀門》曾答云：理事相望，各非一異，故得全收而不懷本位。杜順說：「理」望「事」有四句，即：⑴真理與事非異故真理全體在一事中，⑵真理與事非一故理性恆無邊際，⑶以「非一」是「非異」故無邊理性全在一塵，⑷以「非異」即是「非一」故一塵理性無有分限。次以「事」望「理」亦有四句，即：⑴「事法」與「理」非異故一塵全帀於理性，⑵「事法」與「理」非一故不壞於一塵，⑶以「非一」即「非異」故一小塵帀無邊真理，⑷「非異」即「非一」故帀無邊而塵不大云。抑又有疑者，即：無邊理性全偏一塵時，外諸事處爲有理性？究爲無理性？若塵外有理，則非全體偏一塵，若塵外無「理」，則非全體偏一切事，義甚相違，應作如何解？杜順答說：以一理性融故，多事無礙故，乃得全在內而全在外，無障無礙，是故各有四句，即：就「理」四句而言，⑴理性全體在一切事中時，不礙全體在一塵處，所以「在外」即「在內」。⑵全體在一塵中時，不礙全體在餘事處，所以「在內」即「在外」。⑶無二之性，各全在一切中，故亦在內亦在外。⑷無二之性非一切，故非內非外。前三句明一切法「非異」，後一句明一切法「非一」，非一非異故稱內外無礙。其次，就「事」四句而言，即：⑴一事全帀於「理」時，不礙一切事法亦全帀，故「在內」即「在外」。⑵一切事法各帀於「理」時，不礙一塵亦全帀，所以「在外」即「在內」。⑶諸事法同時各帀，所以全在內亦全在外，無有障礙。⑷諸事法各不壞（各各自存其特性），彼此相望，非內亦非外云。

總之，上述十義，是同一緣起（一心法界之緣起），如約「理」望「事」，則有「成」、有「壞」、有「即」、有「離」，由「事」望「理」乃有「顯」、有「一」、有「異」，「逆」「順」自在，無障無礙，同時頓起，令「觀」明現，這叫做「理事圓融無礙觀」。有「成」是「依理成事門」，有「壞」是「真理奪事門」，有「即」是「真理即事門」，有「離」是「真理非事門」，有「顯」是「事能顯理門」，有「隱」是「事能隱理門」，有「一」是「事法即理門」，有「異」是「事法非理門」。「逆」「順」是「理」「事」相望，各有二順二逆的意思，「自在」是欲成即成，欲壞即壞，欲顯即顯，欲隱即隱等意思。「無礙」是「成」不礙「壞」；「壞」不礙「成」等意思。「成」時即「壞」時等，叫做「同時」，五對十門無前後，故云「頓起」。「不即」「不離」是緣起相，「相偏」「相即」是「事理不相礙義」。「相偏」與「相違」，「不即」與「即」，均是相對待而相反相成的。「真空」「妙有」各有四義，約「理」望「事」乃有真空四義，約「事」望「理」即有「妙有四義」，可表解如下：

真空四義
- 廢己成他義＝依理成事門
- 泯他顯己義＝真理奪事門
- 自他俱存義＝真理非事門
- 自他俱泯義＝真理即事門

妙有四義
- 顯他自盡義＝事能顯理門
- 自顯隱他義＝事能隱理門
- 自他俱存義＝事法非理門
- 自他俱泯義＝事法即理門

以上是澄觀對於理事無礙觀的最後一節（結言）之註解。四法界中的「理事無礙法界」乃相當於杜順的「理事無礙觀」，這是華嚴五教中「終教」的分齊，所以杜順是四法界說的初祖。

4 周徧含容觀

周徧含容觀是杜順思想的精彩極致，同時也是華嚴事事無礙觀的第一個獨創之說。第一重的真空觀還是站在「理」（空）的立場而觀察一切的，所以於「泯事」方面的說法比較多。第二重的理事無礙觀乃將其「理」（空）使其活動，而令其有緣起之「事」；而來到第三重則一一之事既然均爲「理」之表現，那末「事」與「事」之間即能現出無礙、相融之關係，不必靠「理」（空）來做圓融相即無礙的媒介，因爲「理」（本體）與「事」（現象）既然是相即一體，事與事也當然能夠相即圓融，即：離開了現象（事）之外，並沒有另外一個叫做「理」（空）的存在！所謂「理」或「空」也不過是言說上的方便假施設而已！「事」本身即有絕對之價值，一色一香皆是中道，此境即是事事無礙的世界，杜順把它叫做周徧含容的世界。「事」如「理」，「理」如「事」，「理」如虛空，無不周徧，無不含容（包含），「事」亦如「理」無不周偏無不含容，偏、攝無礙。「攝」是含容義。「無礙」有二義，一是「偏」不礙「攝」，二是「攝」不礙「偏」，事事能攝偏，交參無礙而得大自在。

周徧含容觀也分爲十門，茲舉如下：

(1)理如事門（「遍」仍傾向於「理」，但「如」乃徹於具體的「事」）
(2)事如理門（「遍」仍除不掉理事相對，但「如」乃表示事事無礙的絕對之意）
(3)「事」含「事」「理」門
(4)通局無礙門（以下七門均表示包含理事的事事無礙觀）
(5)廣狹無礙門
(6)徧容無礙門
(7)攝入無礙門
(8)交涉無礙門

(9)相在無礙門
(10)普融無礙門

以下說明上列十門的意思：

第一，理如事門是說：「理」的動態即變成「事」，全理爲事，所以「事」外無「理」。理如事是如「事」之「現」，如「事」之「局」，如「事」之「差別」，如「事」之「大」、「小」、「一」、「多」等的意思。又，真理如事之「虛」，以「虛」名爲實體，「虛」即是「實」叫做「無別事」，所以「全理」是「事」，見「事」即見「理」。

第二，事如理門是說：「事」如「理」之偏通的意思，不唯如此，「事」又如於「理」，無相、無礙、非內、非外等的意思。一切事法與「理」非異，所以「事」隨「理」而圓偏，一塵普偏法界、法界全體偏諸法時，此一微塵亦如理性全在一切法中，如一微塵一切事法亦然。此第二門與第一門兼有「理事無礙義」，兩門合起來，乃有事事無礙義。

第三，事含事理門是說：一一之事，皆含有「事」與「理」，一一事中，含全法界，故「事」與「事」之間，有「融即」之關係，一塵之中，顯現一切法，「融即」即是周偏含容觀意思。這個事理融通的事，非一非異，故成四句，如下：

含容——一中之一（一入於一）
　　　一中之一切（一切入於一之中）

周徧 ｛ 一切中之一（一入於一切之中）
一切中之一切（一切入於一切之中）

第四，通局無礙門。一切事法與「理」非一即非異，所以事法不離一切處而全徧十方一切塵內，由於「非異即非一」故全徧十方而不動一位，即遠、即近、即徧、即住而無障無礙。「通」是「徧」，「局」是「不徧」，與「理」非一故「局」，非異故「通」，「徧」即是「通」，「住」即是「局」。非一非異，即徧即住而無礙，叫做通局無礙。

第五、廣狹無礙門。「事」與「理」非一即非異故不壞一塵而能廣容十方刹海，由非異即非一故廣容十方法界而微塵不大，一塵之事，即廣即狹，即大即小，無障無礙。「小」不壞「小」自己而以「狹」本身即能周徧於一切，「一」之中能容入「多」而且「一」仍不壞。第四門由「周徧」而說，第五門乃針「含容」而言。此二門是同時性的、互相性的，有前必有後。十玄的廣狹自在無礙門，乃由之而成立。

第六，偏容無礙門。一塵望於一切，普遍即是廣容，所以偏在一切中時，還攝彼一切法全住於自己的「一」之中，反過來說，廣容即是普遍，故令此一塵還即偏在自己裏面的一切差別法中，故此一塵，「自」偏「他」時即「他」偏「自」，能「容」能「入」，同時偏攝無礙。此境相當於十玄的「一多相容門」。

第七，攝入無礙門。「入他」即是「攝他」，「一切」全入「一」中時，「一」還在「自」一切之內而同時無礙。「攝他」即是「入他」，故「一法」全在「一切」中時，還令

「一切」恆在「一」之內而同時無礙。「能攝」「所攝」互相交參。一多相入相攝無礙。

第八，交涉無礙門。此交涉門有四句：

「一」攝「一切」，「一」入「一切」。

「一切」攝「一」，「一切」入「一」。

「一」攝「一」法，「一」入「一」法。

「一切」攝「一切」，「一切」入「一切」。

「一」與「多」俱為能攝能入，故云「交涉」。能攝所攝，互能相入。「能」即「所」，「所」即「能」，能所互能成立。

第九，相在無礙門。一切望一，亦有「入」有「攝」，亦有四句如下：

攝一入一

攝一切入一

攝一入一切

攝一切入一切

第八門的「一攝一法、一入一法」，乃唯明「自一」隨對「他一」，「自一」攝「他一」時，亦入「他一」而已！但今第九門則不然，即：第一句的「攝一入一」，是「一切」隨攝「一法」將入「一法」的意思，約十鏡來說：總以九鏡為能攝，而第一句及九鏡攝第一

「一鏡」而入第二的「一鏡」之中。第二句的「攝一切入一」是九鏡皆攝九鏡而入一鏡中。第三句「攝一入一切」是九鏡各攝一鏡徧入九鏡之中。第四句「攝一切入一切」是九鏡皆攝九鏡而各入九鏡之中。攝將隨一入彼「一」中，復攝彼「一」在此「多」中，叫做「相在」。由此互攝互在，故有帝網重重之義。「入」的情形亦與「攝」的情形相同，有一鏡與九鏡之四句分別。

第十，普融無礙門。「一切」及「一」，普皆同時，更互相望，一一具前兩重四句，普融無礙，此第十門是總融前九。第八門一望一切，第九門一切望一，第十門具第八第九，第七門一切攝一中收。前九門不出「一」「多」。「理如事」是以「一」爲「多」，「事如理」是以「多」爲「一」，二、四乃如理之「徧」，三、五乃如理之「包」（二即二而不二），四乃不二而二（以不壞相故），六乃雙含一多容徧無礙，七乃攝入自在，八乃含「一」「多」交涉，九乃含攝入自在，十乃融成一致，所以第十門乃相當於「同時具足相應門」，這十門與十玄之關係，請閱後文「智儼的思想」，設有對照表。

將杜順之周徧含容觀的事事無礙之互相關係，表解如下：

法界觀的最後說：令圓明顯現，稱行境界，無障無礙。意思是說：若圓明在心，依「解」生「行」，「行」起「解」絕，雖「絕」而「現」，「解」「行」雙修，修而無修

（自然而然之修，已無「修」之執著），此乃不唯周徧一門，實亦三觀齊致，如能常行實踐，怕何障不消，何法能礙！

本章（杜順的宇宙觀）的主要參考書如下：

《華嚴哲學要義》李世傑著（《哲學論文集》第四輯，三五—三九頁，商務印）
《中國佛教之研究》常盤大定著（杜順之法界觀）
《華嚴法界玄鏡》二卷　唐澄觀述（《大藏經》第四十五冊，六七二—六八三頁）

四、杜順的佛法觀

《華嚴五教止觀》，是杜順的佛法觀，或佛教觀（亦可謂華嚴五教判之始。所謂教判是站在某一經論的立場以判佛陀一代說法的一種佛教分類，亦即是教相的判釋），智儼、法藏等華嚴宗的歷代祖師，無不受此影響，而作判教論，所以站在判教的立場看，杜順亦當爲華嚴宗之初祖而無愧。

《華嚴五教止觀》，是行人修道，去邪入正的止觀法門，內容如下：

㈠「法」有「我」無門＝小乘教

㈡「生」即「無生」門＝大乘始教

㈢「事」「理」圓融門＝大乘終教

㈣「語」「觀」雙絕門＝大乘頓教

㈤華嚴三昧門＝一乘圓教

第一、「法」有「我」無門是認定萬法之「有」而否定主觀之「我」（「我」是固定不變的主體）。這是站在小乘教的立場，主要乃說著「五停心」中的「界差別觀」，以破「著我」（我執）。五停心觀是小乘修道階段中賢位的修法之一（出於《俱舍論．賢聖品》），其內容如下：

(1)不淨觀（觀身不淨，以止息貪婪）

(2)慈悲觀（觀眾生而起慈悲心，以治瞋恚）

(3)緣起觀（因緣觀。觀十二因緣，以治愚癡）

(4)界分別觀（六界觀。觀身心爲地水火風空識六界之因緣和合，以治「我」見）

(5)數息觀（數出入息，以治心之散亂）

杜順對於一一之法，均以「名」、「事」、「體」、「相」、「用」、「因」的六重而觀之。「界」是「別」，即：「法」之「差別」有十八種，叫做十八界，故對於十八界（眼耳鼻舌身意六根，色聲香味觸法六塵及眼耳鼻舌身意六識，合起來叫做十八界以包括一切諸法）亦說此六重之觀。這種觀法，完全是一種「析空觀」（把諸法分析爲「空」）的觀法。今就十八界中六識界的「眼識」而言，以「言」而說「眼識」，謂之「名」，由「名」所詮者（即：一念相應如幻的東西）謂之「事」，以言詮不能及之「如來藏（眾生與佛一體的東西＝包含有佛性）」謂之「體」，清淨圓滿謂之「相」，於「境」（認識的對象）的了知謂之「用」，阿賴耶識（藏識＝第八識）中的眼識的種子謂之「因」。根、塵、識諸法，均以藏識爲體，一切是「識」的顯現，這個地方，有大乘的解釋法。

觀十八界，斷諸煩惱者，得離「我」「我所」（外界六塵等總相），不過，此境「人我」雖去，「法執」（萬有諸法之執）仍存。小乘教所修者，個人的我雖滅，但仍執眾緣爲「實」，所以說，「法」有「我」無門。

第二，「生」即「無生」門，是「人」「法」二空的觀法，這是大乘始教對於「法」所作無我之觀法。先簡去「名相」：「智人唯見色法，不見名相」，這個意思是說：迷的人所看的，都是「名」與「相」，而有智慧的人所看的是「法」，這個「法」即是「色法」。次入無生門云：於事中真妄齊致，意識分別不「如法」，所謂「真」「妄」是眼識所得，故名「真」，意識緣故爲「妄」，真妄懸差，故證「法」而無「人」。這個爲「法」無分別故。「法」雖無分別，若竟分別，即是有了分別，非求法也。色法既爾，心法亦然，如色無異，故經云：「五識所得境當體如來藏」，這是表示真觀智的主客一體的世界，此爲人初門的方便，契自位之妙門。

其次，諸法皆空的觀法，有「無生觀」與「無相觀」兩種。無生觀是由於「法」的「無自性」而空掉「生」的立場，云：「法無自性，相由故生，『生』非實有，是則爲空，故曰無生……因緣故有，無性故空，無性即因緣，因緣即無性。」《中論》云：「以有『空』義故一切法得成，若一切法不空，則無道無果。」這個意思是說：要由於「空」才能成就一切法，假如不是「空」，一切東西已經固定不變，故無成長、發展、修成果位等可言，故由「空」始能成立一切法。其次的「無相觀」是「相」即「無相」的意思，「法」離於「相」，無所緣故。一切法皆空，無有「相」，「空」無有「分別」，所以「無性法」亦無，如此的觀法，即能離情執。要有「空」才能成「觀」，若不空，即是顛倒，顛倒不能成「觀」，如此的「觀」，能治「執法」之大病，「法」實「非有」，妄見爲有，要以無分別的空，始能成立究竟的「觀」，諸法皆空，相無不盡，是爲大乘始教的法無我（人法二空）觀，這是生即無生門的義理。

第三，「事」「理」圓融門。這是大乘終教的觀法。此門所引經論，有《楞伽》、《勝鬘》、《起信》等典籍。心生滅門是「事」，心真如門是「理」。「空」「有」二見，圓融自在。緣起之法，似有即空，空即不空，復還成有，「有」「空」無二，圓融無礙。空是不礙有之空，「即空」而「常有」，「有」是不礙「空」之「有」，「即有」而「常空」。「有」即「不有」，離有邊有，空即不空離無邊空，以「有即空」而「不有」故名「止」，以「空即有」而「不空」故名「觀」，「空」「有」全收，不二而二，故亦止亦觀，「空」「有」互奪，二而不二，故非止非觀。「慈悲」導「智慧」而不住「空」，空即有而不失空故，「智慧」導「慈悲」而不滯「有」，以不住「空」之大悲故。恆隨「有」以攝「眾生」，以不攝生，以不滯有之大智故。生非生，滅非滅，以「有」即「空」故不住生死，以「空」即「有」故不住涅槃，「空」「有」兩存，故亦住生死亦住涅槃（解脫），以「空」「有」相奪，兩不存故不住生死不住涅槃，猶如「水」「波」之一異，非一非異。「有」「無」無「二」而「二」，二而不二，雙離兩失，頓絕百非，見心無寄，所以叫做「觀」（這是事理圓融之觀）。

第四、語觀雙絕門。這是頓教的觀門（《維摩經》的入不二法門屬於此觀）。「語」即「如」故不異「法」，無言的觀行也是如此，「空」「有」圓融，「語」「觀」雙絕，連「觀行」本身亦應離開（不停滯於「觀行」，不執著「觀行」的意思）。進入「無言」、「無觀」的絕對境（不二境界）為此門之觀法。維摩居士以「默然無語」而表示絕對境界，文殊菩薩以「善哉、善哉，默然無言，是真入不二法門」而讚嘆！也是表示絕對的境界。說法的究意歸於無言，但無言中有大說法，言說、觀行、無說、無觀均是「法」。要超越「言」與「無言」，言即無言，無言即言，是爲語觀雙絕門的觀法。

第五、華嚴三昧門。這是華嚴圓教最究竟的觀法，其所說的內容，即是法界緣起的實相。

觀一事而入法界的方法，有三段的過程，一是徵令見盡（追求諸法但名，以令人達到亡言絕解之境），二是示法令思（內容分爲「剝顛倒心」與「示法斷執」二節，即：剝奪顛倒之妄心，然後令人覺悟「法」之「如實」）。三是顯法離言絕解（內容分爲「遮情」、「表德」二門，遮情乃以四句而否定「緣起」，表德乃以四句而肯定之）。在「遮」「表」圓融無礙處而見緣起之法，特由《華嚴經》而證顯此理，杜順爲之發揚而光大其說。

茲再就杜順《五教止觀法門》的內容略加詳述如下：

「色」等諸「事」，本來就是「真實」而亡詮（離言說）的，所以妄心不可及，是故見眼耳等事即入法界緣起中，因爲，一切是「無實體」、「無自性」的，無自性故得成幻有，性相渾融，全收一際，所以見法即入大緣起法界中，而入法界緣起，有徵令見盡等三種方便。第三顯法離言絕解的「遮情」，有四句：(1)非「有」（諸法空故，無自性故），(2)非「無」（即有故非無），(3)非「亦有亦無」（「空」「有」圓融，一際無二相故），(4)非「非有非無」（不礙兩存，蓋緣起之法，空有互奪，同時成也）。空有互融，法「空」奪「有」盡，唯「空」而非「有」，「有」奪「空」盡，唯「有」而非「空」，相奪同時，兩相雙泯。以上爲遮情門的內容。其次，表德門亦有四句：⑴是「有」（幻有不無故），⑵是「無」（無性即空故），⑶是「亦有亦無」（不礙兩存故），⑷是「非有非無」（互奪雙泯故）。

諸法以緣起故「有」、以緣起故「無」、以緣起故「亦有亦無」、以緣起故「非有非無」，乃至一不一、亦一亦不一、非一非不一、多不多、亦多亦不多、非多非不多，如是多，多是一，亦是多亦是一、非是一非是多，「即」「不即」四句，也屬如此。遮表圓融無礙，皆由緣起自在故，若能如是，才能見到緣起法，圓融一際的特殊。

「法」無自性而不礙相存，若不無性，緣起不成，無自性故緣起，緣起故無自性，無「性」爲不可分別，而隨其「大」「小」，「性」無不圓，一切亦即全性爲身，全「彼」爲「此」，「即性」而不礙「幻有」，一具眾多，彼此全體相收，而不礙彼此差別，彼中有此，此中有彼，法同法性，入諸法故。

一即一切，一切即一，一即多，多即一，一入一切，一切入一，如帝釋天，帝網皆以寶成，光明影像，涉入重重無盡，一珠中同時頓現，無盡緣起，是爲法界緣起之妙法。

上述五觀法，乃由淺入深之修道法門，同時也是入華嚴三昧的過程。其組織的成就，即是由杜順的五教立場，再以分爲觀法內容的。

本章（杜順的佛法觀）的主要參考書如下：

《華嚴五教止觀》 一卷，隋杜順說（《大藏經》第四十五冊，五〇九—五一三頁）
《華嚴思想史》 高峯了州著（一四七—一五〇頁）

五、杜順思想的傳承

1 智儼的思想

傳承杜順的真髓，能盡力於振興華嚴宗的人，是至相大師「智儼」。他的傳記，載於《華嚴傳》、《續高僧傳》。他從智正大師學習《華嚴經》，再禮光統律師學律及《華嚴》，以吸收地論宗的學風，著有下述各書：

《華嚴經搜玄記》（《華嚴經》的解釋）　九卷

《華嚴經孔目章》　四卷 ┐
《五十要問答》　二卷 ┘ 補說《搜玄記》之書

《一乘十玄門》　一卷（說十玄緣起之法）

智儼承初祖杜順之意，略定華嚴宗的綱領，依判教的方式而解釋《華嚴經》，就杜順觀行上，雙備教理、教觀，研宏一宗之組織。他始住至相寺，後入雲華寺。於唐高宗總章元年（六六八年）十月二十九日，圓寂於清淨寺時年六十七歲。智儼的系譜如下：

華嚴宗——杜順——智儼——賢首
地論宗——慧光、道馮、靈裕、靜淵——智正——智儼
攝論宗——真諦、慧曠、法常——智儼
智儼——義湘（新羅人）
智儼——道成
智儼——薄塵

繼承杜順《法界觀門》的思想，發揮事事無礙的精神者，當首推智嚴的《華嚴一乘十玄門》。杜順《法界觀門》的第三重「周偏含容觀」與智儼的《一乘十玄門》是有密切之關係的，茲將兩者之關係略述如下表：

《法界觀門》	《一乘十玄門》
理如事門 事如理門 事含理事無礙門（微細相容安立門）	諸藏純雜具德門
通局無礙門	諸法相即自在門
廣狹無礙門（廣狹門）	十世隔法異成門
遍容無礙門	相即、廣狹二門
攝入無礙門（相即、相入門）	一多相容不同門
交涉無礙門	秘密隱顯俱成門
相在無礙門	因陀羅網境界門
普融無礙門	同時俱足相應門

一乘緣起，是自體法界，一即一切，無過不離，無法不同。《華嚴》大經，通明法界緣起，不外乎「自體」之「因」與「果」。「因」乃方便緣修，體窮位滿，即是普賢，「果」乃自體究竟，寂滅圓果，即是十佛境界。約「教」自體而言，可分「舉譬」及「約法」，以辨緣起。舉「譬」可分「異體門」及「同體門」。異體門中，約「相」而言，以十數以明「一中多」，「多中一」，此中均含「盡」「無盡」兩義，即：「十」中「一」即是「盡」，「一」中「十」乃是「無盡」。再約理而言，即是「一即多」「多即一」，現象界之事，雖多即一，雖一即多，但「一」「多」相即相入而無礙。同體門的情形，亦與異體門相同，有「一」中「多」，「多」中「一」，「一」即「多」，「多」即「一」，並有「盡」「不盡」二義，上面所述，可表解如下：

- 體
  - 異體門
    - 約相（一中多，多中一）＝有「盡」「不盡」
    - 約理（一即多，多即一）＝有「本有」「始有」（本有是「空」，始有是見佛性）
  - 同體門
    - 約相（一中多，多中一）＝亦盡，亦不盡（盡＝如虛空，不盡＝攝法）
    - 約理（一即多，多即一）＝亦盡，亦不盡

次就約「法」以會理而言，有十門：

㈠同時俱足相應門（約「相應」無先後）

㈡因陀羅網境界門（約譬）

㈢秘密隱顯俱成門（約緣）
㈣微細相容安立門（約相）
㈤十世隔法異成門（約世）
㈥諸藏純雜具德門（約行）
㈦一多相容不同門（約理）
㈧諸法相即自在門（約用）
㈨唯心迴轉善成門（約心）
㈩託事顯法生解門（約智）

上列十門的每一門，皆具「十門體」，所謂十門體的內容如下：

⑴教義（「教」是通相、別相、三乘五乘之教）
⑵理事（三乘教認爲「事」與「理」不同，而華嚴宗認爲「事即是理」）
⑶解行（三乘認爲「解」與「行」不同，但此宗認「解」即「行」，「行」即「解」）
⑷因果（修相爲因，契窮爲果）
⑸人法（明「人」即明「法」）
⑹分齊境位（參而不雜，各住分位）
⑺法智師弟（開發爲師，相成即弟子）
⑻主伴依正（舉一爲主，餘即爲伴，「主」是「正」，「伴」是「依」）
⑼逆順體用（這是「成」「壞」義）

⑽隨生根欲性（隨緣常應，「常」「滅」同時相應）

十門體普周法界，故成無盡義。十玄門的意思如下：

①同時具足相應門。教義、理事等同時具足，這是緣起實德、法性海印三昧力用使其然的。因果同時，一切法皆一時成，若有一法不成，一切亦不成，如似初步若到，一切步皆到，一步不到，一切步不到，故雖成等正覺（佛果位），卻不捨初發心，乃一即是多，多即是一的緣故。即舉一法，一切法皆具足的表示。

②因陀羅網境界門。此約「譬說」，亦具教義等十門。帝釋殿帝網之相，猶如眾鏡相照，眾鏡之影，現於一鏡中，如是影中復現眾影，重重現影，成其無盡復無盡之狀態，所以經中云：於一微塵中，各示無量無邊佛，於中說法，於一微塵中，現無量佛國乃至眾多世界，塵塵如是，無盡復無盡，這是法界緣起，重重無盡之理，隨智差別故舉一爲主，餘則爲伴，如帝網一珠，映現一切珠，而在其中，又不失因果先後次第，而體無增無減，故經云：眾生成佛盡，佛界不增，眾生界亦不減，若無一眾生成佛，眾生界亦不增，佛界亦不減也。

③秘密隱顯俱成門。此約「緣起」說，亦具教義等十門。「隱」是如《涅槃經》所說的「半字」，「顯」是「滿字」，又如〈月喻品〉所云：此方見半，他方見滿，但月亮本身，實無虧盈，隨緣所見，故有增減。月亮本身，是常半常滿，隱顯無別，半滿無異時的，故如來於一念中八相成道，生時即是滅時，同時俱成「故云秘密」（隱顯體無前後故）。

④微細相容安立門。此約「相」而說。如一微塵是其小相，無量佛國是其大相，而「大」「小」相容而安立，不亂不雜，不增不減，諸門一時具顯不相妨礙。

⑤十世隔法異成門。此約「三世」。過去世中有過去、現在、未來，現世中亦有過、現、未三世，未來中亦有過、現、未三世，合起來有九世，但三世爲一念，合前九世爲十世，而十世以因緣力故「相即」「相入」而不失三世，如以五指爲拳而不失指，十世雖同時而不失十世之別。長劫入短劫，有劫入無劫，無劫入有劫，過去是未來，未來是過去，十世相即相入而不失先後長短之相，故云「隔法異成」。

⑥諸藏純雜具德門。此約「六度」說。如就施門（布施）而說，一切萬法皆名「施」，是爲「純」，但施門具諸忍辱，持戒等行，故名爲「雜」，「純」與「雜」不相妨礙，故名「具德」。又如「一念」爲「純」，「萬行」爲「雜」，而一念具足萬行，乃是純雜具德。「一」是「純」，「多」是「雜」，這是由「行」所看的相即相入的無礙觀。

⑦一多相容不同門。此是約「理」之說。「一」入「多」，「多」入「一」，叫做「相容」，但「體」無先後而不失一多之相，故云「不同」，這是緣起的實德。一入一切，一切入一而不雜亂。

⑧諸法相即自在門。此約「用」。此就三世圓融無礙而說相即無盡。法界體性無盡，先後因果不失，而又相即相入，故云初發心時，便成正覺，一攝一切，一切攝一，初攝後，後攝初，一行一切行，三生、三世只在一念，一念具足一切，海水一滴，具百川味，一念成佛，會緣以入實性，無多少故，行行圓滿，取最後念，名爲成佛，因果相即，同時相應。

⑨唯心迴轉善成門。此約「心」說。一切諸法，皆是如來藏清淨真心（佛性）所建立，順轉名爲涅槃，逆轉名爲生死，三界虛妄，唯一心作，一切淨染，離心更無別法，以緣起自

在力故華嚴七處九會皆不離寂滅道場，不來相而來，不見相而見（《維摩經》之說），乃表示此心自在緣起之妙用也。

⑩託事顯法生解門。此約「智」說。「事」即是「法」，託事以顯法，異事顯於異理法，以「事」即「法」故。隨舉一事，攝法無盡。此中因果，乃是一乘說之相即相入之因果。一切事象，皆表示有其真理（法）。

次就智儼的判教而言，《一乘十玄門》是於「能詮」之「教」，就「自體相」而辨緣起的，但在《搜玄記》乃就「所詮」之「義」以明分齊，而導致於茲的東西，是判教思想。智儼站在慧光以漸、頓、圓的判教立場，於其《一乘十玄門》而解釋小乘、三乘、一乘之思想，而在圓教一乘的《華嚴經》而指出同別二教的立場。根據《搜玄記》看，可由三種立場來解釋漸頓圓三教於圓教一乘的體系之中，第一、由「漸」的立場看，「漸」生「信」，「頓」成「行」，「圓」成「體用」，這是據「方便修相對治緣起自類因行」而說的，第二、是約「實際緣起自體因行」而說的，即：由於示「頓」而修，示「漸」而彰爲物，於「圓」而示果德之圓備，第一是向上的階段，第二是向下的秩序，「對治」對「實際」，「自類」對「自體」，兩者均以「因行」爲立場。第三是：「窮實法界，不增不減，無障礙緣起自體甚深秘密果道」爲立場的圓、頓、漸之順序體系（約果道），《一乘十玄門》的因果二門的思想，是建立於這三教判之上的。

智儼似乎把《華嚴經》攝在「頓」「圓」二教，他認爲由此而可了解《華嚴經》的同別二教之立場。智儼的同教，是同於三乘的立場而有「通」的意思，通別二教是《一乘十玄門》的

「通相」「別相」的意思，這個「通相」或「通宗」，是對待著三乘別相的一乘的立場，這是教即義同時相應的意思，即：如此絕對的意思的同時相應本身即是別教。杜順的通相，是包含同教意義的一乘，以對待別相三乘的，但智儼的同教是從別教分別的同於三乘之一乘。

從《搜玄記》以觀，智儼是站在頓圓性立場以作同教的意思，此於其法華立場可得而知，於是頓教乃從圓教分離，變成採取著對待於一乘之三乘。一乘與三乘之分別，根本是由於依海印定而起之普眼的所知，與後得法住智所說的（《孔目章》四），這一點，在真如論上，表示得最明瞭。據《孔目章》看，一乘真如有「別教門」與「同教門」之分別，三乘真如有「頓教門」與「漸教門」之分別。頓教門由《維摩經．不二法門品》之立場而解釋，漸教門再分為「終教門」、「始教門」和「世間所知門」三門，終教門又分始終二門，即：「始門」是〈不二法門品〉的三十二菩薩的不二，「終門」乃配於文殊之不二。始教門亦分始終二門，即：始門是《百法明門論》，終門是由於《維摩經．弟子品》「金剛般若經對法論」而解釋。世間所知門亦分始終二門，即：始門是人天善根及愚法二乘之立場，終門是「諸法但名」之立場。在這組織上，《維摩經》的立場最重要，尤其是頓教的立場，乃由維摩的默然而解釋，而漸教的始終二教，大體上，亦可由《維摩經》而得到理解。智儼的佛法觀，由成佛說而可分為人天、聲聞、緣覺、始終漸教、頓教和一乘，但其內容，到了法藏時，才於其《五教章》裏面，始作有系統的闡述，由此，杜順的思想亦愈顯露而告明朗化。

智儼的華嚴經觀，由信解行證的因果，普賢法界的因果，修起與說起，緣起與性起而分別其內容，他將〈明難品〉至〈小相品〉之修成因果，及〈普賢〉、〈性起〉二品的自體因果二類而解釋全經八會的結構（見《搜玄記》）。「修成」是於「自體」而成立的，緣修離「緣」乃不得成立，但「性起」卻無「緣」亦無缺損。三乘緣起依存於「緣」之聚散，而一乘緣起是超越三乘之依緣，所以是「性起」。如以「緣」而觀，一切均是緣，如以「性」而觀，一切均是「性」，如此的因果，是開顯法界理實的緣起的立場，這就是因果緣起理實的意思，且是智儼「華嚴經觀」的中心思想。

智儼的緣起說組織，亦有其心識論的基礎，而此基礎是根據《地論》、《攝論》的思想而開展的，但法藏的心識觀是由新唯識的心識觀再加以華嚴化的（見於其《十重唯識觀》）。又，智儼論緣起的成立，分析有「因緣六義」，即：「念念滅」是「空有力不待緣」，「俱有」是「空有力待緣」，「隨逐至治際」是「有無力待緣」，「決定」是「有有力不待緣」，「觀因緣」是「空無力待緣」，「引顯自果」是「有有力待緣」，此六義乃基於《瑜伽論》的「因七相」及《攝大乘論》的種子六義而立論。在「空」「有」上看，因體本身即是緣起的果法，而此因體是無自性，同時是有力的，又，在能生的意義上看，因體是「有」，在果法的「因」看來，卻有「無」之意思，如此六義緣起的普遍意思，乃表現爲具體的六相而形成爲緣起之個別法相。此因緣六義到了法藏時，即變爲其《五教章》的因門緣起六義法，而其六相觀就變成爲法藏《五教章》的六相說而附帶於十玄緣起說的後面，這些內容，請閱後面法藏的「別教一乘教理論」即可明瞭。在這一點看，智儼的華嚴經觀、十玄門、因緣六義、六相說、性起說乃至判教方面，都直接對法藏給與很大的影響（尤其是「十玄門」及「性起說」方面），也就是杜順思想的再傳承。

本節（智儼的思想）的主要參考書如下：

《華嚴一乘十玄門》一卷　杜順說，智儼撰（《大藏經》第四十五冊，五一四—五一八頁）

《搜玄記》十卷　唐智儼述（《大藏經》第三十五冊，一三—一〇六頁）

《孔目章》四卷　唐智儼集（《大藏經》第四十五冊，五二六—五八九頁）

《華嚴思想史》　高峯了州著（一六二—一八六頁）

《華嚴大系》　湯次了榮著（〈教史篇〉）

2　法藏的思想

・法藏的判敎論

㈠前言：繼承華嚴二祖智儼的衣鉢，大成華嚴宗，是賢首大師——「法藏」。他俗姓「康」，其祖先原住「康居國」（新疆省）。生於唐太宗貞觀十七年（六四三年）十一月，博識梵文，後隨其親來長安，學懂漢文，利智絕倫，十七歲出家，入太白山，研究佛典，深慕儼大師德風，日夜隨侍。二十六歲時，其師智儼圓寂，智儼臨終云：「紹隆佛法，其唯是人」，是知爲能荷擔大法之法器。曾列玄奘譯場，及實叉難陀所譯《八十華嚴》時，法藏任爲筆受。講述《華嚴經》三十餘遍，關於「空」「有」之諍的問題，他乃敘述日照三藏所傳，評論戒賢、智光之論旨，立「空」「有」不二之說，在唯心緣起論方面，乃將妄識緣起，真妄和合緣起及淨心緣起三大緣起，統一爲「法界緣起説」，所謂佛教之緣起説乃告大成。法藏是一大哲學家、宗教家和教育家，對於二祖的華嚴通釋，更進一步，建立了不共的華嚴別教觀。其《華嚴五教章》乃是華嚴立教分宗的根本聖典，華嚴宗由是而完大成。法藏之事蹟，載於《賢首傳》、《宋高僧傳》、《佛祖通載》、《釋氏稽古略》、《佛祖統紀》等書。唐睿宗先天元年（七一二年），法藏以七十歲而圓寂於西京大薦福寺，生前的別號爲「國一法師」或「香象大師」，所謂「法藏」是其諱，「賢首」乃是其字。上受武則天的歸依、尊敬，下受人民的歸仰（爲民祈雨等奇蹟頗多），當時的宗風大揚，學德光被一世，遺法流傳後代，故華嚴宗又稱賢首宗。法藏的主要著作如下：

《華嚴五教章》　四卷（開教立宗之華嚴宗典）
《華嚴經探玄記》　二十卷（六十《華嚴經》的註解）
《華嚴經文義綱目》　一卷 ┐要義性的《華嚴經》解
《華嚴經旨歸》　一卷 ┘
《華嚴問答》　二卷
《華嚴雜章門》　一卷
《華嚴遊心法界記》　一卷
《華嚴策林》　一卷
《義海百門》（一名爲《華嚴法界義海》）　一卷
《華嚴三昧章》（又云《發菩提心章》）　一卷

《妄盡還源觀》 一卷
《華嚴經傳記》(一名爲《纂靈記》) 五卷
《普賢觀行法門》 一卷
《華嚴經明法品立三寶章》 二卷
《開脈義記》(依《八十華嚴》) 一卷

其他,現在不傳,或內容所屬不明,或作者不確定者,尚有十九種,不便一一列出。

法藏的判教,可分爲兩大部門,一爲隨他意門的判教,一爲隨自意門的判教。

第一、隨他意門判教旨在引導別的宗派,暫秘自家的真意,響應別家之說,隨宜方便所施設的判教,「權教」「實教」之判(出自《十二門論宗致義記》及《心經略疏》),四宗之釋(出自法藏的《起信論義記》上卷之說,即隨相法執宗,真空無相宗,唯識法相宗和如來藏緣起宗),是屬於這一部門的判釋。所謂四宗,即:小乘諸部屬於隨相法執宗,《般若》等經及中觀等論屬於真空無相宗,解《深密》等經文及瑜伽等論屬於唯識法相宗,而《楞伽》、《密嚴》等經及起信、寶性等論屬於如來藏緣起宗。四宗之中,(1)隨事執相說是小乘諸師所立,(2)會事顯理說是龍樹、提婆所立,(3)依理起事說是無著、世親所立,(4)理事融通無礙說是馬鳴、堅慧所立。這四宗,並無前後時間差別,於諸經論中,亦有交參之處,這是法藏的看法。

第二、隨自意門判教,是開顯自宗的真實意思,根據《華嚴經》而表示自宗不共之洪範,宣言立教分宗之法門。此門亦可分爲三種判教;一是絕對門的「同別二教判」,二是相對門的(相待門的)「五教十宗判」,三是「待絕合論門」的「本末二教判」。絕待門的同別二教判是站在絕對的見地，以佛一代的說法，均爲「海印定」中的法門，欲由《華嚴經》來包括佛一代的說法的。相對門的判教（五教十宗判）是於佛一代教法中，施設淺深之次第，稱揚《華嚴經》爲「一乘圓教」，而貶斥餘經爲三乘之方便教，尊《華嚴經》爲最高地位的看法。待絕合論的「本末二教判」是一方面從絕對的見地，由華嚴攝收佛一代教法，另一方面又從相對的見地，立淺深之別，而表示著華嚴特勝義的看法。

上面所述華嚴宗的判教，可表解如下：

- 華嚴宗的判教
  - 隨他意門
    - 「權」「實」的判釋
    - 四宗的判釋
  - 隨自意門
    - 絕對門——同別二教判
    - 相對門——五教十宗判
    - 待絕合論門——本末二教判

㈡同別二教判：佛自證的境界，遠超吾人思慮，言說不能及，這叫做「性海果分不可說」。可是，佛陀慈悲，應人根器，在無相中，現出萬象；於無言中，說出言教，在覺樹之下，開演了一乘無盡緣起的玄義，化度普賢等大機，這叫做「緣起因分可說」。在緣起因分可說的情形之下，生出各種義門，演成無量教法，對於直往頓入的上根者，說出無盡圓融的法門，這叫做「別教一乘」，而對於中下二根者，說出三（三乘）一（一乘）合同之法門，引人進入圓教，這叫做「同教一乘」。

茲先就「同別二教」的名義而言。據《華嚴五教章》看，關於別教的「別」的解釋，有「相對門」和「絕對門」二種釋法。如從相對門來說，「別」是「別異義」，即：華嚴無盡的一乘與三乘教「別異」，故云「別教」。其別異之相，雖是頗多，但可分為十異，即時異、處異、主異、眾異、所依異、說異、位異、行異、法門異和事異。但此別異，是對機之別異，並不是「自相」有「別異」，而是隨機論「別」的。次從絕對門來說，「別」是「不共義」，即：三乘即一乘，一乘之外無三乘，唯一圓教而絕待不共。二門之中，平常是以相對門之解釋為本義。

其次，「同教」的名義，也有種種義，即：有「寄同義」（將一乘法寄託於三乘而說）、「回向義」（回向三乘教而使同於一乘教）、「融同義」（融會三乘與一乘而同一不二）、「交同義」（三乘一乘互相交參）、「通同義」、「應同義」等。總之，三一共同，是「同」的意思。

別教一乘是「真顯門」，同教一乘是「寄顯門」，而真顯寄顯兩門，皆是海印定中所現的性起法門，所以三乘一乘，乃至一乘無盡（別教一乘）的教法，都攝在華嚴教中。在一乘圓教的華嚴中，何以有寄顯之說？其理有三：(1)中下根者不能了解一乘無盡之義，故須寄託於三乘而顯無盡義，(2)由於如來的善巧方便，施設前後次第，以引三乘之機，迴入一乘，(3)本來小乘三乘等差別，是由於機情的偏執所分的，而在華嚴經典裏，如無「小」、「三」等法，乃無法使三乘等人入一乘，故須立寄顯之說，但此「同教」，是海印定內的法門，所以叫做「定內同教」，名雖同三乘，但義理是無盡的一乘教。另一方面，世尊出定後，至鹿野苑，從阿含乃至法華、涅槃的末教之中，也有三一和合之說，這叫做「定外同教」。

「定外同教」與「定內同教」義趣不同，即：前是三乘差別的分際（眾生拘執自得之法爲究竟），不能夠體會無盡圓融之理，後是由於如來的善巧方便，根本的一法，隨順機情而流露爲枝末的教法，所以華嚴的同教是「向下門的同教」，而法華會三歸一是「向上門的同教」（至於結果才進入華嚴一乘的境界）。定外同教是約「機」所說，定內同教是約「法」所說，兩者都是深入一乘別教的方便法門。

上面所說，可表解如下：

- 海印定中性起法門
  - 別教一乘（直顯門）
  - 同教一乘（寄顯門）
    - 定內同教（約法）——向下門
    - 定外同教（約機）——向上門

次由同別二教的體義看，別教裏面，有「分相門」與「該攝門」之別，同教裏面，有「分諸乘」與「融本末」兩門。分相門是把三乘一乘相對，判定其本末權實，認爲三乘之外，另有一乘教之存在，別教的名詞，乃由茲而來。該攝門是認爲：一乘之外，別無三乘，以一乘圓教而該攝三乘教。分相門是由相對的方法而顯別教甚深的義理的，該攝門乃以絕對的方法而表示法體的廣大，兩者關係，不一不異。「分諸乘」是隨諸乘之差別而表示三一和合相，以明其同教之體。「融本末」是把無量乘的法門，都認爲是從根本一乘而流出，以論其「體」

之「一」，融合其本末的。分諸乘是隨「機」的別義門，融本末是「法體」的融通門。

上面所述同別二教的體義，可表解如下：

- 同別二教之體義
  - 別教
    - 分相門（一三相對）——相對的看法
    - 該攝門（一乘攝三乘）——絕對的看法
  - 同教
    - 分諸乘（隨機之別而明同教之體）
    - 融本末（由根本一乘而融合本末）

同別二教，各開兩門，網羅三乘一乘，最後論到三乘一乘的不一不異，把佛陀一代時教，攝在同別二教的範疇，再把同別二教歸納於無礙的一乘圓教，將一切法門，結攝於華嚴的大教海，這是特殊之「絕對的判教」宗旨。

㈢五教十宗判：五教十宗是華嚴相待的判教，這是「法藏」所獨創的。五教由「能詮」的法義所分，十宗約「所銓」的理趣而分。前是教學上的分類（依斷障得果等差別而立），後是宗旨上的分類（依所宗之理趣）。五教是愚法小乘教、大乘始教、大乘終教、大乘頓教和一乘圓教。五教的大意如下：

(1)愚法小乘教。此指阿含、婆沙、俱舍等小乘的教法。此教唯知「人空」之理，而不知「法空」義，對於「法空」尚愚，故云愚法小乘，這是被大乘所貶斥的根機淺劣的二乘人（聲聞、緣覺）所受之法。

(2)大乘始教。大乘中初門之教。始入大乘者所受之教，故云「始教」或「初教」。此教教義淺薄，仍未通達大乘實義，所以是「權教」。此教裏面，分爲「空始教」和「相始教」。《般若》、《中論》等經論所說真空無相之理，唯破「有所得」之執而說一切皆空一邊之理，而未說及真如具有萬德的不空方面，亦即是未說大乘深妙之理，所以是「空始教」。《深密》、《瑜伽》、《唯識》等經論，雖是廣說五位百法及諸法性相，但其性相隔歷，事象不融，不知真如隨緣之德，立五性各別，不談一切皆成佛，所以此教（相始教）仍屬於權教性的。

(3)大乘終教。是大乘漸教中的終極教義，《楞伽》、《起信》、《勝鬘》、《寶性》等經論所說真如緣起之法門，是屬此教。此乃對於根機成熟者所施的教法，所以叫做「熟教」，並且也談到大乘的實義，所以又稱「實教」。真如平等之「理」與差別之「事」，相即相入，理外無事，事外無理，一切皆成佛。此教與始教相比，較爲高深，故名終教。但此教未談事事無礙，未明主伴圓明之說，故不能爲圓教。又，此教未絕次第階位，故亦不能爲頓教，只好叫做「大乘終教」。

(4)大乘頓教。不經階位次第，速疾頓悟之教。前兩教是依言詮所談的大乘漸教，而此乃一念不生，本來即佛，絕離言詮思慮，「解」「行」頓成，理性「真理」頓顯，故云頓教。《維摩經》是屬於此類的經典。

(5)一乘圓教。這是《華嚴經》所說的法門。此教說事事無礙，究諸法體性，談主伴無盡，闡明果相之圓滿，故云「圓教」。前四教是方便教，此教是一乘真實教。由此圓教再開爲同別二教，已如前述。

五教之中，始教與終教，其信解行法，均依「言」而顯「理」，並且其立位漸次，由微而顯著，故名漸教，漸熟非頓故。然而，《維摩》等經，絕言顯理，不立階位，理性、解行，頓顯頓成，故名頓教。漸教、頓教均屬三乘教，聲聞、緣覺、菩薩三乘人所得之法故。第一教是小乘教，圓教是一乘教，而第二教至第五教是大乘教。上面所述，可表解如下：

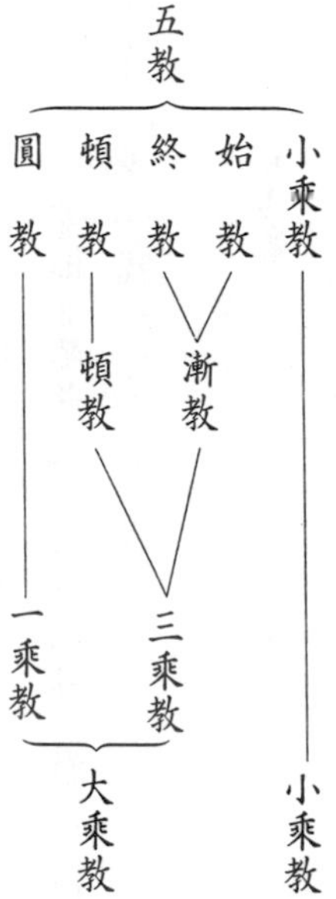

所謂一乘三乘，有三種不同，一是唯以五教中第五圓教爲一乘，而其他爲三乘，這叫做「後一一乘之三一」。二是以五教中頓圓二教爲一乘，其餘爲三乘，這叫做「後二一乘之三一」。三是以五教中終頓圓三教爲一乘，而餘爲三乘，這叫做「後三一乘之三一」。「後一一乘之三一」，由於有沒有說及一即一切，一切即一之事事無礙而分。而說及事事無礙者，五教中唯有第五的圓教，故唯以第五之圓教爲一乘，而其餘均爲三乘。其次，「後二一乘之三一」是由於斷惑不斷惑而分的，五教中之頓圓二教乃本來成佛，不斷惑故爲一乘，而其餘均斷惑故爲三乘。又，「後三一乘之三一」是由於成佛不成佛而分，即五教中之終頓圓三教，談一切皆成佛故屬於一乘，小始二教乃不談此故爲三乘。上面之表，是以圓教爲一乘之看法。《華嚴》一經，具此五教之理，故將一代聖教分爲五教。杜順於其《五教止觀》創立五教之判，二祖智儼亦於其《孔目章》中約五教而明諸法，法藏亦承五教之旨而詳述其內容於其《五教章》及《探玄記》，而大成華嚴宗之判教體系，尤其是他的「十宗」配於五教之關係，完全是法藏的思想獨創。故杜順之思想，傳至法藏，更益見其光彩。

五教所詮義理，多彩多姿，同時，衆生「所尊」、「所崇」、「所主」亦各不相同。「宗」有「尊」、「崇」、「主」三義。法藏將衆生之「宗」，分爲十種，即：我法俱有宗，法有我無宗，法無去來宗，現通假實宗，俗妄真實宗，諸法但名宗，一切皆空宗，真德不空宗，相想俱絕宗和圓明具德宗。十宗內容，分述如下：

(1)我法俱有宗。這是人天乘與犢子部所立之宗。人天乘有「已入佛法」與「未入佛法」二類。先言「已入佛法」之人天乘。佛說五戒十善等法，以教化人天，是順俗情而未說及「我」空之理，所以是「我」「法」俱有之法門。又，犢子部將一切法分爲三聚（有爲聚、無爲聚及非二聚＝非即非離蘊我）及五法藏（過去、現在、未來、無爲及不可說藏＝「非即蘊」「非離蘊」之「我」），如下表：

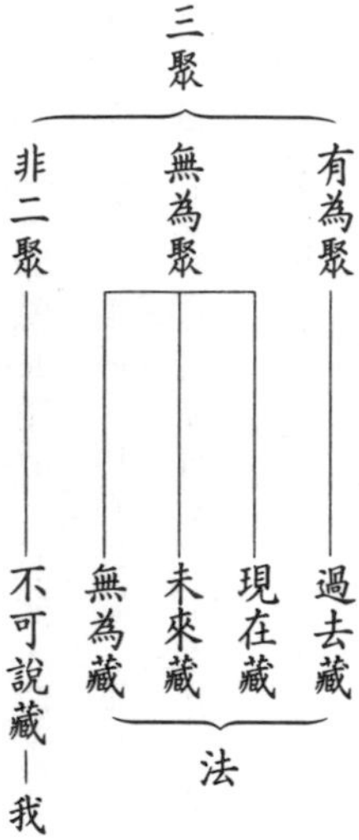

此部（犢子部）的「法」與「我」，均是「實有」。吾人死後，仍存有一種非「即蘊」、非「離蘊」之「我」，以作善惡因果報應之主人，若無此「我」，因果不得一貫。此部認爲：所謂「諸法無我」，是指沒有「即蘊」及「離蘊」的「我」的意思，並不是沒有「非即非離蘊我」的意思，所以三世諸法及主觀的「我」，應該是實有的。其他，法上、賢胄、正量、密林等上座部派，也是屬於這一宗的部派。

(2)法有我無宗。本來、主觀的「我」是沒有的，但萬法的存在是有的，這叫做「法有」「我無」宗，即：印度的說一切有部、雪山部、多聞部等部派，屬於這一宗。「說一切有部」認爲：三世諸法若非實有，吾人心識之現起則無可依託之「根」及「境」，若無「根」「境」，心識亦無從現起，無所依託之體故。又，萬物若非實有，因果之理即不能成立，從「無」不能生「有」故，諸法必從「有」而生「有」，所以諸法是實有的。另一方面，所謂「我空」是說：人的存在，是五蘊的積集，離開五蘊，就沒有「我」，所以「我」是五蘊假和合的東西，「即蘊」的「實我」，「離蘊」的「實我」都沒有，同時，「非即非離蘊我」也沒有，如以此「我」爲「實有」，它究竟是「實物」？抑「假物」？若爲實物，即異於蘊，若爲假物，即不異蘊，異蘊乃違背五蘊之理，不異蘊乃應是假物而非實我，所以犢子部的「非即非離蘊我」是將五蘊和合的假我誤認爲「實我」而來之情執而已，究竟亦爲一種「法執」。

(3)法無去來宗。過去及未來之「體」「用」均無，唯現在及無爲法是「有」的，這是大衆部的看法。佛經中雖說諸法於過去及未來是「有」，但這是爲欲防遮衆生撥無因果之邪見所說的。萬物的「曾有」爲過去，「當有」爲未來，但這並不是說：過去未來之體實有。過未之體，如爲實有，爲什麼只現在才會有「作用」呢？「過」「未」怎麼不會作用呢？現在有作用，過未無作用，是表示：現在有體，過未無體。

(4)現通假實宗。這是「說假部」所立之宗旨。此部認爲：過未當然是無體，但在現在有爲法中，「五蘊」是「實」，「十二處十八界」是「假」。因爲，五蘊本身，並不是「根」「境」相對，不分「所依」「所緣」，直接以一切物質爲「色」，以一切領納之「心」爲「受」，乃至以一切「心王」爲「識」，所以是「實」，而六根六境是相對的假法，並不直接舉示諸法，相對而非絕對，所以是「假」，十八界亦假。一切事象，隨應諸法，看情形，假實不定，《成實論》等經部別師，亦屬此類之看法。

(5)俗妄真實宗。乃「說出世部」等部派所立之宗旨。此部認爲：世俗法是虛妄，出世法是真實，因爲，世俗法由顛倒而生，出世法非由顛倒生（所以是「真」），換言之，世諦是「妄」，真諦是「真」，故云「俗妄」「真實」。但此現在法的「俗妄真實」，是就現在五蘊之法而言？或就現在「蘊」「處」「界」三科諸法通盤而言？這卻不清楚！對此問題，古來有二說，一是說：俗妄真實是唯於現在五蘊而言，即：在現在五蘊法上，俗諦法是虛假，所以是「妄」，真諦法是離繫，所以是「實」，這比前第四宗，成就次第漸勝之義。二是說：俗妄真實是於現在法中，總通於三科而言的，即：在三科上，俗諦是假，真諦是真，並不是約三科而說其假實，而是在蘊等個別的二諦而立假實或真妄的，故亦有次第漸勝義。

(6)諸法但名宗。此乃「一說部」所立之宗旨。一切諸法，唯有假名，都無實體。有「世間」必有「出世間」之相對法。世間既然是虛妄，出世間亦無實體，只爲相對法。第五宗唯遣世間有漏法，但此宗刀空掉「有漏」「無漏」及真俗二諦一切諸法，這是小乘中的至極教。證觀以第五第六兩宗爲「分通大乘」，但「法藏」卻唯以此第六宗爲分通大乘而說：「此通初教之始」。

(7)一切皆空宗。這是五教中的空始教。在無相大乘裏，不論有漏無漏，均是「空」。諸法但名宗是「析空」之「空」，而此空（第七宗）是「即空」的空，《般若經》及三論之空，係屬此類。一切諸法，「生」即「無生」，悉皆真空。

(8)真德不空宗。這是五教中的終教。謂：一切諸法，唯是真如，真如具足無量性功德，諸法皆由真如而起，而「事」「理」無礙。《勝鬘》、《楞伽》、《起信》、《寶性》、《佛性》等經論，是屬此類。

(9)相想俱絕宗。五教中之大乘頓教。「相」是所緣的境相，「想」是能緣的心想，即：客觀的對象（對境）與主觀的能取泯亡，一念不生即佛，絕離一切言說，理性頓顯，爲此宗之境界，《維摩經》是屬此類（語觀雙絕）的經教。

(10)圓明具德宗。這是五教中的圓教。圓滿顯出法界自體所具德用之無盡緣起，主伴具足，圓融自在，故云圓明具德。《華嚴經》所說義理，是屬此類。

上述五教與十宗之關係，可表解如下：

五教	十宗
愚法小乘教	我法俱有宗、法有我無宗 法無去來宗、現通假實宗 俗妄真實宗、諸法但名宗
大乘始教	一切皆空宗
大乘終教	真德不空宗
大乘頓教	相想俱絕宗
大乘圓教	圓明具德宗

㈣本末二教判：佛所說的法門，可分爲兩大類，一是直說佛自證境界的法門；二是隨逐眾生根機所說之法門，前者可謂是眾教根源稱法界之法門，所以叫做「稱性的本教」或「稱法之本教」，後者乃是隨眾生根機而從本教所流出的枝末之教，所以叫做「逐機末教」。稱性本教是「別教一乘」的法門，亦即是指《華嚴經》的教法，而逐機末教是三乘、小乘之法門，亦即是其餘諸經所說的教法。

從《十地經》以觀，稱性的本教是佛成道第二七日，於菩提樹下所說的頓說教法，這是爲普賢大機所說的根本法輪。本來，受法者有二類，一是能夠接受圓融無礙的「普法」之機，叫做「普機」，二是不堪接受普法的二乘、三乘人，叫做「別機」。今稱性本教是爲了普機所說的圓融無礙，相即相入，自由自在之甚深法門。

約「化法」而三一相對時，《法華經》卻也有一分屬於「別教」之義，但它在約「化儀」

而對辨本末時，除了華嚴之外，並沒有什麼叫做「本教」的東西，故從華嚴宗看，究竟《法華經》也不出「末教」之分際。

本末的判教，可說是約「時處」之寄顯說，即：約時處之同異而分佛陀一代時教，並不是史實的分別，卻是寄託於垂迹之化儀而表示著佛陀一代時教之本末深淺的。

逐機之末教，有二類，一是同在第二七日於菩提道場外所說的，叫做「同時異處之逐機末教」，二是第二七日以後在異處所說的，叫做「異時異處之逐機末教」。

同時異處的逐機末教，又有二類，即：三乘教與小乘教就是這個。三乘教與一乘教相望之同時異處之說，已於《密迹力士經》所說，而小乘教與一乘教相望之同時異處說，已於《彌沙塞律》和《普曜經》裏說過。又，有「異時異處之逐機末教」之事，是於《法華》、《四分》、《智度》、《薩婆多》等經論所說的。

其次，就同時異處之說法而言，第二七日說法，是超越空間性的菩提樹下，同時也是超越時間性之第二七日，所以世尊不動覺樹而遍升六天，遍在一切處，如江上一月，三舟共觀之理。念劫融即，一刹那即是永遠，一即一切，一切即一，舍利弗等大弟子，雖列會座，但仍不識無盡圓融之法，佛自證的海印定境界，高深玄妙，誠不可思議也。

本段（法藏的判教論）的主要參考書如下：

《華嚴五教章》四卷　唐法藏述（《大藏經》第四十五册，四七七—五〇七頁）

《華嚴學綱要》　齋藤唯信著（〈教判篇〉）

《華嚴五教章講義》　湯次了榮著（〈分教開宗〉第四）

・法藏的華嚴哲學要義

㈠現象絕對論（現象圓融論）：《華嚴經》是海印定中一時炳現的法門。「海印」是以譬喻而表示釋迦大覺的內容論，釋迦的大覺，是物我一如，天地與我同根，萬物與我一體的境界，借用《大乘起信論》的話來說：始覺究竟，唯一本覺，是即大覺，這個大覺的當體，叫做「一心」。在這絕對的一心中，所有時間性和空間性的一切無量無盡的現象，都能夠印現出來，如大海上的風波止息，天邊的眾星無一不現。在釋迦大覺的心中，一切萬有，無不印現。《華嚴經》的內容，是描寫著佛所印現的實相境界的。

佛海印定中的境界，微妙不可思議，一即一切，一切即一，相即相入，圓融無礙。理事無礙觀，尚存有「理體」或「真如」的存在，以對現象界的事象，故其觀點，是本體與現象對立的圓融觀，但至於「事事無礙觀」，竟不須借用「本體」（例如「真如」的東西）以說諸法圓融，而是只用現象一一的事相本身，即可觀察其相即相入的諸法無礙的，因此，毫無實體的存在。當然，「真如」或「理體」，也並不是「實體」的，可是，在心理上，至少很容易使人不知不覺墮落於「實體」的觀念，因之，徹消理體的觀念（例如真如），直接以現象的當體為究竟的實相，以談圓融無礙的境界。這是事事無礙觀的特質所在，因此作者把這個意思，叫做「現象絕對論」或「現象圓融論」。由此，始能契合緣起自性空的大乘空觀哲學的基本立場，所以華嚴是由「真空」而顯現的「妙有」的世界，而十玄門是表示著妙有無礙之「相」的。由此十玄門而可了知宇宙一切諸法的真相，這是玄中之玄，妙中之妙的宇宙人生的究竟實相。關於《一乘十玄門》的內容，已見前述「智儼的思想」，而「法藏」於其《華嚴五教章》的第四卷中，也承襲其師（智儼）一乘十玄門之說，但法藏於其《探玄記》中，將智儼十玄門之說，改了兩門，變成「新十玄」（智儼的十玄門爲「古十玄」）。「古十玄」的「諸藏純雜具德門」在新十玄就變成「廣狹自在無礙門」，古十玄的「唯心迴轉善成門」在新十玄即變成爲「主伴圓明具德門」。爲什麼要如此的改變呢？先就諸藏純雜具德門而言，如以「一理」爲「純」，以萬行爲「雜」的話，即變成只是「理事無礙義」，如此乃恐濫及「理事無礙法界」之義而失去現象圓融論（事事無礙）之義，故更改如上。又，唯心迴轉善成門是表示諸法無礙的理由之一，並不是表示無礙之「相」，故另立主伴圓明具德門，以示無礙之「用」。

茲將新舊兩種十玄，對照如下：

（古十玄）	（新十玄）
同時具足相應門	同時具足相應門（約總）
一多相容不同門	廣狹自在無礙門（約空）
諸法相即自在門	一多相容不同門（約用）
因陀羅網境界門	諸法相即自在門（約體）
微細相容安立門	隱秘顯了俱成門（約緣）
秘密隱顯俱成門	微細相容安立門（約相）
諸藏純雜具德門	因陀羅網境界門（約喻）

十世隔法異成門——託事顯法生解門（約智）
唯心迴轉善成門——十世隔法異成門（約時）
託事顯法生解門——主伴圓明具德門（約境）

以「原理」性的看法，簡述法藏「新十玄」的意思如下：

⑴全體性原理。一切萬有，貫徹時間空間，成爲一體的緣起關聯，故於一法上，具足一切法，圓融自在，猶如大海一滴之水，含百川味，這是海印三昧同時炳現的法界妙相。華嚴把這個原理，叫做「同時具足相應門」，由現代話來說，這是一種全體性的原理，即：一切諸法，任舉一法，皆具一切性，三世諸法，同時具足相應，互相攝收，相即相入，一即一切，一切即一，都具有整個宇宙的全體性。

⑵超空間性原理。在物理的世界，都有一種「空間性」的繫縛，物體空間有質礙，小不能容大，固體無透入性，大小不能相入無礙，但在事事無礙的法界中，大小能夠相容相入而無礙，如「一尺之鏡，見千里影」。這個情形，不唯是無形的世界如此，就是有形有相的具體世界裏面，也是如此。吾人如能站在「空」的立場，「法界一心」的立場來看，此事乃容易了解，這並不是神秘或奇蹟，而是法界法爾的妙用妙體。一切諸法，能入一塵而不失其本位，「狹」能容「廣」而自在無礙，這叫做「廣狹自在無礙門」。這是一塵一法的力用普遍於一切而無有限際的意思，這是超越物體空間的質礙的境界，所以叫做「超空間性原理」。

⑶相入性原理。從作用方面看，真理有一個特性，即：一切諸法，都靠著它的力用，而能成爲「一」中容「多」，「多」中攝「一」，相容無礙之境界，如「一室千燈，光光涉

入」，各自光線，不被障礙而能涉入於其他光線之中，而又不失其自用（自光）。一多之體，各不相同，但力用交徹，互相容入，毫無所礙，這叫做「一多相容不同門」。

(4)相即性原理。由「體」方面看，一切諸法，有「空」與「有」互為相即。一切之體，有「相即」之理，如「金與金色，不相捨離」，舉體相即，廢己同他。一即一切故「體」同而不壞差別相，一切即一故不壞差別相而「體」一，一即是多，多即是一，全體性故一，差別性故多，多中有一，一中有多，多即一，一即多，其他「色」與「空」，「有」與「無」，「生」與「死」，涅槃與菩提等等，都是相即而無礙，這叫做「諸法相即自在門」。相即性原理是大乘佛教思想的基本原則之一。

(5)無盡性原理。諸法的相即相入，不只是一重，而是二重三重乃至重重無盡的，如懸掛於忉利天帝釋宮的羅網，其網目無量無數，而在每一網目，都嚴飾有「明珠」，無數明珠，互映燦爛，在每一珠內，印現無盡無數之珠影，這是無盡奧妙的現象，故云：「兩鏡互照，傳曜相寫」。這是「因陀羅網境界門」的世界，亦即是無盡性原理的境界。

(6)各存性原理。所謂一多相容，並不是破壞諸法當相而把它縮小的意思，而是所含之大，不壞大相，所容之多，不改「多」之本來面目，自相宛然，同時齊顯的意思，這叫做「安立」。例如：一微塵是小相，國土是大相，大小之相，同時齊顯，能夠互相容受，雖是相容相即而無礙，但萬法各自自相不壞，自體確存，炳然安立，故喻云：「瑠璃之瓶，盛多芥子」，《華嚴經．舍那品》云：「一毛孔中，無量佛剎，莊嚴清淨，曠然安立」。萬眾皆有各自之絕對存在性，有其各自之絕對性，這是約「相」所看的事事無礙觀。此門叫做「微細相容安立門」。

(7)表裏性原理。一切現象，皆有表裏關係，「表」是「顯」，「裏」是「隱」，表裏是一體具德的現象。隱不離顯，顯不離隱，隱顯同時，如「秋空片月，晦明相並」之狀，隱顯相即相入而無礙，此門叫做「隱秘顯了俱成門」，這是約「緣」所看的事事無礙觀。

(8)具體性原理。最深淵的真理，卻表現於最平凡的現實事象。事事無礙的道理，並不是抽象的理論，而是最具體的事實，「擎拳豎臂，觸目皆道」，故云「託事顯法」，這個託事顯法生解門是約「智」所看的事事無礙觀。

(9)超時間性原理。時間的長短，圓融相即相入，叫做「十世隔法異成門」。過去世有過、現、未。現在與未來世中亦有過、現、未。三世各具三世，加上攝九世的一念，故云十世，十世有分別，故云「隔法」。十世隔法互爲相即相入而又不失前後長短之差別相，故云「異成」。時間的長短及其順序，互能容入，如「一夕之夢，翱翔百年」。短的時間中，能容入長的時間，長劫入短劫，相融無礙，因爲時間是無自性的，故能互相融入而無礙，這叫做超時間性的原理，這也是佛海印定中所表現的無礙相之一。

(10)主伴性原理。在無盡緣起的世界裏面，一塵生時，萬法從之而生，任舉一法，均是全法界。一切萬象，是一法的全面，而成爲主伴之關係，如「北辰所居，眾星皆拱」的體系。如以一法（任何一法）爲主，他法即成爲「伴」，主伴之間，有種種法則，人有人的體系，物有物的體系，萬法各有其各自圓明結果，而各各體系，又能互融而無礙，這是緣起事相的結果觀，此門約「境」，叫做「主伴圓明具德門」。

十玄緣起的事事無礙法門，是依據六相圓融的教門而立說的。《華嚴經．十地品》中的「六相說」，是法界緣起，圓融無礙的最有力之經證，至相大師（智儼），閱經至茲，豁然大悟一乘的玄旨，「法藏」於其《五教章》裏，更詳述此六相之道理。

從《華嚴五教章》以觀，六相是總相（一含多德故）、別相（多德非一故，「別」依止「總」，滿彼「總」故）、同相（多義不相違，同成一義故）、異相（多義相望，各各異故）、成相（由此諸義，緣起成故）和壞相（諸義各住自法，不移動故）。

如舉喻以屋舍而言，「屋舍」是「總相」，梁柱瓦石是「別相」，而梁柱瓦石等和合，形成屋舍，互不相違，同為「屋舍」之「緣」，是「同相」。然而，梁柱瓦石等，各有各自之形類，互相差別，是「異相」，梁柱瓦石等，各為「緣」而成屋舍，是「成相」，屋舍雖成，但各住自法不移動（不變），是「壞相」。總別一對，是「能成所成對」，即：所成屋舍是「總」，望「總」而立梁柱等名是「別」，而「同」「異」是於「別」中互相對望，即：「別」之多德互相和合，成力均齊，叫做「同相」，而「別」之多德其形相各不相同，叫做「異相」。

如由「體」「義」而分別六相，總別一對，是就「體」而立的，而同異、成壞二對，乃就「義」而立，其中，同異一對是就「義相」而立，成壞一對，是就「義用」而立。

如就「體」「相」「用」而分別六相，總別一對是就「體」而立，同異一對是就「相」而立，成壞一對，是就「用」而立，這些是據「勝」為論的看法，不過，萬物究竟，無不具體相用，而其體相用，各有二相，圓融無礙，所以一切萬法乃圓融無礙。上述六相關係，可表解如下：

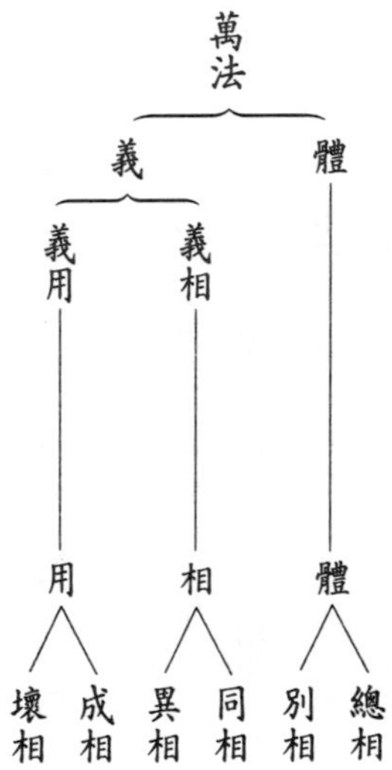

六相之中，總相、同相與成相，是屬於圓融門，別相、異相與壞相，是屬於行布門。圓融不礙行布，行布不礙圓融，相即相入，所以總相即別相，別相即總相，同異、成壞各種二相亦然，都是相即相入的。六相圓融，所以萬物無不圓妙，由六相之範疇，可看出萬有之事事無礙，此即所謂六相圓融論。

㈡無礙原因論：宇宙萬有，怎麼會形成上述的事事無礙呢？事事無礙的原因，究竟是在何處？法藏的《探玄記》第一卷裏，舉出有十種理由，以示無礙的原因，十種原因如下：

⑴緣起相由故（相對性）

⑵法性融通故（一體性或普遍性）

⑶唯心所現故（唯心性）

⑷如幻不實故（非實體性而是現象性）

(5)大小無定故（無固定性）
(6)無限因生故（無盡的原因）
(7)果德圓極故（性果至圓）
(8)勝通自在故（絕對自由的神通力）
(9)三昧大用故（禪定的大用）
(10)難思解脫故（不可思議的悟境所現故）

上列中，第一的「緣起相由」，再分十義，以說諸法之無盡圓融。所謂十義是：諸緣各異義、互遍相資義、俱存無礙義、異體相入義、異體相即義、體用雙融義、同體相入義、同體相即義、俱融無礙義和同異圓滿義。玆分述緣起相由十義如下：

①諸緣各異義。這是表示事物的差別性。萬物的體用各不相同，例如色法有形、有質礙，而心法無形，但有慮知之作用，山川草木，花紅柳綠等，各有其特質，均在發揮其特性。

②互遍相資義。這是表示事物的普遍性。千差萬別的一切諸法，皆有互相密接之關係，互爲因，互爲緣，自他相資相待，任何一物，皆普遍於其他諸物，一遍於多，多資於一，形成無盡的緣起。

③俱存無礙義。差別性與普遍性，同時具足而無礙。差別即無差別，無差別即差別，兩種不同特質，能夠俱存而無礙。

④異體相入義。萬物的發生，有「有力」、「無力」兩義，自己有力時，他即無力，他

有力時，自己乃無力，而此自他的有力無力，互能相容相入而無礙。「自」歸於「他」，「他」歸於「自」，一塵土中，攝盡須彌，一滴水中，攝盡大海，異體之物，能夠相入。

⑤異體相即義。就「體」而言，萬物各有「空」、「有」二義，而甲乙之間，互相相即，這個空有的相即無礙，叫做異體相即。

⑥體用雙融義。自他的有力無力（用）與甲乙的空有二義（體），亦能相即無礙，即：以「用」攝「體」，「用」外更無「體」，故能相入，以「體」攝「用」，「體」外無「用」，故能相即，這個「用」（相入）與「體」（相即）又能相即（相融），自在無礙。

⑦同體相入義。不唯是甲乙兩個不同事物能夠相入相即無礙，單就唯一事物而言，亦有相入義。任何一物一法，均有具足諸法之本性，一粒微砂，含藏萬有，所具之德與能具之體（同體間），相入無礙。

⑧同體相即義。在同體之中，亦有「空」「有」之相即。一切諸法，皆具無量性德，如鏡面能映出無盡映像，如無鏡面之映像性能，即使有許多對面之形體，亦不能映出映像，鏡像是屬於鏡本身之性能所現出的。有此自體之性能，放在同體間，亦有相即。

⑨俱融無礙義。異體、同體均有相即相入兩義，而此同體相即不礙相入，相入不礙相即，互容無礙。

⑩同異圓滿義。異體、同體既然相即相入無礙，那麼，宇宙一切萬物，悉皆圓融不可思議（事事無礙）。

總之，緣起的本法，有「諸緣各異」及「互遍相資」二義，而諸緣各異是異體門，互遍相資是同體門，異體、同體均有相即相入義，異體有「體用雙融義」，同體有「俱融無礙義」，「體用雙融」與「俱融無礙」又歸於「同異圓滿義」，這個關係，可表解如下：

緣起法
- 諸緣各異義
- 互遍相資義

→ 俱存無礙義

異體門
- 異體相入義
- 異體相即義

→ 體用雙融義

同體門
- 同體相入義
- 同體相即義

→ 俱融無礙義

→ 同異圓滿義

《探玄記》立如上十義，以明事事無礙之原因。如此，法界萬有，其究竟乃同一緣起（一心緣起）而圓融無礙。萬物之體，有「空」「有」二義，萬法之用，有「有力」「無力」二義，而形成複雜的「相即」、「相入」之關係。並且不是以「實體」（理）與「現象」（事）之關係而立論，乃是直接以事象本身的性具或性起而論其圓融無礙的，所以叫做「事事無礙論」（現象圓融論）。

《華嚴五教章》所說的「緣起因門六義法」，也是一種無礙緣起的原因論。六義是空有力不待緣、空有力待緣、空無力待緣、有有力不待緣、有有力待緣與有無力待緣。「空」「有」的對立是約「體」所看，「有力」「無力」的對立是約「用」所看，而「待緣」「不待緣」是從「發動」方面所看的對立。這三種對立是法界緣起之「因」，同時也是法界緣起的相對法，因門六義的體系，可表解如下：

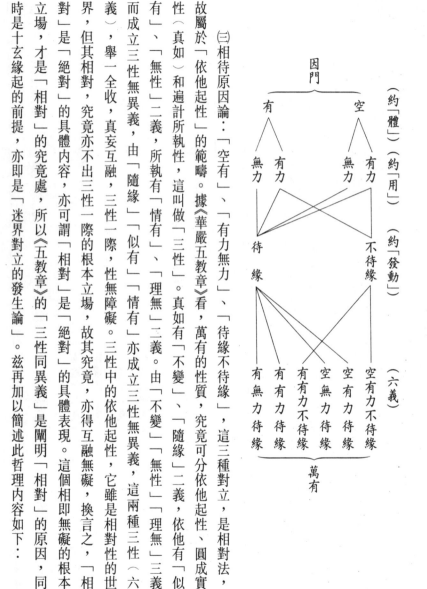

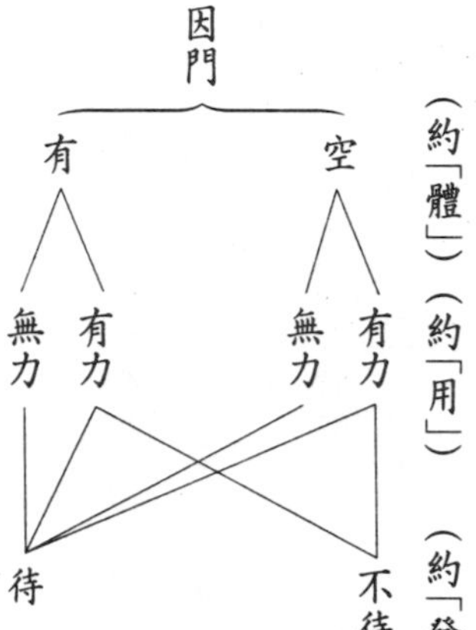

㈢相待原因論：「空有」、「有力無力」、「待緣不待緣」，這三種對立，是相對法，故屬於「依他起性」的範疇。據《華嚴五教章》看，萬有的性質，究竟可分依他起性、圓成實性（真如）和遍計所執性，這叫做「三性」。真如有「不變」、「隨緣」二義，依他有「似有」、「無性」二義，所執有「情有」、「理無」二義。由「不變」「無性」「理無」三義而成立三性無異義，由「隨緣」「似有」「情有」亦成立三性無異義，這兩種三性（六義），舉一全收，真妄互融，三性一際，性無障礙。三性中的依他起性，它雖是相對性的世界，但其相對，究竟亦不出三性一際的根本立場，故其究竟，亦得互融無礙，換言之，「相對」是「絕對」的具體內容，亦可謂「相對」是「絕對」的具體表現。這個相即無礙的根本立場，才是「相對」的究竟處，所以《五教章》的「三性同異義」是闡明「相對」的原因，同時是十玄緣起的前提，亦即是「迷界對立的發生論」。茲再加以簡述此哲理內容如下：

唯識宗所立「三性」與「華嚴宗」所立「三性」，其意義稍有不同，以「遍計所執性」言：唯識的「能遍計」唯限於第六識及第七識，而華嚴的「能遍計」是通於有漏諸八識。其次，唯識的「所遍計」唯限於「色」「心」的依他法，但華嚴的「所遍計」是包括「真如」及「色心」諸法。又，在「遍計所執」上，唯識的「遍計所執」唯限於浮在妄情上的「當情現之相」，但華嚴把能遍計的妄心叫做「有體的遍計所執」，而把「當情現之相」叫做「無體的遍計所執」，故其所觀遍計所執，兩宗看法不同。在「依他起性」上，唯識惟在「事法」上立「因緣」（依他起法），但華嚴認爲「真如」亦能隨緣而成諸法，所以依他起法是依「真如」之「他」而起的。最後在「圓成實性」上，唯識認爲「真如」惟有「不變」一義而不許有隨緣義，但華嚴認爲真如有「不變」「隨緣」二義。以上是性相兩宗對於三性的不同看法，爲什麼有如此之不同看法呢？請閱下面三性六義之華嚴理論，即知其奧妙所在，這也是萬有相對性的究竟原因，宇宙由此「相對」而發生萬有。

萬有有三性，其中，「圓成實」有「不變」、「隨緣」三義，「依他起」有「似有」、「無性」二義，「遍計」有「執有」、「理無」二義而成六義。發生相對的原因，盡在此六義。六義歸於三性，三性中的每一性，都是相對性的原理，即：圓成實有不變，隨緣的相對，依他起有「似有」、「無性」之相對，遍計有「情有」、「理無」之相對，不變、無性、理無叫做「本三性」，隨緣、似有、情有叫做「末三性」，而此「本三性」與「末三性」亦形成對立，但「無性」與「理無」都是「真如」。「本三性」的「三性」是同一無差別，「末三性」也是真如所隨緣出來的現象，所以「末三性」也是同一無差別。「本三性」

是表示一切諸法即真如，「末三性」是表示真如即一切諸法，所以「本三性」與「末三性」究竟也是相即一體的。如此，三性、六義、本末兩三性都是相對性的根本立場，所以相對性世界的原理，完全在於「三性六義」。相對性世界的原理體系，可表解如下：

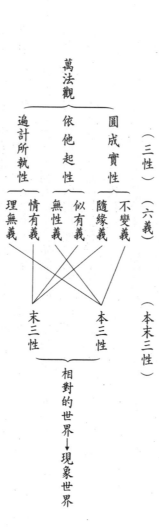

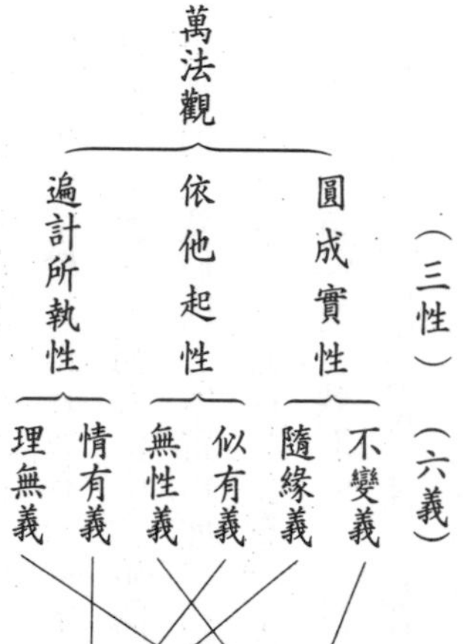

真如的不變是表示「體」的「常住」，隨緣是表示：隨著緣而會變成色心諸法的意思，在外表看，此二義似乎是相反的，但其究竟，此二義亦有相成義，即：真如如無隨緣義，物心萬境不得現起，如明鏡之體雖是明淨常住，但卻能呈現出映像，萬像雖顯，鏡體乃不失其明淨不變之體，換言之，有此不變之體，才能隨緣現象，須依不變之理，始能顯現隨緣之義，又依隨緣義，始能表現不變之理，如無隨緣，亦無不變可談，如無不變，亦無隨緣可顯，不變、隨緣兩義在真如一體中，其義雖別，但兩者卻相依、相待而顯真如的性質，故此兩者（不變、隨緣），究竟是相成的，由相反而表示相成，由相成而表示相反，相對性的世

界，其究竟的情形，亦不出這相反、相成的相即立場，因此，相對是由隨緣義而成立的，但相對亦不出絕對，相成與相反既能相即，那末，相對與絕對，也是相即性的，即：相對即是絕對，絕對即是相對，不變與隨緣相即。「不變」是「常」，「隨緣」是「無常」，由「常」以表示反面的「無常」，由「無常」以表其反面的「常」，因此，常中有無常義，無常中有常義，無常是不異於常之無常，常是不異於無常之常，如此才是真的常，真的無常。「相對」本身，是由真如中的不變、隨緣二義的對立而來的，但真如並不是一個實體的任何東西，也不是離開了現實事象之外另有一個東西，而是表示諸法本身即是實相的意思而已，事物本身即是真如，換言之，真如是說明真理的一個名詞而已。

次就依他起性而言，這也是發出「相對」的原因，即：因緣所生法是「似有」，而「似有」是表示物「無自性」（無實體）的意思，無實體叫做「無性」。依他起性如惟有「有」一面而無「無」一面，它即應有「體」，如爲有「體」，則不必藉衆緣而得自起，要藉衆緣是表示其「無體」。由「無性」之「空」以表示其依他之「似有」，由依他之「似有」以表示其「無性」之「空」，所以「似有」（有）與「無性」（空）也是相反相成的相即性之存在！故在現象界看，「相對」是由「似有」與「無性」之對立而來的，而相對的世界是由「似有」而開展。「有」是「空」的「有」，「空」是「有」的「空」，這才是「空」「有」的究竟的看法，「空」「有」的相對，也是「相對性」的究竟原因之一。

最後的遍計所執性的「情有」「理無」是迷悟兩界的對立。妄情似乎是「有」，但在真理是「無」，情有即理無，理無乃成情有，這是迷界相對發生的原理。三性是相對世界的原理，而「相對」是由一真法界（一心）而來。

本段（法藏的華嚴哲學要義）的主要參考書如下：

《華嚴哲學要義》　李世傑著（《哲學論文集》第四輯內）

《原始華嚴哲學之研究》　鈴木宗忠著（第二、法藏的華嚴哲學與智儼的華嚴哲學）

《華嚴五教章》　法藏述（〈義理分齊〉第十）

《探玄記》二十卷　法藏述（《大藏經》第三十五册，一〇七—四九二頁）

《華嚴學綱要》　齋藤唯信著（〈教理篇〉）

・法藏的修道論

在「法藏」的修道論裏，應該論述的問題，是：有衆生的根性，修道的階段，修行的時間及其所依身，斷煩惱的次第和佛身佛土五種內容，茲分述如下：

㈠衆生的根性：衆生機性差別的問題，同別二教的看法，各不相同。在別教看，一切有情無情（生物類），均有成佛之因性，但在同教則不然，即：從方便意看，五教中的小、始、終、頓四教，雖亦得稱爲「同教一乘」，但這四教，自有其機性差別之處，如下：

小乘教認爲：衆生唯有一類，且具有成佛之佛性，但其佛性的性質，是修得的，乃無常的佛性，並不是如來藏常住性德之佛性，故不能發揮無礙大用，不能盡未來際現色身於十方世界，成就正覺以利衆生。即：修得之佛果消盡時，即灰身入寂，與二乘不異。

始教大乘乃立五性各別，認爲衆生有五種之別，即：聲聞定性、緣覺定性、菩薩定性、不定種性和無性（無佛性）之五種有情。菩薩定性與不定種性，卻有成佛之性，而其餘三性，即不能證佛果菩提，此謂之「三無二有」。關於五種性之事，有三種不同之說，一是法爾的五性各別，二是暫時的五性各別，三是分位的五性各別。

法爾的五性各別是：五種種性，本來法爾，不加人爲的修習，而固有於吾人第八識中，即：能夠開證佛果菩提的無漏種子，先天存在於第八識者，叫做「菩薩定性」；只能開緣覺之證的無漏種子，存在於第八識中，叫做「緣覺定性」；只開聲聞之證的種子存在於第八識中者，叫做「聲聞定性」；或具聲聞、緣覺二種子，或具緣覺、菩薩二種子，或具聲聞、菩薩二種子，或具三乘種子等，不一定者，叫做「不定性」，而完全不具三乘無漏種子者，叫做「無性有情」。這五種性，本來法爾固定（一定），所以無性有情者，怎樣修習，都不能開證佛果菩提，同時這也不能得聲聞、緣覺之證，這叫做「法爾的五性各別」，五性之因，均由先天固定不變故。

暫時的五性各別是說：本來並沒有法爾的五性之別，而是一切眾生皆有佛性的，唯因有人全未修行，叫做「無性有情」，三乘行中，唯修六度者，叫做「菩薩定性」，唯修緣覺行者，叫做「緣覺定性」，唯修聲聞行者，叫做「聲聞定性」，三乘並修者，叫做「不定種性」。五性之別，係由後天的修行而決定的。

分位的五性各別是說：五性之別，非法爾而有，亦非唯由修行之有無而分，乃是由於修行的位置而立的，即：完全未修行的凡愚位，叫做「無性有情」，在三乘修行中，未至可成種子之十信位中間，叫做「不定種性」，不定性人再進一步，至於成種性者，名爲三性定性，其中，修六度而至於十信位者，叫做「菩薩定性」，修四諦觀而至於輭頂位者，叫做「聲聞定性」，觀十二因緣而至於成種性位者，叫做「緣覺定性」。

五性各別有三說之中，始教大乘乃立法爾五性各別說，因爲始教大乘把種性，立在有爲生滅的無常法中，所以不能夠平等一味而通於一切有情，同時，有情第八識中，有自他差別之不同種子故。

其次，終教不立五性各別，而談一切有情皆有佛性，因爲「法」名涅槃，不可壞，不可戲論，而法性名「本分種」，如黃石中有金性，一切世間法中，皆有涅槃性。始教的「種子」是現象有爲生滅的「事種」，因之，變成五性各別，但終教係就本體無爲不生滅的真如而立種性，故遍通於一切眾生皆有佛性。不生滅的真如，其體性遍通於有情非情，但佛性是就真如體所具備的本覺性智而立，故此體在眾生，乃名佛性，在非情中，乃名法性。

頓教泯滅差別的現象（約體絕相或泯相顯實），一切歸於唯一真如（一法界大總相體），故無種性差別，只是將唯一真如強名爲「種性」。

小、始、終、頓四教，都說有「機性差別」，這是同教一乘之說，而別教一乘所說乃與小乘及三乘大不相同，即：三乘教所說的佛性，是唯約能開佛果菩提之證悟的「因種」而言，而且其因種是唯限於有情界的，但在此別教，因果無二，依正融通，其因種乃通於有情及非情，而不唯是因種，連果德亦具足，因爲，一切諸法是同一緣起，相即相入，無礙自在故。這是別教因種說的特點。

㈡修道的階段：華嚴修道的階位，有同教與別教之分別，在同教裏面，有小、始、終、頓、圓五教之階位。小乘教的修道，分為方便位（五停心觀乃至世第一法七階）、見道位（四諦十六行相中的前十五心）、修道位（第十六心以後，將斷盡三界修惑之位）、究竟位（斷盡了三界見、修二惑的稱阿羅漢位）四種。

始教裏面，有「迴心教」與「直進教」之別，迴心教是為欲引誘愚法小乘者，迴入大乘所說之教法；直進教是直接為可受大乘法門者所說之教法。迴心教的修道階位，有方便、見道、修道、無學四位說，又有乾地、性地、八人地、見地、薄地、離欲地、已辨地、辟支地、菩薩地、佛地等十地說（此中，前八地是二乘位，第九是菩薩位，第十是佛果位）。直進教說有菩薩五十一位說（十信、十住、十行、十迴向、十地及佛果）。關於菩薩的不退，也有三說（因為菩薩根機不同，故立三種），即：七住不退（《瓔珞經．賢聖學品》之說）、十迴向不退（《佛性論》第一卷之說）和初地不退（《瑜伽論》第四十七卷之說）。華嚴宗依下中上三種根機而立此三說。

終教立四十一位（除十信），因為十信唯是「行」，未得不退，故不為「位」。

頓教談一念不生即佛，離行位差別相，故不立階位。

別教的修道，在「寄顯門」乃立階位差別，而在「直顯門」即不立階位，認為一位即一切位（即：「因」是普賢一因，「果」是遮那一果，並且因果不二）。《五教章》下卷，設三科如下：

三科
- 約寄位顯……………………明寄顯門之意
- 約「報」明「位」……………示三生成佛之旨
- 約「行」明「位」……………明直顯門之意

寄位是寄十信三賢等位次，而顯圓教行位的意思，這裏面，分爲二門，一是「次第行布門」，二是「圓融相攝門」。一是由淺而深，由十信次第而至等覺妙覺之階位，二是不作次第差別，得一位即得一切位之相攝行位，例如信滿一位即成佛，位位相即，因果無二。初信亦可成佛，但立位乃由退不退而定，故應十信滿心方可爲位，故云信滿成佛。圓融、行布二門，究竟融通，不壞前後而能相即，相即而不違前後。

其次，約報明位是說：論成佛雖有種種義，然在別教，其極速乃無念成佛，而其極遲亦應經三生，三生是見聞、解行、證入，其意思如下：

見聞生＝觀見聽聞別教之法，熏成當來將證佛果菩提之種子，這個中間，叫做見聞生。

解行生＝前生聞別教一乘之法，熏成種子，而於今生，得一乘之圓解，修習圓行，這個中間，叫做解行生。

證入生＝由於前面之見聞解行而證得佛果菩提。

總之，第一生見聞別教一乘之法門，第二生聞圓解修圓行，第三生證得無上妙果，叫做三生成佛義。但關於這第三生的證入，是與第二生隔世？或不隔世而於第二解行生之身就證得圓滿之大果？這有兩種看法，認爲與第二生隔世，叫做三世隔生之三生成佛（〈舍那品〉所說善財童子的證入就是這個），而不隔世直證大果，叫做法門分位之三生成佛（〈舍那品〉所說普莊嚴童子的證入）。又如〈小相品〉所說兜率天子的證入，其見聞解行是隔生，而其解行證入是不隔生。

第三，約行明位有二分，一是自分，二是勝進分，自分是依據其當位，勝進分是趨向於後位。一切行位，皆具此二分，而一行一切行，融通無礙，故於十信滿心，即具其他諸位，一時成佛。

別教一乘，雖或約寄位，或約報，或約行而明位，但其實是無位無差別，位分相即相入，無礙自在，這是華嚴與前四教所說不同之處。

㈢修行的時間及其所依身：小乘教、始教、終教均說有時間問題，即：據小乘看，聲聞人極速者以三生而得羅漢果，其極遲者須經六十小劫而得果，獨覺人極速者四生，極遲者須經一百大劫而得果，菩薩乃須經三僧祇百大劫修六度，始能得果（阿僧祇劫是八十增減大劫的五十二個十倍數）。始教的菩薩，也須經三僧祇百大劫才能成佛，但此數法與小乘教不同，這裏是無數（十大數中的第一數）的約三倍叫做三阿僧祇劫，而於第一阿僧祇劫而至十迴向位，第二阿僧祇劫至第七地，第三阿僧祇劫得佛果。

終教的菩薩，亦須修三僧祇劫始能成佛，但終教的三僧祇劫，定數的三僧祇之外，還有不定的三僧祇，以勸三乘人向一乘。頓教不說修行的時節，一念不生即佛故。

別教一乘乃一念即多劫，多劫即一念，念劫圓融相即，長短相入，所以成佛的時節也不一定。

其次，修行的所依身有二種，一是分段身，二是變易身。分段身是身有形段，命有分限，感過去善惡業因的吾人現實的身體。變易身是前變後易，微細難知難了，唯由悲願力而改轉身命，妙用自在之微妙身。

小乘教唯依分段身而修（就是佛世尊的實報身也是分段身），始教在寄顯門，乃七地以前依分段身而修，八地以上，即依變易身而修，而在實報身，乃十地金剛無間道以前，唯依分段身而修（留煩惱種來度衆生的緣故，這叫做潤生攝化）。終教的地前三賢位，依分段身而修，初地以上，乃依變易身而修。頓教一切絕言，故不說明二種生死之依身。圓教唯依分段身而至十地（因此圓教但究分段身之因位，故不分生死粗細之相）。

㈣斷煩惱的次第：斷惑（滅煩惱）爲修道要領之一，故應知其次第。小乘教於「世第一法」的「無間道」而入「見道」（修斷迷理的煩惱的階段），斷三界「見惑」（迷理之煩惱），得「預流果」（聖者的流類之果位），次斷欲界「修惑」（迷事之煩惱）九品中的前六品而得「一來果」（再來欲界出生一次之果位），再全斷欲界九品修惑而得「不還果」（不會再來欲界出生之果位），然後全斷上二界（色界、無色界）之修惑而得「羅漢果」（超出三界，永斷輪迴生死之果位），這是小乘教的次第證（當然小乘教中亦有超越證而不按照上面之次第者）。

始教將「惑」（煩惱）分爲煩惱障（會輪迴生死之惑）和所知障（智識上之障）二種。二乘人於見道之初，全斷分別起（後天性）之煩惱障，而於修道中斷盡俱生起（先天性）之煩惱障。菩薩乘亦將煩惱、所知二障分爲分別、俱生二種，並於此二種上面。再立「現行」

（現象界）、「種子」（生果功能的因性）、「習氣」（由煩惱的熏習所流下來的氣分＝即煩惱之跡）之斷別，於地前（十地以前）、地上（十地上），或「伏」（伏煩惱）或「斷」（斷煩惱），作一詳細之分別。

終教認爲：聲聞人只能伏煩惱障，而不能斷煩惱障，同時也不能斷所知障，更不能伏所知障，因爲仍有微細之根本無明故。終教不分分別、俱生之別，因爲此教在初地上，不分見、修惑二惑，一具而斷，故無分別、俱生之別。終教之菩薩，於發心住（十住之初）已得不退位，不墮二乘地，具有智力，能夠自在斷煩惱障，但爲度眾生起見，故留潤生，留一點煩惱種子而不斷（才能再生度眾）。不過在習慣上，終教亦順應始教之例，而立斷惑階段如下：

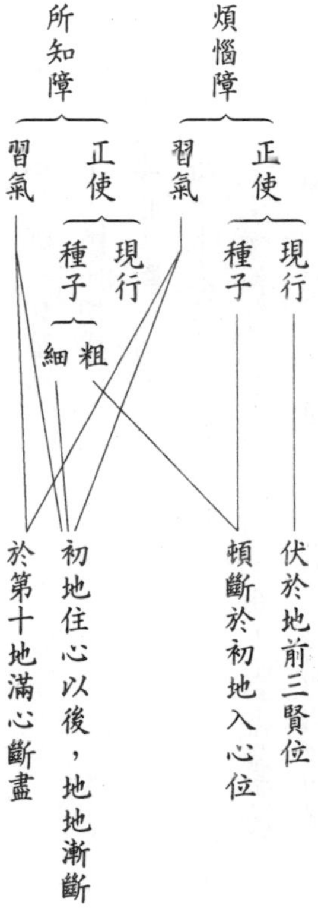

頓教是離言絕想之法門，故不分斷惑品類，所以在能斷上，亦無各種差別。

以上四教是同教一乘之斷惑次第，在別教一乘裏，另有別的不同義趣，即：一切所障之法，一即一切，一切即一，圓融無礙，而其能障之惑，亦相即相入，一多相即，圓融無礙，故無分成煩惱、所知二障，或分別、俱生或現行種子習氣等差別之必要，因此，一斷一切斷，一證一切證，無所局限。不過，據《華嚴經》看，斷惑的分齊，大體可分下面四種：

約證＝於十地中，斷一切障惑。

約位＝十住以上，斷一切惑障。

約行＝於十信終心，斷一切障惑。

約實＝一切惑障，本來清淨，故無可斷。

關於觀行方面，法藏著有《遊心法界觀》一卷，《妄盡還源觀》一卷，《普賢觀》一卷，《唯識觀》（出於《探玄記》第十三以下），《華嚴世界觀》一卷等書，以述觀行法門，而在此中，除了唯識觀之外，其他都是杜順《法界觀門》或《五教止觀》思想的祖述及其觀行思想的發展，換言之，杜順的觀行法到了「法藏」時更加圓熟。

㈤佛身佛土論：華嚴的教主，是十身具足的毘盧遮那法身佛，由此理想的佛身，以顯十表無盡。這個法身佛，《六十華嚴》略稱「盧舍那」，《八十華嚴》叫做「毘盧遮那」，而且有的地方直接以釋迦爲「毘盧遮那」或「盧舍那」，這些，究竟是一佛體的異名，故在究竟，並無三身可分。

《六十華嚴》表示有各種十身，而最初以解境十佛及行境十佛爲華嚴佛身論者，是智儼（見於其《孔目章》及《搜玄記》）。解境十佛融三世間（眾生世間，器世間及智正覺世間），而三世間融會無礙，以佛智所光照的境界，總束爲佛身（一切現象，皆是佛體）。行境十佛是由於因位的行力而具足種種福德的「修因契果之佛」。解境表示「智」，行境表示「德」（此局限於智正覺世間）。智儼以行境十佛爲主，法藏以解境十佛爲主（顯法界無盡緣起之奧義）。從「體」看，解境與行境，兩者不二。盧舍那是光明遍照之佛。融三世間的十身具足法身佛並不是「理佛」，而是「事佛」（法身即是具體的萬象，亦即是事事無礙的妙佛）。解境十佛是眾生身、國土身、業報身、聲聞身、緣覺身、菩薩身、如來身、知身、法身和虛空身。行境十佛是菩提身（成正覺佛）、願身（願佛）、化身（涅槃佛）、力持佛（住持佛）、相好莊嚴身（業報佛）、威勢身（心佛）、意生身（隨樂佛）、福德身（三昧佛）、法身（法界佛）和智身（本性佛）。

次就佛土而言，小乘的佛土是凡聖同居土（釋迦佛所住），大乘始教的佛土是自受用報身所居土（理想界的淨土，菩薩亦見不到，唯佛與佛的境界），終教建立無勝莊嚴世界（三界外的淨土，釋迦實報身之淨土），頓教不說明有形的國土（唯有「無相離念」的法身土），同教肯定淨土，認爲穢土即淨土，悟即淨，迷則穢，但別教一乘不滿意穢淨不二之說明，而建立別教特有之佛土，即：淨土本身是超越吾人之感覺的，故《五教章》云：國土海圓融自在是不可說，而因分可說的方面，世界海乃有三類，一是「蓮華藏世界海」（具足主伴，通因陀羅等十佛境界），二是「十重世界海」（世界性、世界海乃至世界相，即人民至輪王世界），三是「無量雜類世界」（無量種種形世界）。

一重的蓮華藏世界，是同教的分齊，十蓮華藏世界乃是別教一乘的淨剎。蓮華具種種德，「藏」乃含藏義，「海」是表示「深廣」、「具德」二義。蓮華藏世界並不是淨穢不二的一相孤門的淨土，而是主伴具足，通於因陀羅網重重無盡的國土，一切諸教諸佛國土，皆屬於蓮華藏世界。十重世界是三千界外的世界，即：娑婆世界是有限的國土，今表示無邊，叫做三千界外，茲有十重世界，次第廣大無邊。雜類世界是指無量的世界存在，而其一一世界亦無量無邊，有種種形，無窮無盡。華藏世界是「本」（中心），其他二世界是「末」（枝末），但其「體」三類相同，雜類即是華藏，十重亦即是華藏，「邊」即「無邊」，「無邊」即「邊」。

雜類世界是「見聞生」所感見的國土，十重世界是「解行生」所感見的淨土，蓮華藏世界是「證入得果」所感見的妙剎。「類」雖有三，但其「體」乃一。從行布差別門看，十方世界森然存在，而從「圓融相即門」看，十方世界皆是華藏世界，又如從「主伴圓融門」看，華嚴是主，其餘是伴，主與伴，圓融相即，諸土皆是華藏。從「因陀羅網境界門」看，塵塵皆具無量國土，一一國土皆具無量剎海而成帝網世界。十蓮華藏世界是華嚴理想的淨土。悟入自己的心性乃是體會法界的真理，「因智」「果智」合一，主客一體，生佛一如，悟此理者，修此圓行（一即一切，一行一切行）者，就能體會華藏世界的境界。

本段（法藏的修道論）的主要參考書如下：

《華嚴五教章》　法藏述（〈諸教所詮差別〉第九）

《華嚴學綱要》　齋藤唯信著（〈實踐篇〉）

六、澄觀華嚴思想的特質

杜順的「相即」「相入」「圓融無礙」的思想及其觀行，經由智儼教學的基礎，傳至於法藏時，已完成了華嚴宗的思想體系，所以又說：華嚴宗即是賢首宗。

可是，華嚴宗到了四祖澄觀時，因其時代的潮流及澄觀本身的實修性格所致，其華嚴思想，另有新的發展，玆先敘澄觀的傳記，後敘其華嚴思想的特質。

清涼大師諱「澄觀」，姓夏侯氏，唐開元二十六年（七三八年）誕生於越州會稽山陰，壽一百零二歲，唐第十四主文宗開成四年（八三九年）圓寂（《佛祖統紀》、《佛祖通載》、《編年通論》之說），如據宋《高僧傳》第五卷看，是說：春秋七十餘年，然以後說者居多。澄觀博學多才，通達佛教各宗及漢學、梵文學。從醴律師學相部律，從「曇一」學南山律，從金陵「玄壁」學三論，在瓦官寺學《起信》、《涅槃》；從「湛然」學《天台止觀》、《法華》，《維摩》等經疏；從牛頭山「惟忠」，徑山「道欽」等人學南宗禪；從「慧雲禪師」學北宗禪，從「慧苑」的高足「法詵」學華嚴宗。後來，澄觀住五台山大華嚴寺，講《華嚴經》並製其疏（興元元年（七八四年）正月起），經過四年，完成二十卷，後來受弟子之請，細釋經疏，著《隨疏演義鈔》四十卷，後世把這些合成爲八十卷，叫做《華嚴大疏鈔》。澄觀在這些大作方面，極力破斥慧苑之說，發揮「法藏」的真義，挽回宗風。唐經（《八十華嚴》）的《大疏鈔》和晉經（《六十華嚴》）的《探玄記》，是華嚴兩譯大經疏的雙璧。澄觀又幫助《四十華嚴》的翻譯（罽賓般若三藏譯），時人崇為文殊化身。他依《八十華嚴經》所釋的《華嚴經玄談》九卷，暗中破斥慧苑之錯誤。他提倡「教」「禪」一致之宗風，認為五教中的頓教是禪宗，並傳不空三藏之法義而倡「顯密合稱」，又說及性惡說以融會天台湛然大師之思想，同時，作「性」「相」決判（抉擇）而提高華嚴，主倡「事理無礙」為其特點。他的著述很多，修行嚴格（有其十種誓願為其生活之規範），其一代化益，經過九朝七帝的師範，誠是蓋世一大宗師也。其主要著作，除上述之外，還有《華嚴經綱要》三卷，《華嚴經略策》一卷，《三聖圓融觀門》一卷，《入法界品十八問答》一卷，《法界玄鏡》一卷，《普賢行願品別行疏》（《四十華嚴經釋》）六卷，《五蘊觀》一卷，《十二因緣觀》一卷，《華嚴心要》一卷等書。

在判教方面，澄觀的思想有兩點特質，一是「性相決判」的思想，二是同別二教論的看法。先從「性相決判」方面而言，「法藏」是出生於玄奘、慈恩的「唯識學」風靡一世之後的人，所以他對法相宗的問題，是應如何將唯識說，攝取於自己的哲學體系中，來建立華嚴哲學，故他乃將唯識三性說，利用於真妄交徹的理論，並將五重唯識觀，利用於他的十重唯識觀，以組織其觀心的體系，但法藏本身，是始終站在無自性的空觀思想，來攝取法相唯識，並且發揮了華嚴哲學的偉大為旨趣！故他對於唯識，是採取著「性相融會」的立場的。可是，在澄觀活躍的時代，卻是法相宗已經衰退，而禪宗、天台宗，逐漸恢復得勢，故澄觀在此時代背景之下，自然會積極主張「法性宗」的優位及其真理性，作性相十異之比較，立在「性相決判」的立場，作爲對付唯識思想，是其思想特質之一。相宗與性宗之十異（出於《華嚴綱要》及《玄談》）如下：

第一異：
- 相宗＝三乘真實，一乘方便。
- 性宗＝三乘方便，一乘真實。

第二異：
- 相宗＝五性各別是了義，一性皆成佛是未了義。
- 性宗＝五乘各別是方便，一性皆成佛是真實。

第三異：
- 相宗＝萬法從阿賴耶識而生
- 性宗＝無明與真如和合而緣起諸法

第四異：
- 相宗＝真如凝然，不作諸法。
- 性宗＝真如有不變隨緣二義，由隨緣而作諸法。

第五異：
- 相宗＝遍計是空，依圓是有，有為無為各別。
- 性宗＝依他的無性即是圓成實性，遍計是空。

第六異：
- 相宗＝眾生界不減（有「無佛種」者），佛界不增。
- 性宗＝生佛二界，不增不減（一理平等，生佛不二故）。

第七異：
- 相宗＝俗諦空，真諦有，空有各別。
- 性宗＝真諦是即有的空，俗諦是即空的有，真空妙有故。

第八異（相宗＝生住異滅四相，前後異時（有時間前後）。
　　　性宗＝四相一時，具在一剎那，生滅相即。

第九異（相宗＝「智」與「惑」，「心」與「理」各別。
　　　性宗＝智外無惑，智與真如不二。

第十異（相宗＝如來四智，自他受用，皆由種子而生，都是有為無漏。
　　　性宗＝色心即是法性，佛之色心，皆無為常住（非四相所遷）。

澄觀站在《起信論》的第一義諦的「一心」爲根本，並由實踐的立場而把握「無心」之「心」，「能」「所」兩亡，爲其唯心説之解釋，且站在法性宗的立場，展開其根本思想，來針對唯識說。他會重視《起信論》的「一心」，並由理事無礙而說明事事無礙，其外在的原因，乃是受了禪的實踐影響的，而其內在的原因，即屬由於他自己的優越思想性格而來的，即一心即是法界，心體離念，唯一圓覺，形奪雙亡，離「覺」「所覺」，以心傳心，頓證法界，爲其教禪一致的頓圓合一的「一心說」。無住的心體，靈知不昧，心心作佛一心即佛心，一塵皆佛國。他由此靈知不昧之立場以評南北二禪，即：「知」即「心體」，靈知非「了別」，亦非瞥起，而是眾妙之門，契會佛境的真心，非同木石。他由於斥「了別」而譴南宗之病，更否定瞥起而破北宗之「見」，並於靈知而融合北宗之離念與南宗之無念。他以「心」爲「總相」，悟之於佛而成「淨緣起」，迷之於眾生而現「染緣起」。緣起雖有淨、染，但心體不異，故如來不斷性惡，闡提（無佛性者）不斷性善，這是接近於天台性具說的思想的，不過，澄觀也與李通玄同樣，認爲根本無明「無體」而不動，所以「妄體本真」而有「根本不動智」，故可謂唯心的根源是清淨性的，這與天台的性惡說稍有不同。從真如不變的方面看，一心的「體」是「心性」，從隨緣而展開爲現實世界的方面看，叫做「心」。但此「不變」是「隨緣的不變」，並不是完全否定了「相對」的另外一個「絕對」，而是於「相對」本身來發現「絕對」的，即：「相對」即是「絕對」，由此，凡夫乃能證入佛境界，唯心觀的究竟，在於「離念」、「無念」，無念而念、念而無念，這是澄觀心性說的特質之所在，他由此立場而判決「性宗」爲優越的思想。

澄觀在教學的立場，也以圓教的事事無礙的「一心」爲最高境界，可是在實踐上，澄觀乃以真如實觀而解釋一心，由理事無礙而趣入法界真理爲其重點。法藏把「一心」解消於事事無礙中，而澄觀倒轉到主體的方面，由理事無礙而立證事事無礙，這個方法（重視理事無礙）倒使一般人容易了解一真法界的義趣，所以華嚴思想對宋學所發生之影響，與其說是由於法藏的華嚴，毋寧說是乃由於澄觀和宗密的華嚴。法藏由事事無礙而了解理事無礙，而澄觀乃由理事無礙而了解事事無礙，這是華嚴思想史上的一個轉向，也是澄觀華嚴思想的特質之一。

其次，關於同別二教的問題，法藏於其十重唯識觀裏面，把第二、三、四配於始教，第五、六、七門爲終教，但第六門的「攝相歸性門」通於頓教，而第八、九、十門是「不共」的圓教，但，「不共」是別教的意思，法藏與澄觀的判教的不同點，是在於「同別二教」的解釋的不同，即：澄觀認爲圓教有二種，一是同教，二是別教，而「別」乃是「不共」，與

「實」，與「頓」不共故。同教是「同頓」、「同實」的意思，今顯此「別」，故云「不共」。以「同教」爲「同頓」「同實」，即：同於頓教，同於終教，叫做「同教」。

澄觀在五教論乃以始教爲「事相」之立場，將頓教放在始終二教中間，而終圓二教乃是站在理性的立場的。他將法藏十宗判的第七「一切皆空宗」改爲「三性空有宗」，把第八的「真德不空宗」改爲「真空絕相宗」，第九「相想俱絕宗」改爲「空有無礙宗」。第八宗與第九宗是將「終」「頓」的次序轉換的。第七宗限定於「相始教」之立場，而將「空始教」攝在第八宗而合一於頓教。法藏由於分「空」「不空」而融會性相，澄觀乃將「空」同於「理」而決判性相，把終教的「理事無礙」放在頓教的「理」上面（上位），而將空始教合於頓教（理的立場）而與相始教之「事」相對待。如此，第七宗是法相宗，第八宗是無相宗，第九宗第十宗均爲「法性宗」，而與法相宗分別。因此，他的判教論的問題，是法性宗的「終」「圓」二教的分別，及「頓教」攝禪宗的教禪一致的傾向，是爲其終頓圓三教的同教論的看法。

其次，真妄交徹論，亦爲澄觀思想主要特質之一。真妄是佛教修道論的根本問題之一。法相宗把「真」與「妄」認爲是兩樣的東西，但法性宗以真妄交徹爲本義，這是澄觀一貫的主張。關於真妄論的「始」「終」問題，澄觀結論說：「真妄兩亡，方說真妄，真妄交徹，定無始終」（《演義鈔》第二十卷）。成立真妄交徹的理由有五義，(1)真妄二法同一心故（一心一貫真妄，故成真妄交徹），(2)妄攬真成無別妄故（真如隨緣成一切法，故真徹於妄，無妄則無真，真妄雖是對立，但又交徹），(3)真妄名異體無二故（「名」雖「異」，「體」無二，故能交徹），(4)真外有妄理不遍故（不能「真」外有「妄」，「真」是徹於「妄」的），(5)因妄外有真妄無依故（妄徹於真）。真妄雖是經常交徹，但仍不壞真妄之相，則該妄之真，真非真而湛寂，徹於真之妄，妄非妄而雲興（出於《演義鈔》第一卷）。相對而能交徹，交徹而不失相對。在衆生凡夫心中能見佛心，正是真妄交徹的究竟目的，法相宗要達到成佛的路程是很遠的，但法性宗說：「初發心時，便成正覺」，這是現實化的佛教，容易了解，容易實修的佛教，即心即佛的禪宗思想，其根據亦在於茲。

形成四法界說及發揮性起說，亦爲澄觀思想的主要特質之一。法界說有二法界、三法界、四法界、五法界、十法界等等看法，而澄觀建立四法界以建立其法界緣起說是其特點之一。其次，在性起說方面來看，智儼是根據《華嚴經．性起品》的思想，並受了禪宗等影響而形成了他的性起思想的，法藏也受了智儼的理論根據而組織其性起說，但澄觀於註釋〈如來出現品〉時，論述其性起思想，他於其《華嚴經疏》第四十九卷裏，說明「性」云：「性有二義，一種性義，因所起故，二法性義，若真若應皆此生故」。種性義是「因」所起的地方。法藏是站在「果上現」的立場而說「法」的。而澄觀是立在「因位」，以「性起趣入」爲立場。他於其《演義鈔》第七十九卷云：性起有二義，一「從緣無性」爲性起，二「法性隨緣」爲性起，而緣起即性起（體性本身的顯現），緣起有「淨」「染」二種，以「染」奪「淨」是屬於衆生，所以是緣起，以「淨」奪「染」，是屬於諸佛，所以是性起，這是澄觀性起說的要點。澄觀性起說，展開在真妄交徹之基礎上面，所以是理事無礙性的，由「事」而「理」，由「因」而趣向於「果」的，法藏的性起說是站在事事無礙的果上現的立場的，而澄觀是站在理事無礙的立場，以「心性」的立場所看的性起觀，這一點頗有受禪宗的影響及當時社會的宗教要求的一種表現。澄觀如此的性起說，由宗密所繼承。

最後，澄觀的觀法原則，大體亦與法藏相同，站在「觀法即教相」的立場，想直接把握真理而闡明了「心要觀」或「三聖圓融觀」，不過，澄觀的觀法，是帶有濃厚的禪宗的色彩，是其特點之一而已。

本章（澄觀華嚴思想的特質）的主要參考書如下：

《中國華嚴思想史之研究》　鎌田茂雄著

《華嚴思想史》　高峯了州著（第十七章）

《華嚴經玄談》　九卷，唐澄觀著

《華嚴經疏》　六十卷，唐澄觀撰（《大藏經》第三十五冊）

七、宗密思想的特質

1 宗密思想的立場

繼承杜順師業，擔任弘宗的偉人，是華嚴宗五祖宗密禪師。他住圭峯草堂寺，又稱定慧禪師。俗姓何，果州（四川省）西充人，少年通達儒書，先就「荷澤」學南宗禪，後傾《圓覺經》，深達其義。三十一歲，才得到清涼大師（澄觀）的《華嚴大疏鈔》，精讀吟味，大有所得，然後專學華嚴。不過，他的宗脈雖是華嚴，但卻發揮《圓覺經》義理，作廣略二疏，撰各種疏鈔，並著《普賢行願品疏》。他的著作之中，最有名的是《原人論》一卷和《禪源諸詮集都序》四卷。他主張「教禪一致」，並作諸教批判論《原人論》，認爲《圓覺經》爲分同華嚴，由華嚴以統一三教（儒道釋），這是他的經歷和時代影響使然的（當時禪宗隆盛，又有韓愈上奏〈諫迎佛骨表〉而批難佛教之事發生，所以宗密乃一方面著《禪源諸詮集都序》而與禪宗提攜，另一方面則著《原人論》來批判儒道二教及佛教各系之思想，然後站在「真心」的立場，以統一各教各宗，把華嚴思想放在最高之地位）。宗密由華嚴來統一整個佛教乃至外教，這是他的功績。他在武宗會昌元年（八四一年）圓寂。後來有會昌的排佛，續有五代（九〇七—九五九年）的兵亂，佛教的教宗衰頹，華嚴宗脈也就於茲中斷。宗密的著作，除上述之外，還有《新華嚴合經論》四十卷，《註法界觀門》一卷，《華嚴心要註》一卷，《答真妄頌》一卷，及《圓覺經》各種疏與及其道場修證儀等書。

依宗密的看法，在判教上，《圓覺經》以「如來藏緣起宗」爲立場，而包含有「頓」「圓」二教的立場。「頓」有「逐機」與「化儀」之分別，即：《華嚴》的一部分與《圓覺》、《勝鬘》、《如來藏》等二十餘部經，是「逐機」之「頓」，而《華嚴經》及《十地論》是「化儀之頓」。逐機是逐機而說，故不分初後，但化儀是成道後對上根一時頓說之因果該徹的圓頓教（純圓教之頓），故將圓教的立場，別開而以第五爲「圓融具德宗」（指事事無礙之《華嚴經》）。可是《圓覺經》與《華嚴經》的相同點是在何處呢？答說：兩經均顯一真法界之體，而在觀行上又成一多無礙之義的關係的。在果相看，《圓覺》即是華嚴的立場，如由因性來看，乃不外乎如來藏之立場。宗密將如來藏分爲二義，一是「眾生相盡」，二是「法身緣起」的立場，這是由如來藏的「法身」與「在纏」二義而開的，《圓覺經》以前門爲宗而兼後義，而其在纏因性的立場即是「如來藏終教位」，法身果上的立場乃指著「性起圓教位」。在逐機的意思上面，頓教並不是果相（這一點，可從圓教分開），但在泯絕的意義上，圓覺也不單是因性（這一點，可從終教分開）。

宗密繼承澄觀「一心」的宗旨，解釋五教的立場，並組織法藏的「十重唯識說」，即：小乘是「假說的一心」，始教是「異熟賴耶的一心」，終教是「如來藏的一心」，頓教是

「泯絕染淨的一心」，而圓教是「總該萬有的一心」。他一面雖繼承五教的判教，另一面又把終頓認爲通於圓教而呈現出教禪一致之思想根源。其同別二教乃由新的性起、緣起思想而解釋，即：別教一乘是性起門的立場，同教一乘是緣起門的立場，把澄觀的「全揀」與「全收」，用「機」與「法」而開顯，而此二門交徹不二的地方即是圓教的立場。

性起是法界性全體「起」而成爲一切諸法的意思，即：真性湛然，靈明的全體即用，故法爾而成立萬法。緣起分爲「染」與「淨」。染緣起分爲「無始根本」與「展轉枝末」，前者再分爲「迷真」與「執妄」，後者分爲「惑」「業」「苦」三種。淨緣起分爲「分淨」與「圓淨」，由「分淨」而解釋聲聞、緣覺、菩薩三乘立場，由「圓淨」而分爲「頓悟」與「漸修」，漸修再分爲「離過」與「成德」。頓悟是對待「無始根本」，漸修是對待「展轉枝末」。由此，可飜染緣起爲淨緣起而合於性起。染淨是緣起的對立，而染淨融會，合於法界性時，則唯有性起，這是《華嚴經》所說的立場。

宗密把澄觀的因門可說，以無分別智而入理法界的五門，認爲：(1)能入所入歷然是法相宗的證道（大乘始教），(2)能所無二是法性宗的證道（大乘終教），(3)能所俱泯是大乘頓教的證道（「泯」有「五奪」與「本心頓現」二義），而入無障礙法界乃是事事無礙法界，但此事事無礙法界包含有事法界及理事無礙法界。如由能所二入而示，乃有如前五門，但今非專見「理」之立場，故闕(3)能所俱泯及(4)存泯無礙二義，直接連於(5)舉一全收，而成三門。始終頓三教，是理法界的「入」的立場，而圓教乃表示有事事無礙法界之「入」，而且由後者（圓教）的事事無礙法界，而包含事法界及理事無礙法界，這一點，是有超出頓教而直接入終教的意思的。宗密由此「理」之究極的泯絕而直接，認爲是同於果海離念，或果分不可說，於是頓圓合一，終圓或頓圓二教關係爲主要的問題。宗密由此一心之立場而辨教禪一致。

2《原人論》的思想

宗密於其《圓覺經大疏》裏，把儒道釋三教的思想特質結言說：儒教說「五常」，道家談「自然」，佛教說「因緣」，其他在其所著的經疏裏，談及儒道釋三教觀之處不少，但最徹底的批判著三教淺深特質的書，是那有名的《原人論》。《原人論》的內容，分爲五段，第一段是總序，內容說著諸教大旨，三教的統一及本論的組織，第二段是儒道二教的批判（說儒道二教的要旨及其批判），第三段是對於佛教諸宗的批判（諸宗分類，人天教、小乘教、大乘法相教、大乘破相教及四教之總括），第四段是一乘顯性教的闡明（華嚴的立場），第五段是諸教的會通（由一乘顯性教而統一諸教）。

據儒道二教看，萬物的根源由「虛無」的大道（自然）而生，於是生出「元氣」，由元氣生天、地、人三才，再生萬物。人事全是天命，儒教認爲人死後「魂」歸於天，道教說歸於「虛無」，儒道二教雖說虛無之大道及修身齊家之事，但不說及「緣起」與人生之根本義，是其所短，其批評儒道二教的大道說、自然說、元氣說及鬼神說有如下：

第一、批評大道說云：萬物如由虛無的大道而生，那麼，大道乃變成生死、賢愚、吉凶、禍福之本，基本應該是不變的，大道會變成善惡醜陋等，是不對的。次就自然說而言，如說萬物由自然而生，那末，一切的發生，就不必由因緣而來，可是無因無緣怎麼會生萬有萬事呢？次就元氣說而言，無知覺、無思慮的「元氣」，怎麼會發生有知覺、有思慮的生物類及人類呢？如說由自然而生萬有，則不待教育因緣而可獲得解脫乃至成聖，這是不合理的。再就鬼神說而言，莊子以人之生爲「氣」之集，死乃「氣」之散，如由「氣」之集散而論生死，那末鬼神究爲何物？如說人死後變成鬼神，死了無數之人，應該有無數的鬼神給我們看，但其實卻不然，佛教說人死後六道輪迴，所以不會有無數的鬼神擠在此界而沒有地方放（會輪迴到彼此各地的緣故）。最後就天命說而言，一切都是天命的話，富貴、吉凶、禍福皆是天命，人的一切的努力無用，世上不公平的事，均應由天負責。如有如此不公平的性質，就不能稱爲天。總之，奉大道、自然、元氣、天命之說的儒道二教，只是限於現世而談人生的根本而已，故不能究明永遠的人的根源。

第二、宗密批評佛教諸宗說：人天教只是爲了初發心者說看三世業報及善惡因果而已，而未能談到造業者是誰，受果報的主人是誰的問題。如以五官感覺爲造業主，或以喜怒哀樂等精神感覺爲主人，或以自己的身心全體爲造業主，那麼，生前的身心與死後的身心不同，造者與受者不同是不合理的。學人天教的人，雖信業報因緣，但卻未能究明人的本源，是其缺點。

第三、就批評小乘教而言，小乘教雖由「色」「心」二法而說明我們身心的根本，但其「心」只是「六識」，「色」也只是四大所成，對於身心相續的根本，未能作一徹底的究明。

第四、就批評大乘法相教及大乘破相教而言，唯識宗雖立阿賴耶識爲吾人生死之根本，但卻未能表達一乘顯性之深義，所以仍是權教，未到真實顯了之境界。大乘破相教雖破法相之執，亦破識本身之「有」而立「空」義爲其究竟境界，但如此「空」者是誰？同時道德行爲的責任應歸於誰？如以心境均爲空而無實法，那末以何爲根源而顯出種種迷妄境界？破相教只破執相迷情，而未能顯出真實靈明的真性（心性），所以法相與破相兩教，仍是大乘的初門，尚未達到最高深妙境界。

第五、就批評真實一乘顯性教看，吾人本來有本覺的真心，而本覺的真心，無始無終，不變而清淨，故云佛性或如來藏，這與荷澤神會的「靈知不昧之一心」完全相同。吾人雖有無始以來之真心，但卻被妄想所蔽，不自覺知，故如來憐愍眾生，賜下方便，說「空」之道理，再進一步，說及靈妙清淨之真心，使人悟入，若離妄想，佛智即顯，《華嚴經》喻說：一塵含大千經卷，一塵指眾生，經卷指佛智，眾生皆具佛智。吾人如知本來是佛，其行乃變成佛行，其心即契合佛心，如回到本源本覺的真心，即能打破無始以來之凡愚迷妄，迷的眾生與悟的佛，完全是同一真心之表現，完全不外乎真如法性，這個實乘微妙的法門乃是原人的本源。

最後的會通本末是諸教的綜合統一。一乘顯性教是「本」，破相教、法相教、小乘教、儒道二教是「末」。「末」是到達於「本」的過程，倒過來說，從一真理（本）而逐次展開爲「末」，本末融會，不只是佛教的四宗，而連儒道二教也被包括於佛教的大統一之中。

從破相教的會通而言，《起信論》的阿黎耶識有「覺」「不覺」二義，不生滅的真心（覺）與生滅的妄相（不覺），不一不異，但破相教唯取其生滅的妄相，認爲它是「空」，可是，般若、三論並不是否定了不生不滅的真心的，如此會通，破相教也是契合於一乘顯性教的真理的。

法相教在表面上，雖是說著不覺的方面佔多，但仔細看，並不無不生滅的真心（覺義）方面，因爲法相宗也有性唯識（真如）的義理，所以法相宗也能夠會通於一乘顯性教。小乘教以三毒爲原人本源的惑心，而其所說，相當於《起信論》的執取相及計名字相，故在究竟，亦溯源於「覺」義，能到達於真心。小乘教的「惑」增長時，終於行殺人等罪而墮三惡道，反之，如行六度等善，乃能生於人道，終能達到「覺」的真心境界，所以人天教也能會通於一乘顯性教。人天教的教說，相當於《起信論》的起業相及業繫苦相。其次，儒道二教以「氣」爲根本，受天地之氣而受人間之體質，「氣」先備四大，次發達爲六根，然後備五蘊，次第發達，形成六識、七識、八識、身心具足，而形成爲「人」。人由「業」而形成貴賤、苦樂等各種差別，在現世看，這些差別，以人力乃似無可轉變（天命說），但在佛教看來，各種差別相，是由於三世因果，業感緣起而來的，因果既有三世，吾人對未來有行善、改良的餘地，由吾人意志而可開拓吾人將來之命運。儒道二教所說的「氣」，逐漸推究時，即可達到「混一」之「元氣」，再把「元氣」推究到本源時，即可到達於真實唯一的靈心（真心），所以儒道二教亦能會通於一乘顯性的境界。總之，「末」是「本」的一部分之「理」。宗密站在《起信論》的思想爲其武器（三細六塵說），融會諸教，而欲成佛者，應棄末還本，這是絕對自由的世界，將此靈心、真性，看做佛身乃是法身佛；把它看做無漏淨智，乃是報身佛；很自然、自由，應時應處而出現於人間時，叫做化身佛。

宗密《原人論》的目標，是在於批判儒道兩教，及佛教諸宗而欲究明佛教的真源的。在中國學術思想史看，他將佛教的心識論，導入於中國思想，將佛教主體的心性思想，打進於中國哲學史上，這是他的功績之一。其次，他一方面主張佛教的優越性，同時又對於儒道兩教，保留一席地位，這是開拓了後來三教融合說之基礎的，是爲其功績之二。他的思想，對於宋明時代的「宇宙即是心」的理學思想，亦有很大的影響力。

3　教禪一致說

教宗與禪宗，究竟合得來？合不來？宗密舉出十條理由，以證教禪應該是一致的，所謂十條理由如下：

㈠師有本末，憑本印末故（教禪一致係歷代祖師所說）。
㈡禪有諸宗，互相違阻故（禪宗諸派，主張各異）。
㈢經如繩墨，楷定邪正故（定禪之邪正標準，在於經論）。
㈣經有權實，須依了義故（經的假實，應依佛意）。
㈤量有三種，勘契須同故（由因明三量看，有「經」之必要）。
㈥疑有多般，須具通決故（經能答覆禪宗之疑問或批難）。

(七)法義不同，善須辨識故（由「法」與「義」看，教禪應該一致）。

(八)心通性相，名同義別故（心有四種，其義各別）。

(九)悟修頓漸，言似違反故（頓與漸，究竟不矛盾）。

(十)師授方便，須識藥病故（真正的禪，應備頓悟及漸悟，互助互資）。

由此可知，教與禪應該一致，而宗密乃由「教」之三宗以配「禪」之三宗，是其教禪一致的體系。

三教是「將識破境教」（法相宗＝唯識佛教），「破相顯性教」（三論宗＝空觀佛教）和「真心即性教」（華嚴宗＝如來藏佛教）。禪的三宗是「息妄修心宗」（北宗），「泯絕無寄宗」（牛頭宗）和「直顯心性宗」（洪州宗、荷澤宗）。三教三宗可作如下之對配：

（教）三教	三宗（禪）
將識破境教	息妄修心宗
密意破相顯性教	泯絕無寄宗
顯示真心即性教	直顯心性宗

如將《原人論》的五教與《禪源諸詮集都序》的三教對配的話，可表解如下：

《原人論》　　　　《禪源諸詮集都序》

五教
- 人　天　教——人天因果教 ┐
- 小　乘　教——斷惑滅苦教 ├ 密意依性說相教 ┐
- 大乘法相教——將識破境教 ┘　　　　　　　　│
- 大乘破相教——密意破相顯性教　　　　　　　├ 三教
- 一乘顯性教——顯示真心即性教　　　　　　　┘

唯識佛教的阿賴耶識是妄識，無不是自性清淨心，空觀佛教認爲一切皆空，未能顯示絕對的理心（真心），所以立有真心（理心）的如來藏佛教（顯性教）是勝於唯識（法相教）、空觀（破相教）二教的，這是宗密的看法，同時也是華嚴宗的思想。關於「相宗」與「性宗」的比較問題，已由澄觀而辨明，而今宗密於其《禪源諸詮集都序》裏立十異，以作「空宗」與「性宗」的不同點，同時認爲「性宗」殊勝，是其看法的特點，由此，宗密認爲「真心即性教」（華嚴宗）勝於「破相教」（三論宗＝空觀佛教），所謂空宗與性宗的十點不同如下：

第一異
- 空宗＝法即是差別相（俗諦），以無為、無滅為真諦。
- 性宗＝法是一真之性（真諦），以種種差別為俗諦。

第二異
- 空宗＝諸法的本源是「性」（空寂）
- 性宗＝諸法的本源是「心」（常知）

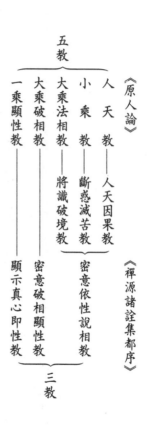

第三異——空宗＝以諸法無性為性
　　　　性宗＝以靈明不空之體為性

第四異——空宗＝分別是「知」（淺），無分別是「智」（深）。
　　　　性宗＝以證理的妙慧為智，以該理智及通凡聖之靈性為「知」。

第五異——空宗＝有我是妄，無我是真。
　　　　性宗＝無我是妄，有我是真（直明本體，顯有）。

第六異——空宗＝遮詮（有遮無表）＝不生不滅，不垢不淨，無因無果，非凡非聖等。
　　　　性宗＝（有遮有表）＝知見覺性，靈鑑光明，朗朗昭昭，惺惺寂寂，並遮詮。

第七異——空宗＝標名
　　　　性宗＝認體

第八異——空宗＝立二諦
　　　　性宗＝立三諦

第九異——空宗＝遍、依是有，圓是空，三法皆無性（空）。
　　　　性宗＝遍計是情有理無，依他是相有性無，圓成是情無理有，三性皆空有。

第十異——空宗＝佛以「空」為德，無色聲五陰。
　　　　性宗＝佛之自體，有常樂我淨十身十智之功德，而無盡本有。

次就禪三宗的內容而言，息妄修心宗是南侁、北秀、保唐、宣什之思想，即：眾生雖是本具佛性，但被無始無明所覆而不能見佛，故應拂拭煩惱，遠離憒鬧，住閒靜處，調息調身，心注一境（精神統一），才能見性，北宗禪及天台止觀屬於此類。

泯絕無寄宗是否定萬有，以空寂爲宗旨的宗派，石頭、牛頭系統屬於此宗，即：凡聖等法皆如夢幻，都無所有而空寂，在平等法界中，佛及眾生皆是假名，凡是有所作皆是迷妄，有一類希求無事之儒道人士亦參於此禪。

直顯心性宗依「真性」而立，即：一切行爲、言語皆是真性全體的表現，對此真性之把握不同而分爲洪州宗與荷澤宗。真性非凡非聖，非善非惡，而體即用，平等即成差別。洪州宗認爲：吾人能語能言，能行爲，是由於本來的佛性而發出的，並不是起心修道而成佛，而是天真自然，任運自在而得解脫的。荷澤宗認爲：妄念本寂，塵境本空，靈知不昧，而此空寂之「知」即是汝的真性，心本自知，並不是藉緣而生，亦非依境而起，而「知之一字，爲眾妙之門」，以無念爲宗，得無念知見，爲荷澤宗之宗旨，如此乃能斷除罪業，增加悲智與功行。

「息妄修心宗」不著外境，凝視內心，這個看法與「境無識有」的「將識破境教」形成相應。神會攻擊北宗，是破其凝心的方法，並不否定禪法本身，同時，神秀亦可謂是得五祖弘忍之印可的，北宗的漸修亦有其意義。

「泯絕無寄宗」乃相當於破相顯性教。佛密意對於特殊機根眾生假說爲「空」，而不將真性的存在表現出來，即：強調「絕對的否定」（空）而不說出妙有（絕對肯定），印度的般若、中觀、中國的三論宗及華嚴五教中的空始教屬於此類。華嚴（尤其是法藏）從更高的立場綜合清辯的「空」與護法的「有」，主張「空有相成」（妙有真空有「極相違義」與

「極相順義」二義）。但泯絕無寄宗強調否定（空）的方面，故與破相教形成相應。

「直顯心性宗」乃直指眾生本具的空寂真心即真性，故與顯示真心即與性教相應，即：宗密認爲《華嚴經．出現品》的〈眾生本具如來智慧〉一文，乃是指靈知心即是真性，華嚴性起思想的實踐開展即成爲洪州宗，而無念之知，靈知不昧之一心，乃與荷澤禪相應。當時的禪家，不知「清淨」有「離垢清淨」與「自性清淨」兩類，所以有人認爲禪門的即心即佛是邪道（這是唯知離垢清淨的一面的）。反之，有人認爲：日常心是道，所以作惡亦是佛道，不必守戒行善，這也是不對的；宗密由自性清淨而確立頓悟，由離垢清淨而漸修，由頓悟漸修而達證悟與修行之日的，他對自性清淨論者（南宗）即強調要漸修，對北宗（離垢清淨論者）乃強調要頓悟；由此而融會南北二宗之禪風。

以上所述爲宗密教禪一致論的大綱。法相、三論、華嚴三宗，是隋代到初唐時代的學問宗，當然法相宗有五重唯識觀，三論宗也有般若空觀，華嚴宗也有妄盡還源觀或三聖圓融觀等觀法，但在究竟，這些三宗，還是哲學性的，從學問性的佛教發展爲實踐性的禪宗（修宗），是時代的潮流，所以宗密提倡教禪並行，是歷史上的必然的結果，同時，他的教禪一致論對於後代的綜合性的佛教思想，給與很大的影響，宋代延壽的《宗鏡錄》的思想，明代智旭的綜合佛教思想等，都是受有宗密的思想所輻射而成。

本章（宗密思想的特質）的主要參考書如下：

《宗密教學之思想史的研究》　鎌田茂雄著

《原人論》、《禪源諸詮集都序》　宗密著

八、結言

上面所述，已知杜順、智儼、法藏、澄觀和宗密五個人的思想，同時，華嚴宗的要義也由本文的敘述而得明瞭。杜順是華嚴宗的初祖，他的人格，經由智儼而直接感化到宗密，成爲華嚴宗思想的發祥地。在文獻上看，杜順《法界觀門》的周遍含容觀，直接變成智儼《一乘十玄門》的事事無礙觀，而法藏的《發菩提心章》是組織了杜順的《法界觀門》的，同時，法藏的《遊心法界記》乃是祖述杜順《五教止觀》之書。智儼、法藏、澄觀的判教思想，無不受到杜順《五教止觀》的影響，澄觀的《法界玄鏡》及宗密的《註法界觀門》等，都是闡明杜順思想之書。

其次，在思想上看，杜順的「相即」「相入」的思想，一即一切，一切即一的思想，一心法界的思想，乃至其法界觀的風格，都直接經由智儼，流入於法藏的華嚴哲學體系中，澄觀的理事無礙觀是杜順《法界觀門》的「理事無礙觀」的發展，其四法界或一真法界的思想也是來自《法界觀門》的思想的開展，宗密會提倡教禪一致，雖是受有時代的影響，但在另一方面，也間接受有杜順禪師的實踐風格的，由此可知：華嚴二祖至五祖的思想及其人格，都是杜順思想及其人格的感化而開展出來的華嚴體系。

杜順的存在，可比爲華嚴宗的一株大樹的「根幹」，智儼是這一株樹的「枝葉」，而法藏是這株樹的燦爛滿開的「花朵」，澄觀和宗密是這株樹的「結實」。華嚴宗雖是由法藏而告大成，但在中國佛教史上，對於後唐、宋、元、明直接給與華嚴思想的影響力的人，還是澄觀和宗密，所以說，澄觀和宗密是華嚴宗的「結實」（尤其是在實踐方面），宗密乃由華嚴而欲統一整個佛教並欲包攝儒、道二教在內，這是中國佛教思想史上的一大成就，所以佛教傳來中國後，而有華嚴宗的建立，與天台宗同爲中國文化的一部分，而此大成就的根源，當然要歸功於杜順的思想及其人格，由此可見，杜順在華嚴宗史，乃至中國佛教史上，是如何的偉大存在！爲撰述「杜順」的成就，不得不述及華嚴宗諸祖思想的理由，即在於玆。

參考書目

原始資料

《華嚴法界玄鏡》二卷　唐澄觀述，《大藏經》第四十五册，一九七四年，臺北，新文豐影印。
《華嚴五教止觀》一卷　隋杜順說，《大藏經》第四十五册。
《華嚴一乘十玄門》一卷　杜順說，唐智儼撰，《大藏經》第四十五册，臺北，新文豐影印。
《華嚴五十要問答》二卷　唐智儼集，《大藏經》第四十五册。
《孔目章》四卷　唐智儼集，《大藏經》第四十五册。
《華嚴五教章》四卷　唐法藏述，《大藏經》第四十五册。
《華嚴經旨歸》一卷　唐法藏述，《大藏經》第四十五册。
《華嚴遊心法界記》一卷　唐法藏撰，《大藏經》第四十五册。
《華嚴發菩提心章》一卷　唐法藏撰，《大藏經》第四十五册。
《三聖圓融觀門》一卷　唐澄觀述，《大藏經》第四十五册。
《註華嚴法界觀門》一卷　唐宗密註，《大藏經》第四十五册。

《原人論》一卷　唐宗密述，《大藏經》第四十五冊。
《搜玄記》十卷　唐智儼述，《大藏經》第三十五冊，臺北，新文豐影印，一九七四年。
《探玄記》二十卷　唐法藏述，《大藏經》第三十五冊。
《華嚴經文義綱目》一卷　唐法藏撰，《大藏經》第三十五冊。
《華嚴經疏》六十卷　唐澄觀撰，《大藏經》第三十五冊。
《華嚴經隨疏演義鈔》九十卷　唐澄觀述，《大藏經》第三十六冊，臺北，新文豐影印，一九七四年。
《華嚴經略策》一卷　唐澄觀述，《大藏經》第三十六冊。
《妄盡還源觀》一卷　唐法藏述，《大藏經》第四十五冊。
《華嚴經玄談》九卷　唐澄觀著，《八十華嚴》之綱要書。

近代學術著作

《華嚴大系》（日文）　湯次了榮著，京都，龍谷大學出版，一九二七年。
《原始華嚴哲學之研究》（日文）　鈴木宗忠著，東京，大東出版社，一九三四年。
《華嚴學綱要》（日文）　齋藤唯信著，東京，丙午社出版，一九二〇年。
《華嚴五教章講義》（日文）　湯次了榮著，東京，誠文堂出版，一九三五年。
《華嚴思想史》（日文）　高峯了州著，京都，興教書院出版，一九四二年。
《中國佛教之研究》（日文）　常盤大定著，東京，春秋社出版，一九三八年。

《華嚴思想》（日文） 中村元編集，京都，法藏館出版，一九六〇年。
《華嚴教學成立史》（日文） 石井教道著，東京，「石井教道博士遺稿刊行會」出版，一九六四年。
《中國華嚴思想史之研究》（日文） 鎌田茂雄著，東京，財團法人東京大學出版會出版，一九六五年。
《華嚴教學之研究》（中文） 坂本幸男著，釋慧嶽譯，臺北新店，中華佛教文獻編撰社出版，一九七一年。
《宗密教學之思想史的研究》（日文） 鎌田茂雄著，東京，東京大學出版會出版，一九七五年。

陶弘景・智顗・吉藏・杜順 / 沈謙，慧嶽，李世傑著. --更新版. --臺北市：臺灣商務，1999[民88]
面；公分.--(中國歷代思想家：7)
含參考書目
ISBN 957-05-1573-2 (平裝)

1. 哲學 - 中國 - 傳記

120.99　　88002829

中國歷代思想家(七)

陶弘景　智顗　吉藏　杜順

定價新臺幣三〇〇元

主編者　中華文化復興運動總會
　　　　王壽南
著作者　沈謙　慧嶽　李世傑
責任編輯　雷成敏
封面設計　張士勇
內頁繪圖　黃碧珍
校對者　呂佳真　黃嬿羽　許素華
出版者
印刷所　臺灣商務印書館股份有限公司
臺北市重慶南路一段三十七號
電話：(〇二)二三一一六一一八
傳真：(〇二)二三七一〇二七四
郵政劃撥：〇〇〇〇一六五—一號
出版事業登記證：局版北市業字第九九三號

・一九七八年六月初版第一次印刷
・一九九九年四月更新版第一次印刷

ISBN 957-05-1573-2 (平裝)　　71682000

讀者回函卡

感謝您對本館的支持，為加強對您的服務，請填妥此卡，免付郵資寄回，可隨時收到本館最新出版訊息，及享受各種優惠。

姓名：________________　　性別：□男 □女

出生日期：____年____月____日

職業：□學生　□公務（含軍警）　□家管　□服務　□金融　□製造
　　　□資訊　□大眾傳播　□自由業　□農漁牧　□退休　□其他

學歷：□高中以下（含高中）　□大專　□研究所（含以上）

地址：□□□________________

____

電話：（H）____________（O）____________

購買書名：________________

您從何處得知本書？

□書店　□報紙廣告　□報紙專欄　□雜誌廣告　□DM廣告
□傳單　□親友介紹　□電視廣播　□其他

您對本書的意見？（A/滿意　B/尚可　C/需改進）

內容____　編輯____　校對____　翻譯____
封面設計____　價格____　其他________

您的建議：________________

____

____

臺灣商務印書館

台北市重慶南路一段三十七號　電話：（02）23116118・23115538

讀者服務專線：080056196　傳真：（02）23710274

郵撥：0000165-1號　E-mail：cptw@ms12.hinet.net